coleção
TEATRO DE
Arte da
Rússia

CB065624

Copyright da edição brasileira © 2016 É Realizações
Título original: *Stanislávski na Repetítsi*

Editor
Edson Manoel de Oliveira Filho

Coordenador da Coleção Teatro de Arte da Rússia
Diego Moschkovich

Produção editorial
É Realizações Editora

Capa, projeto gráfico e diagramação
André Gimenez

Preparação de texto
Marcio Honorio de Godoy

Revisão
Nina Schiper

Reservados todos os direitos desta obra. Proibida toda e qualquer reprodução desta edição por qualquer meio ou forma, seja ela eletrônica ou mecânica, fotocópia, gravação ou qualquer outro meio de reprodução, sem permissão expressa do editor.

CIP-BRASIL. CATALOGAÇÃO NA PUBLICAÇÃO
SINDICATO NACIONAL DOS EDITORES DE LIVROS, RJ

T634s

Toporkov, Vassíli
    Stanislávski Ensaia : memórias / Vassíli Toporkov ; tradução Diego Moschkovich. - 1. ed. - São Paulo : É Realizações, 2016.
    256 p. ; 23 cm. (Teatro de Arte da Rússia)

    Tradução de: Stanislávski na repetítsi
    ISBN 978-85-8033-229-2

    1. Stanislávski, Constantin, 1863 - 1938. 2. Teatro russo - História e crítica. 3. Representação teatral. I. Moschkovich, Diego. II. Título. III. Série.

16-30996
CDD: 792.0947
CDU: 792(470)

07/03/2016   07/03/2016

É Realizações Editora, Livraria e Distribuidora Ltda.
Rua França Pinto, 498 · São Paulo SP · 04016-002
Caixa Postal 45321 · 04010-970 · Telefax: (5511) 5572 5363
atendimento@erealizacoes.com.br · www.erealizacoes.com.br

Este livro foi impresso pela Edições Loyola em março de 2016.
Os tipos são da família Sabon Light Std e Snowstorm. O papel do miolo é o off white Norbrite 66 g, e o da capa cartão Ningbo Star 250 g.

Vassíli Toporkov

Stanislávski ensaia
– memórias –

Tradução e notas
Diego Moschkovich

É Realizações
Editora

Não é possível falar com os atores numa linguagem científica seca. Eu mesmo, não sendo um homem da ciência, não poderia ter a pretensão de fazer algo que não sei. Minha tarefa é falar com o ator em sua própria língua. Não filosofar sobre a arte [...] mas descobrir-lhe, da forma mais simples, os procedimentos práticos imprescindíveis da psicotécnica, principalmente no campo interior da experiência artística do vivo e da transfiguração cênica.

K. S. Stanislávski

Sumário

Prefácio do tradutor brasileiro | 9

Do autor | 15

Início do caminho | 17

A entrada no TAM e o primeiro trabalho
com K. S. Stanislávski (*Os Esbanjadores*) | 31

ALMAS MORTAS | 73

"Prólogo" | 85

"Visitando o governador" | 97

"Visitando Manílov" | 109

"Visitando Nôzdrev" | 117

"Visitando Pliúshkin" | 129

"Visitando Korôbotchka" | 145

"O conselho" | 153

"Baile e jantar do governador" | 161

O TARTUFO | 167

Conversa inicial e começo dos trabalhos práticos | 169

Sobre a caracterização externa | 233

Primeira apresentação para a direção artística
do TAM e preparação do espetáculo *O Tartufo* | 241

Conclusão | 247

Prefácio do tradutor brasileiro

O nome de Vassíli Toporkov está, pelo menos no Ocidente, indissociavelmente ligado ao "método das ações físicas". Último suspiro teatral de Stanislávski, o "método das ações físicas" é, até hoje, reivindicado por alguns dos mais aclamados diretores do Ocidente como a "herança bendita" do mestre russo, em contraposição ao naturalismo de suas posições estéticas. Quiçá a leitura deste livro possa contribuir um pouco para desfazer alguns mal-entendidos acerca dessas posições e dar a Stanislávski o valor que possui historicamente. Muito mais do que um simples precursor do estruturalismo tardio de certas tendências pós-modernas, Stanislávski foi um autêntico revolucionário do teatro.

Este livro talvez seja um dos melhores testemunhos de que o trabalho empreendido por Stanislávski não fez apenas parte de uma reforma estética do teatro, mas também de uma gigantesca revolução paradigmática que demoliu o edifício teatral que existia e construiu um novo, desde as bases. Ao olhar de nosso momento histórico, percebe-se que essa revolução empreendida por Stanislávski deslocou o ponto de vista do teatro sobre si mesmo, resolvendo o paradoxo do ator no drama. Stanislávski é quem entende que a definição aristotélica de drama diz respeito apenas à dramaturgia, e que, na prática, a *mímese* da ação deveria ser substituída pela *ação autêntica*.

Talvez esse seja o maior mérito deste livro de memórias escrito por Vassíli Toporkov entre 1948 e 1950: garantir um testemunho fiel de como amadureceram e se transformaram a centralidade da *ação* no sistema de Stanislávski e seus métodos de aplicação (a análise ativa e o método das ações físicas). Seria, no entanto, um erro pensar que isso foi algo que ocorreu de uma vez, da noite para o dia, assim como a inspiração divina chega a um mestre genial.

Genuíno homem de teatro, Stanislávski dedicou sua vida inteira à resolução prática dos problemas do trabalho do ator, e confeccionou seu sistema aos poucos, de uma maneira muito semelhante à dos cientistas obstinados que terminam por fazer grandes descobertas. Nesse sentido, claro, a revolução stanislavskiana deve ser vista como um complicado processo que ocorre no teatro entre 1898 e 1938 e que, na medida em que surge, passa a envolver, paulatinamente, toda a comunidade teatral da época. Dizer isso é muito importante, pois esse processo de revolução paradigmática deve ser entendido como a totalidade de um processo real, que não apenas aconteceu na particularidade da luta entre as diferentes tendências do jovem teatro russo-soviético, mas que foi diretamente influenciado e transformado por ela.

Talvez, para o leitor contemporâneo, o nome de Vassíli Ôssipovich Toporkov não diga nada. Trata-se, no entanto, de um dos atores de mais prestígio da Moscou das décadas de 1920, 1930 e 1940. Um ator que contava com enormes sucessos de público e de crítica (tanto antes de entrar para o Teatro de Arte, como depois), que decide escrever um livro de memórias tratando exclusivamente de seus três maiores fracassos cênicos.

Toporkov foi um dos raros atores que, durante o período de atividade de Stanislávski, entrou para as fileiras do Teatro de Arte de Moscou vindo de fora, carregando às costas longos anos de experiência prática em outros teatros. Como ele mesmo diz, Stanislávski gostava de "cultivar" seus atores dentro do próprio teatro, para evitar todo tipo de influência externa e garantir a pureza de seus experimentos. Toporkov, no entanto, acaba servindo-se da distância entre sua experiência anterior e a nova prática para entender a natureza dos ensinamentos de Stanislávski.

Assim, decide narrar a epopeia de ensaiar sob a batuta de Stanislávski em três processos criativos: *Os Esbanjadores*, de V. Katáev (1927), *Almas Mortas*, adaptação de Mikhail Bulgákov do poema de Nikolái Gógol (1932) e *O Tartufo*, de Molière (1938).

Curiosamente, à exceção de O *Tartufo*, de Molière (que leva o caráter experimental de aplicação do método das ações físicas), as outras duas peças são dramaturgicamente fracas, ou, para utilizar a linguagem de Stanislávski, carecem de *ação* e *contra-ação transversais*. Isso, ao que parece, fez com que Stanislávski percebesse qual dos elementos de seu sistema era imprescindível para a prática do ator e, em 1932, durante a montagem de *Almas Mortas*, chega à centralidade do conceito de *ação*. Daí em diante, passa a colocá-lo como o pilar central do sistema, até o desenvolvimento do método das ações físicas.

O entendimento disso, elucidado pelas geniais descrições de Toporkov, cria a primeira cisão com quase todas as concepções estabelecidas sobre o sistema de Stanislávski. Em primeiro lugar, é preciso rechaçar a posição que identifica método e sistema. Tratam-se de duas coisas diferentes. O sistema é, antes de mais nada, o sistema de pontos de vista éticos e estéticos, que Stanislávski tinha sobre o teatro.

Stanislávski, no entanto, chegou a apontar dois métodos mais ou menos coesos para aplicar esse "sistema de pontos de vista" no final de sua vida. Um deles, o método das ações físicas, é o de que se ocupa Toporkov neste livro.[1] A base sobre a qual se funda o sistema é o objetivo de seus métodos de aplicação: aquilo que Stanislávski chamava de *arte da experiência do vivo*.

Por isso, não se pode dizer que no fim da vida Stanislávski tenha rechaçado qualquer uma de suas posições fundamentais acerca do teatro. Pelo contrário, suas experiências o levaram, pelo erro e pela incorporação (muitas vezes silenciosa) das pesquisas realizadas por

---

[1] O outro, o método da análise ativa, poderá ser plenamente estudado nos escritos de outra aluna de Stanislávski, Maria Knebel. Em breve serão publicadas em português as duas obras de Maria Knebel, com tradução minha e de Marina Tenório. Ainda assim, devo frisar que ambos os métodos foram desenvolvidos apenas pelos sucessores de Stanislávski, isto é, Maria Knebel e Mikhail Kédrov. O próprio Stanislávski jamais chegou a nomeá-los.

outros de seus discípulos (Meyerhold,[2] Vakhtângov, etc.), a descobrir o elo fundamental sobre o qual se funda o teatro da experiência do vivo: *a ação*.

Ao traduzir *Stanislávski Ensaia* para o português, tentei sempre, ao máximo possível, contextualizar o texto historicamente pelas notas de rodapé. Escrito entre 1948 e 1950, o texto abrange o período relativamente longo que vai de 1909 (ano em que Toporkov termina a escola de interpretação em Petersburgo) a 1938 (ano da morte de Stanislávski). Além de analisar uma época em que as relações em todas as esferas da vida social e particular mudaram muitas vezes e de maneira um tanto brusca (trata-se do período imediatamente anterior à Revolução de Outubro, até o final do estabelecimento do teatro soviético, nos anos de 1930), Toporkov escreve precisamente numa época em que, já completamente estabelecido, o teatro soviético passava pelo enrijecimento e pela cristalização das concepções do realismo socialista.

Em 1948, a União Soviética, depois de derrotar o fascismo numa guerra que lhe cobrou vinte milhões de almas e quase a totalidade da estrutura produtiva do país, estava empenhada em reconstruir as relações sociais que haviam sido praticamente esfaceladas na guerra. Dessa forma, com uma economia altamente centralizada e planificada, todas as organizações do Estado deveriam, à sua maneira, contribuir com esse objetivo, o teatro inclusive. Não por acaso, as concepções estéticas do realismo socialista então endurecem o combate ao *formalismo* e, no teatro, um fenômeno curioso passa a se manifestar: a *bezkonfliktnost* (ausência de conflito, em russo). Com a tarefa de refletir a realidade, o teatro deveria, depois da estrondosa vitória, falar a respeito da harmonia da sociedade vitoriosa. Ora, um teatro que tenha a *ação* como elemento estruturante e a *experiência do vivo* como fundamento certamente não pode ignorar as contradições do comportamento humano em sua prática. Assim, não é raro encontrar, vez ou outra ao longo deste livro, tentativas de salvaguardar

---

[2] Sobre isso, Maria Knebel descreve em sua autobiografia (*Toda a Vida*), em parte, o trabalho de Meyerhold no Estúdio de Ópera Dramática, na casa de Stanislávski, em 1938.

a herança de Stanislávski, identificando-o com os objetivos para os quais se direcionava a política cultural da época.

Além do mais, o grau de conhecimento e enraizamento do sistema de Stanislávski na URSS do começo dos anos cinquenta do século XX era muito pouco aceito e, ao contrário do que se pensa, limitado ao pequeno círculo de atores e diretores que haviam trabalhado com o mestre. Nesse sentido, o livro de Toporkov é a primeira descrição sobre a prática de Stanislávski durante os ensaios. A coleção das *Obras Escolhidas* em oito volumes[3] começaria a ser publicada apenas em 1954, e a segunda parte de *O Trabalho do Ator sobre Si Mesmo* apareceria apenas em 1955.

Outra preocupação da tradução foi manter a linguagem do jargão teatral que Toporkov utiliza, mantendo-a o mais acessível possível ao praticante de teatro brasileiro. Claro que a construção de uma linguagem técnica é e só pode ser obra da atividade prática da gente de teatro de determinado período histórico, mas, como pessoa de teatro, penso ser inconcebível a tradução de um livro sobre a prática teatral que se limite aos círculos acadêmicos que pesquisem Stanislávski.

O próprio Toporkov segue um dos conselhos mais frequentes de Stanislávski a seus discípulos, que eu também ouvi de todos os meus professores: *evitem falar com os atores na seca linguagem metodológica*. No entanto é preciso dizer, ainda, que toda a parte terminológica, onde quer que apareça, é fruto de um grande e minucioso trabalho realizado em conjunto com Marina Tenório, Anatóli Vassíliev e Natália Issáeva, entre 2012 e 2014, em Wroclaw, Moscou e São Paulo.

Sem mais, passemos agora às palavras de Toporkov.

Diego Moschkovich
São Paulo, 2015

---

[3] Os livros conhecidos no Brasil, *Minha Vida na Arte* (1926) e os dois tomos de *O Trabalho do Ator sobre Si Mesmo* (1938 e 1955), conformam os três primeiros volumes das *Obras Escolhidas*. Apenas *Minha Vida na Arte*, no entanto, foi traduzida diretamente do russo. Os dois volumes de *O Trabalho do Ator sobre Si Mesmo* são conhecidos no Brasil por seus títulos americanos: *A Preparação do Ator* e *A Construção do Personagem*, e são traduções parciais do original.

Do autor

Em 1909, ainda um jovem de vinte anos de idade, terminei o liceu teatral em São Petersburgo. Cheio de confiança em mim mesmo, em minhas forças, conhecimentos e preparo técnico, dei um corajoso passo em direção ao difícil caminho de ser ator... e tropecei feio.

Minha conversa fiada infantil e ingênua sobre o teatro rapidamente desapareceu quando me deparei com a mestria profissional, confiante e altissonante dos meus colegas, atores do Teatro dos Guardiães da Sobriedade do Povo,[1] para o qual entrei ao terminar a escola teatral. Daquele momento em diante, passei por situações alternadas de esperanças e desenganos, que frequentemente me levavam ao desespero – fenômeno conhecido de cada um dos que resolvem dedicar a vida à cena.

A falta de conhecimentos concretos e de uma base teórica em nossa arte, considerada por muitos um fenômeno completamente

---

[1] Os Guardiães da Sobriedade do Povo eram uma organização filantrópica fomentada pelo czar, que tinha como objetivo combater o alcoolismo na população. Entre todas as suas atividades (casas de chá, bibliotecas, etc.), estava a formação de teatros com o mesmo intuito. Fundada em 1894, período de relativa abertura progressista do Império Russo, eram teatros abertos inicialmente em fábricas e completamente didáticos, direcionados à ilustração da classe operária. Em 1909 o Teatro dos Guardiães, como era conhecido, já se tornara um teatro profissional normal de São Petersburgo. (N. T.)

natural e próprio da natureza do teatro, é que é, em grande parte, a verdadeira causa dessas tormentosas crises de criação.

K. S. Stanislávski, iluminando muitas das facetas obscuras do processo criativo, nos livrou da deriva em que vagávamos por mares desconhecidos e mostrou o caminho mais seguro e verdadeiro para a mestria de nossa arte.

Eu tive a imensa sorte de poder trabalhar sob sua condução direta.

Ao educar o ator, Stanislávski não apenas provia-o de uma técnica profissional, mas ajudava-o a desenvolver-se espiritualmente de muitas maneiras, mostrando como poderia colocar sua arte a serviço da sociedade.

"É preciso amar não a si mesmo na arte, mas a arte em si mesma", dizia.

E essa arte, armada da técnica artística mais progressista, que almeja conquistar o elevado objetivo da educação do povo no espírito das mais engrandecedoras novas ideias da contemporaneidade, sempre foi o ideal de K. S. Stanislávski.

A gigantesca autoridade de Stanislávski e seu conhecimento enorme da natureza artística do ator conferiam-lhe o direito de realizar corajosos experimentos. O alto grau de exigência fazia, enfim, com que as dificuldades fossem superadas de maneira leve, e mostrava soluções simples e claras para as tarefas da corporificação do personagem.

Respeitando a memória desse grande mestre da cena e considerando-me eternamente em débito para com ele, decidi que meu próprio objetivo seria a propaganda de suas ideias.

Sempre que converso com nossa juventude teatral a respeito da técnica do ator, sinto um aguçado interesse em relação a tudo o que venha de Stanislávski. Aos poucos, essa observação foi me trazendo a ideia de escrever memórias acerca dos últimos encontros artísticos com o mestre genial, e de contar sobre os novos caminhos da criação do espetáculo e do papel que ele descobriu. Dessa maneira, espero poder facilitar o acesso de nossa juventude curiosa ao estudo do método de Stanislávski.

Início do caminho

Passei, em minha vida, por duas escolas de interpretação: a primeira, o Liceu Imperial de Teatro do Alexandrínski,[1] em São Petersburgo (de 1906-1909), e a segunda, o trabalho prático com K. S. Stanislávski no Teatro de Arte de Moscou (1927-1938).

Olhando para trás, para o tempo de minha primeira formação, e comparando-a com a escola de Stanislávski, chego cada vez mais à convicção de que ter terminado uma escola-modelo de Petersburgo (com todas as qualidades de seu tempo) era para mim muito mais um fato oficial, jurídico, e que me proveu de um certificado de conclusão do ensino superior, enquanto as aulas de Stanislávski eram as que realmente abriam as possibilidades para o conhecimento dos fundamentos de nossa arte.

Isto posto, penso não ser desinteressante lembrar como eram as coisas nas escolas de teatro antes de Stanislávski ter criado seu sistema. Para mim não é nenhuma dificuldade realizar essa incursão ao passado, já que eu mesmo, como disse antes, estudei a arte teatral num escola "pré-Reforma", em um tempo em que Konstantin

---

[1] Trata-se da mais antiga escola de teatro da Rússia, fundada em 1779 pela imperatriz Catarina, a Grande. Em 1962, depois de muitas renomeações, foi batizada de Instituto Estatal de Teatro, Música e Cinema de Leningrado (LGITMiK, pela sigla em russo) e, em 1993, Academia Estatal de Artes Cênicas de São Petersburgo, como é conhecida até hoje. (N. T.)

Serguêevich ainda apenas começava suas primeiras experiências sobre a descoberta da base teórica da arte do ator, e quando ele ainda não gozava, nesse campo, de nenhuma autoridade, especialmente entre nós, de Petersburgo.

Então, o pedagogo de maior prestígio da Escola Imperial de Teatro em Petersburgo era um famoso ator do Teatro Alexandrínski, V. N. Davídov.[2] Tratava-se do velho patriarca de cabelos brancos da escola, autoridade inconteste. Entrar para a turma de seus alunos era considerado uma grande alegria. Os pupilos o adoravam e submetiam-se a ele sem a menor contestação. Durante as aulas, reinava uma disciplina modelo. Eu tive a oportunidade não só de assistir, algumas vezes, às suas aulas mas também de ensaiar peças com os seus discípulos. Naquela época, aquilo me causou uma impressão colossal, e, a bem da verdade, as aulas de Davídov eram, a seu próprio modo, extremamente interessantes.

Entrando na sala de ensaio, o respeitadíssimo ator reunia a juventude em torno de si e conduzia divertidas conversas sobre o teatro, a respeito dos grandes atores russos, contava do famosíssimo trágico italiano Tomaso Salvini, a quem adorava e imitava com muito gosto. Depois, passava à peça que era ensaiada no momento, e falava para cada intérprete sobre tudo o que funcionaria e o que não funcionaria ao entrar em cena; falava da peça, de cada papel individualmente. Tudo muito convincente, claro, compreensível. Mas eis que os alunos entravam em cena, começavam a ensaiar e imediatamente convenciam-se de que tudo o que antes parecia-lhes simples, claro e facilmente executável tornava-se completamente irrealizável. Sua fraca técnica não tinha condições de intensificar nem mesmo um centésimo das coisas que seu amado pedagogo lhes contava tão vividamente, e mais: quanto mais vívida fosse a descrição, mais inseguros e miseráveis os alunos se sentiam. Sopravam do palco o tédio, a mediocridade, a desesperança. O grande mestre então fazia de duas coisas uma: ou

---

[2] Vladímir Nikoláevich Davídov (1849-1925), ator e pedagogo teatral petersburguense de enorme prestígio antes da Reforma. (N. T.)

punha os alunos (que ensaiavam uma alegre comédia) literalmente para dormir ao som de uma monótona leitura, ou esbanjava sua insatisfação estraçalhando cada um dos intérpretes ao imitar mortalmente suas maneiras de representar como caricaturas. Depois, jovialmente, independentemente de seus muitos anos e cabelos brancos, subia ao palco, fazia todos os papéis e, satisfeito, sob os aplausos de seus pupilos, descia à plateia e sentava-se em sua cadeira, falando alegremente: "Sou eu, ou algum Zé Ator por aí?".[3]

Acalmado pelo próprio sucesso, seu humor tornava-se ótimo, e ele terminava a aula contando histórias e mostrando truques de mágica, que dominava bem. Ele propunha aos alunos que estudassem a arte da prestidigitação: "O ator deve ser capaz de fazer de tudo: interpretar, cantar, dançar e realizar passes de mágica".

O encanto de sua personalidade de grande ator, as histórias penetrantes e convincentes, as demonstrações da própria mestria e o cuidado paternal para com seus alunos, que se estendia para além das paredes da escola – tudo isso junto não podia deixar de ter uma enorme influência nos futuros jovens atores, no desenvolvimento de suas qualidades naturais. As grandes tradições schepkinianas[4] da arte realista, tão ricamente florescentes no teatro daqueles dias, nas representações de toda uma plêiade de excepcionais atores dos teatros-modelo de Moscou e Petersburgo, assentavam-se afetuosamente na escola teatral de então, e especialmente num pedagogo como V. N. Davídov. Os discípulos, sob sua benéfica influência, adquiriam feições artísticas, proveitosamente diferenciando-se do tipo comum dos atores autodidatas das províncias.

Outros pedagogos possuíam também particularidades, habilidades próprias no ensino e na educação de jovens atores. Era-lhes própria, no entanto, ainda outra característica, comum: a ausência de

---

[3] Esta era a expressão preferida de Davídov. (N. A.)

[4] Referência a Mikhail Semiônovich Schépkin (1788-1863), ator russo de enorme talento, um dos fundadores da escola teatral russa. Amigo de Púchkin e Gógol, é considerado o modelo da maneira realista de interpretar um papel, e seus escritos influenciaram muito o próprio Stanislávski. (N. T.)

uma sólida base teórica e de um sistema pedagógico concreto. Tudo o que se passava por sistema, na época, era ainda muito distante do que foi depois concretizado na prática de K. S. Stanislávski.

Os alunos dessas escolas, mesmo apropriando-se de certo número de posições teóricas acerca da arte e imersos no espírito criativo de seus professores, não recebiam da escola habilidades e conhecimentos necessários na esfera da técnica atoral que permitissem o desenvolvimento de seu talento, resguardando-os do amadorismo.

Como estudei em Petersburgo, conhecia apenas os pedagogos da capital.[5] Talvez fosse diferente em Moscou? Eu nunca havia estado em Moscou, nunca havia participado das aulas de renomados pedagogos moscovitas como A. P. Lênski, M. P. Sadóvski[6] e outros. O que ouvi de seus alunos, no entanto, que mesmo assim sempre os trataram com todo o respeito, era que as coisas por lá andavam mais ou menos no mesmo pé.

É indiscutível que Lênski e Davídov tenham educado toda uma série de atores dos quais temos o direito de orgulhar-nos. Não poderia ser diferente. No entanto, um posterior desenvolvimento de nossa arte requeria, por sua vez, o posterior aperfeiçoamento do sistema pedagógico de trabalho com o ator. Stanislávski foi capaz de desvendar muitos dos "segredos" da técnica de ator, que nossos grandes artistas dominavam, mas que ainda não conseguiam explicar a seus alunos de maneira suficientemente clara, ainda que tentassem fazê-lo de todo o coração.

Stepan Iákovlev, ator do Teatro Alexandrínski e professor com quem terminei meus estudos na escola de teatro, era um pouco diferente de seus colegas. Tendo terminado, a seu tempo, o curso de interpretação de Davídov, mudou-se para Moscou, onde passou a

---

[5] Na época, São Petersburgo era a capital do Império Russo. Logo, durante a Primeira Guerra Mundial, foi rebatizada de Petrogrado e, em seguida, na URSS, de Leningrado. Neste livro, Toporkov nomeia a cidade de acordo com o nome vigente na época do que está descrevendo. (N. T.)

[6] Aleksándr Lênski (1847-1908) e Mikhail Sadóvski (1847-1910), renomados atores e pedagogos moscovitas de antes da Reforma, ambos muito admirados por Stanislávski. (N. T.)

trabalhar com A. F. Fedótov.[7] Ao voltar a Petersburgo trouxe ideias que, àquela época, eram consideradas novas no plano do ensino da arte teatral, e que, de certo modo, terminaram por influir no futuro de seu desenvolvimento.

Se comparado ao de Davídov, o método de ensino de Iákovlev era mais progressista, e em suas aulas reinava outra atmosfera, algo de que me certifiquei ao trabalhar paralelamente em ambas as turmas, de Iákovlev e de Davídov. Além disso, houve um período em que, devido à saúde de Iákovlev, Davídov veio a substituir seu antigo aluno. Nós, jovens, não obstante o respeito e a reverência ao grande artista, já encarávamos seu método antiquado criticamente.

Como se expressava o relativo "progressismo" do método pedagógico de S. Iákovlev? Naquele tempo florescia a arte da declamação (inclusive a da melodeclamação), que, na escola, era considerada a mais importante. Durante a primeira metade do primeiro ano de ensino, em vez de se ensinar as bases da interpretação, ensinava-se, aos recém-chegados, apenas a arte "oratória", que não tinha relação direta alguma com a arte do ator em cena. À época, claro, pouco se entendia dessa arte, e três quartos do ano letivo eram desperdiçados com aulas inúteis e de certa forma nocivas para a nossa arte. Frequentemente se observava que um aluno que obtinha sucesso com a declamação no primeiro ano mostrava-se relativa ou mesmo completamente incapaz assim que passava propriamente à arte dramática.

De forma que Iákovlev inseriu mudanças essenciais nas aulas do primeiro ano, conferindo-lhes uma direção mais objetiva e correta. Já na primeira aula disse que nunca aprendera a arte da "oratória" e que, portanto, não a ensinaria a nós. Disse também que pensava a leitura de excertos literários apenas no plano da preparação para a futura arte do ator, ou, numa linguagem mais contemporânea, para o exercício da ação verbal. Não esclarecerei agora esse conceito, já que ao longo do livro ele aparecerá repetidamente. Tudo corria bem

---

[7] Aleksándr Fillípovich Fedótov (1841-1895), ator, dramaturgo, *entrepreneur* (empreendedor) e diretor da filial moscovita dos Teatros Imperiais. Foi um dos primeiros professores de interpretação de Stanislávski, na Sociedade de Arte e Literatura. (N. T.)

enquanto as aulas de Iákovlev seguiam por esse caminho: os alunos desenvolviam-se corretamente e davam seus primeiros passos. Mas, ocupando-se por um tempo da leitura dos excertos literários, Iákovlev de repente parou de trabalhar com esse treinamento tão necessário, útil e que deveria ser trabalhado com os alunos até o fim dos estudos, e passou a um caminho completamente enganoso da pedagogia.

Ator de temperamento indômito, capaz de experimentar profundamente o vivo (apenas assim concebia nossa arte), era especialmente exigente ao abordar em aula a questão da emoção. No entanto, o que era extremamente fácil para o talentoso ator Stepan Iákovlev não parecia tão simples assim para seus alunos. Ele, obviamente, nunca tivera de pensar de onde vinha seu temperamento, ou como as imagens por ele criadas preenchiam-se de emoções. Iákovlev não necessitava de nenhum "trampolim": bastava apenas querer e tudo estava em ordem, tudo acontecia. Outra coisa eram seus vinte alunos, cada um com sua individualidade, seu temperamento particular, seu jeito e seus costumes. Iákovlev ainda tinha como conhecer os tortuosos caminhos que levam ao despertar das emoções autênticas no ator, o caminho do temperamento vivo, autêntico e orgânico. Não conhecia os passos que podiam levar ao alvo desejado de forma mais adequada, mais tarde descobertos por Stanislávski.

Iákovlev desviou-se do caminho correto em que começara os primeiros seis meses de aulas e entrou na trilha proibida do uso da violência para despertar a emoção. Tendo finalizado o trabalho com os excertos literários, Iákovlev passou a distribuir entre seus alunos textos e monólogos especialmente recheados de emoção, como, por exemplo, "À morte do poeta", de Lérmontov,[8] o monólogo final de Tchátski, o monólogo de Dmítri Impostor,[9] e muitas outras coisas do gênero. Além do mais, toda a sua pedagogia centrava-se em requerer

---

[8] Mikhail Iúrevich Lérmontov (1814-1841), poeta romântico russo. Considerado, junto com A. S. Púchkin, um dos fundadores da literatura russa. (N. T.)

[9] Referências a Tchátski, protagonista de *O Mal de Pensar*, de A. S. Griboêdov, e a Dmítri Impostor, protagonista de *Bóris Godunov*, de A. S. Púchkin. (N. T.)

dos alunos a leitura completamente carregada de temperamento e de grandes emoções. Se isso não ocorria, era, segundo suas próprias palavras, babau. Nesse aspecto, não nos dava nenhuma ajuda real e não escutava explicação alguma.

– Stepan Ivánovich, eu hoje não estou conseguindo. Não consigo despertar uma emoção sequer...

– E o que eu tenho a ver com isso? – respondia. – As emoções devem vir... Leia estes versos aqui derramando lágrimas...

– Mas eu estou sem lágrimas!

– Vá e alugue-as na Biblioteca Volkov-Semiônov. (Assim chamava-se a biblioteca teatral que alugava peças.)

Iákovlev não tinha dúvidas de que, antes de mais nada, o ator devia ser dotado de temperamento, de emoções, e que se não conseguia trazê-las à tona em determinado momento, então deveria ser capaz de forçá-las pela repetição contínua do monólogo, da cena ou do verso em questão. Ele até mesmo utilizava-se de um método próprio para agir sobre os atores: batia irritantemente os pés no chão durante o ensaio para não interromper a interpretação, enquanto seria mais correto parar o ator que "estivesse tentando debulhar-se visceralmente", acalmá-lo e conduzi-lo pela linha de pensamentos, visões e outros elementos da técnica cênica utilizados por Stanislávski para fazer aflorar no ator emoções vivas, autênticas.

Ao trilhar o caminho indicado por Iákovlev, os alunos confiantes passavam, tanto coletiva quando individualmente, a exercitar o desenvolvimento de seus temperamentos, e saíam a plenos pulmões gritando frases heroicas: "Tu és minha testemunha, ó Deus todo-poderoso!" – "Ele está aqui, sua canalha!" – "Não! Isso já é demais!" – "Tu mentes, maldito!", e assim por diante. Ao repetir essas e outras frases, os jovens alunos não viam as imagens suscitadas pelas frases "com seus olhos internos", mas apenas seu ídolo Stepan Ivánovich batendo empolgadamente os pés no chão do palco.

Durante os três anos letivos, por exemplo, Iákovlev forçara uma de suas alunas mais queridas, dona de gigantesca predisposição e atributos para papéis heroicos, a ler o monólogo de Joana D'Arc,[10] numa tentativa de fazer acordar nela o temperamento heroico. Mas nem os brilhantes testemunhos de como Ermôlova[11] interpretara e pronunciara esse monólogo, nem as repetidas e incessantes batidas com o pé no chão ajudavam. O temperamento da jovem atriz continuou escondido, e se por vezes apareceu de lampejo foi não como resultado do método aplicado por Iákovlev, mas apesar deste. Fixar as fagulhas de emoção provou-se então impossível, já que ela desaparecia tão inesperadamente quanto aparecera. Para isso, teria sido necessário conhecer outros caminhos, capazes de levar, de maneira mais adequada, o ator à emoção autêntica. Iákovlev, infelizmente, não os conhecia.

Quando passava para as aulas de cena, ou seja, ao trabalho de ensaiar espetáculos com alunos, Iákovlev de novo transitava entre recursos pedagógicos efetivos e inúteis. Por convicções pedagógicas, recusava o recurso de mostrar ao aluno como determinada cena ou papel deveriam ser feitos. Esse princípio, correto, ele transferia também para a vida. Durante todos os três anos em que tivemos aulas, Iákovlev jamais subiu ao palco para mostrar a um aluno "como fazer", coisa que frequentemente fazia seu professor Davídov. Também entendia, verdade seja dita, ainda que de maneira bem difusa, a importância que têm em cena as ações físicas simples, e tentava chamar nossa atenção para elas. Claro, ele mesmo não era capaz de farejar aí o embrião do futuro método.

"Já que estão representando a vida real, tudo o que vocês fazem em cena – bebem chá, descascam batatas e etc., etc. – deve corresponder ao mais completo realismo" – dizia.

Ao mesmo tempo, não se pode acusar Iákovlev de exigir apenas resultado dos alunos, ou de tentar levá-los à representação grosseira apenas da forma exterior, afastando-os do verdadeiro caminho ensinado por K. S. Stanislávski: partir, antes de mais nada, de sua própria natureza humana, de suas próprias emoções e da maneira como você mesmo as demonstra dentro das circunstâncias propostas pela peça.

---

[10] Referência à peça *A Donzela de Orléans*, de Friedrich Schiller. (N. T.)
[11] Maria Nikoláevna Ermôlova (1853-1928), uma das maiores atrizes russas de todos os tempos. Nas palavras de Stanislávski, a "maior das atrizes já vistas". (N. T.)

Assim eram as aulas, mas... tudo isso era imediatamente anulado por outros recursos pedagógicos absurdos, utilizados paralelamente. Iákovlev, ao falar sobre as coisas verdadeiras enumeradas anteriormente, aplicando-as na prática até certo ponto, imediatamente caía em contradição consigo mesmo, permitindo, entre outras coisas, demasiado pragmatismo no trabalho: "Estou formando vocês como atores... A maioria de vocês acabará trabalhando nas províncias. Lá, terão de preparar papéis em dois, três ensaios. É preciso preparar-se para isso. Por isso, digo: a prática antes de tudo. Vamos preparar, aqui na escola, um espetáculo novo a cada duas semanas. Assim, quando terminarem a escola, terão um repertório e o hábito de interpretá-lo".

Hábito de interpretar como? Maneira forçada e mecânica. Mas Iákovlev, de certa meneira, estava certo. A situação dos teatros de província era tal que ali eram necessários atores com um grande repertório, capazes de trabalhar rapidamente e de adaptar-se imediatamente a quaisquer condições. Quantos de nós, felizardos, teríamos a possibilidade de, ao terminar a escola, entrar para um dos teatros-modelo das capitais?

O curso de interpretação durava, então, três anos, considerados suficientes à preparação de um jovem ator. As esperanças de qualquer outro aperfeiçoamento técnico eram colocadas no trabalho prático num teatro profissional. Essa visão baseava-se num conhecimento relativamente limitado no campo da técnica do ator.

Ao falar a respeito das deficiências da velha escola teatral, não pretendo de maneira nenhuma desmerecer a grande importância que ela teve para o crescimento de nossa cultura cênica, ou muito menos difamar seus pedagogos, grandíssimos artistas do teatro russo. Tanto o grande artista V. N. Davídov, como I. M. Iúrev, A. P. Petróvski, I. E. Dáski, A. A. Sanin e, por fim, meu professor S. I. Iákovlev contribuíram muito, cada um à sua maneira, para a educação do ator.

Todos eles reconheciam a importância da escola teatral, amavam-na e punham ali suas forças sem nenhuma sombra de motivação egoísta e sem obter, exatamente por isso, a solidariedade da grande massa de atores daquele tempo, que considerava a escola um fenômeno nocivo. Eu exagero propositadamente as deficiências daquele sistema pedagógico do ponto de vista dos nossos conhecimentos atuais apenas para poder definir mais precisamente o salto verdadeiramente gigante dado pelo gênio de Stanislávski, que, em suas pesquisas, apoiou-se na rica experiência dos melhores representantes da arte teatral realista russa.

A direção, naquele tempo, também apenas começava suas tímidas tentativas de passar da simples administração do espetáculo à arte.

I. M. Iúrev[12] descreve em suas memórias uma vez em que Davídov, ensaiando no Teatro Alexandrínski a peça *Coração Ardente*, de Ostróvski, permitiu-se quebrar a tradição dos ensaios ao interromper a passagem em que estavam para trabalhar uma cena específica, em que tomava parte um de seus alunos. A cena não dava certo, e Davídov, tentando conseguir os resultados necessários, pedia que ele repetisse várias vezes a mesma cena. Começou então um burburinho de indignação entre os outros intérpretes. "Isso aqui não é escola" – diziam-lhe. E isso para um artista que gozava de enorme prestígio e autoridade dentro da trupe, um artista então considerado o orgulho dos palcos russos! O que poderia fazer um simples diretor em meio àquela gama de fenômenos do teatro?

Pois eis que começam a correr boatos sobre as "esquisitices" do diretor Stanislávski, do Teatro de Arte de Moscou. No início, todos eram muito difusos e discrepantes entre si: ou diziam que Stanislávski transformava os atores em marionetes para executar sua vontade despótica, macaquinhos amestrados ensinados a fazer tudo o que manda o amestrador, ou, ao contrário, que, ao ensaiar, Stanislávski pedia que os atores improvisassem sem dar-lhes quaisquer marcações, ou nada do que era habitual na técnica corrente de ensaiar. Então, de repente, ouviu-se o inacreditável boato de que Stanislávski, trabalhando com o ator I. M. Urálov[13] sobre o papel do mordomo em *O Inspetor*

---

[12] Iúri Mikháilovich Iúrev (1872-1948), famosíssimo ator do Teatro Alexandrínski.

[13] Iliá Matvêevich Urálov, ator do TAM – Teatro de Arte de Moscou. (N. T.)

Geral, ensaiou com ele a cena "O Mordomo Vai à Feira", que não existia na peça nem em qualquer um dos rascunhos do autor.

Os atores do Teatro de Arte, que raramente apareciam nos lugares frequentados pelos atores dos outros teatros, já naquele tempo distinguiam-se por seu gosto específico, pela maneira particular com que entendiam a arte, pelo conhecimento de certos termos misteriosos de trabalho, pela forma singular como abordavam o trabalho sobre o papel. Como tudo o que é demasiado corajoso, inovador e que quebra as velhas tradições teatrais, as "esquisitices" de Stanislávski causavam irrefreável repulsa nos corifeus do Teatro Alexandrínski.

Lembro-me de um episódio interessante. Urálov veio transferido do Teatro de Arte para Petersburgo, para o Teatro Alexandrínski. E como em Moscou fizera o papel do mordomo em *O Inspetor Geral*, ali também foi-lhe dado entrar como substituto de Davídov, no mesmo papel. Uma vez, no intervalo do ensaio, Urálov voltou-se humildemente para Davídov com uma questão artística, e entre eles ocorreu a seguinte conversa:

– Diga-me, Vladímir Nikoláevich [Davídov], "com o que" você entra para falar com os burocratas na primeira cena de *O Inspetor Geral*?

– Como assim, "com o quê"? – perguntou-lhe Davídov, meio que sem entender.

– Ah, com qual sentir-a-si-mesmo, qual intenção... Lá em Moscou, tratávamos como se ele... (ao que seguiram longas explicações das diferentes tarefas, circunstâncias propostas, etc., etc.).

Davídov escuta por um momento cautelosamente, contendo todo o seu ódio e desprezo. Depois, interrompe Urálov com a seguinte frase, carregada de sarcasmo:

– Não sei "com o que" vocês do Teatro de Arte entram em cena, mas eu entro no palco imperial para fazer Gógol, e quem entra sou eu, Vladímir Nikoláevich Davídov, e não um Zé Ator por aí!

E virando as costas, deixou bem claro que a conversa estava encerrada.

Claro, Davídov dissera aquilo num ímpeto de irritação com os "espertinhos" que se achavam mais inteligentes que o glorioso mestre que ele era, já laureado com uma reputação que dizia respeito não apenas ao seu talento, mas ao fato de ser ele um ator capaz de pensar, de analisar um papel e de entender as camadas mais sutis da arte, de criar em cena figuras grandiosas e acabadas. Verdade seja dita: ao vê-lo interpretar a primeira cena de O *Inspetor Geral* não sentíamos nem a sombra da canastrice que dissera a Urálov. Ao contrário, a entrada do mordomo-Davídov impressionava com uma lógica de comportamento sutil e extremamente expressiva, a lógica de um funcionário nervoso e preocupado com os estorvos de seu serviço. Imediatamente, ao assisti-lhe, podia-se entender "com o que" entrava o mordomo. Mas o que ele fazia para conseguir tão brilhante resultado continua sendo um segredo. Sobre esse segredo debruçou-se o curioso olho do futuro reformador do teatro, K. S. Stanislávski.

No começo, os boatos que chegavam a Petersburgo acerca do trabalho de Stanislávski no Teatro de Arte de Moscou interessaram-me, assim como a todos os outros, apenas por seu caráter extraordinário e por curiosidade. Depois, pensando seriamente e tendo analisado com mais cuidado as posições por eles defendidas, senti que ali escondia-se, indiscutivelmente, um pequeno grão de verdade. Os espetáculos do Teatro de Arte que vieram em turnê até Petersburgo, nos quais pude estar, especialmente O *Jardim das Cerejeiras* (que tinha também uma versão feita pelo Teatro Alexandrínski), terminaram por convencer-me disso. Encontrava-me completamente submetido a uma forma incrível de arte que realçava vividamente toda a velhice de muitas tradições de meu antigo ídolo, o Teatro Alexandrínski. Nem mesmo todos os melhores representantes da cena imperial (Davídov, Dalmátov, Varlámov, Michúrina, Iákovlev)[14] reunidos num só elenco de O *Jardim das Cerejeiras* puderam contrapor-se à esmerilhada *ensemble* composta de seus colegas moscovitas, sem grandes nomes de brilho, mas conduzida pela vontade única de um diretor inovador.

O espetáculo decidiu meu destino. Todos os meus pensamentos agora dirigiam-se ao novo teatro, à nova arte. Comecei a procurar

---

[14] Todos grandes atores russos do tempo pré-Reforma, parte do elenco da montagem petersburguense de O *Jardim das Cerejeiras*.

possibilidades de aproximação com K. S. Stanislávski. Meu sonho iria se realizar apenas vinte anos mais tarde. Esse enorme período, no entanto, não passou incólume. Trabalhei muito, tanto nos teatros das capitais como nos das províncias. Fiz muitos papéis, adquiri experiência, obtive sucesso, especialmente no último período, quando trabalhei no antigo Teatro de Korsh,[15] antes de minha entrada no TAM.[16] Aprendi muito ao encontrar-me com atores e diretores talentosos e experientes. Tudo isso podia ser material para lembranças, mas tenho de deixá-las de lado e passar diretamente ao tema deste livro.

---

[15] Pequeno teatro moscovita fundado em 1882 pelo empreendedor Fiódor Adámovich Korsh. Foi o primeiro teatro da Rússia a contar com um palco iluminado por luzes elétricas; especializou-se em comédias. Depois de 1920, foi rebatizado de Terceiro Teatro da RSFR. Comédia. Em 1933 foi fechado. Reabriu em 1987, e em 1991 obteve seu nome atual, Teatro Estatal da Nação [Gosudárstvenni Teatr Nátsii]. (N. T.)

[16] Toporkov ora refere-se ao Teatro de Arte de Moscou apenas como "Teatro de Arte", ora por MKHAT (sua sigla em russo). Neste último caso, em português, adotamos a abreviação corrente no Brasil, TAM. (N. T.)

A entrada no TAM e o primeiro trabalho com K. S. Stanislávski

(*Os Esbanjadores*)

A formação do ator no espírito da avançada técnica do Teatro de Arte de Moscou requer trabalho árduo e contínuo, e, portanto, o completo isolamento do ator em formação de todas as influências nocivas vindas de fora. Por isso, na prática do Teatro de Arte, os casos em que se convidavam atores "de fora" eram tão raros. O ator, segundo uma expressão do próprio Stanislávski, devia ser "cultivado" dentro do próprio teatro. O convite para que eu entrasse para o Teatro de Arte foi uma das raras exceções que, por vezes, eram permitidas pela direção do teatro por força de uma ou outra circunstância.

Como já disse, cheguei à trupe do TAM com uma bagagem de quase vinte anos de trabalho como ator. Stanislávski nunca havia me visto em cena ou em vida até então, e sua decisão de convidar-me ao teatro foi feita exclusivamente graças à insistente recomendação de figuras que dirigiam com ele o teatro naquela época, e de quem não tinha motivo algum para desconfiar. Mesmo assim, a decisão final alongou-se por muito tempo, já que Konstantin Serguêevich[1] considerava a entrada de um novo ator no teatro uma questão extremamente importante.

---

[1] Forma respeitosa de referir-se a alguém na Rússia, que utiliza nome e patronímico. Até hoje, é muito comum referir-se a Stanislávski como Konstantin Serguêevich, na Rússia. (N. T.)

Os primeiros rumores sobre um possível convite para que eu entrasse para o TAM chegaram até mim mais ou menos dois anos antes da minha entrada de fato. Stanislávski examinava a questão por todos os lados, perguntava sobre mim em diferentes lugares e para diferentes pessoas. Perguntava sobre coisas que não apenas diziam respeito a mim como ator, mas como ser humano, pai de família, membro da sociedade, etc. Quando enfim deu-se nosso primeiro encontro,[2] em seu escritório no teatro, ambos estávamos tão nervosos que nos confundimos e acabamos sentando na mesma cadeira. Senti então o olhar penetrante de Konstantin Serguêevich, o olhar de um colecionador prestes a adquirir uma nova peça para sua coleção, com medo de errar na escolha.

As questões da apropriação e internalização da nova técnica do ator preocupavam tanto Stanislávski que a certo ponto começaram a imperar também entre todos nós, atores do teatro, em especial nos últimos anos de sua vida. Por isso, o encontro com um ator de outro teatro e a tentativa de reeducá-lo à sua maneira eram-lhe, obviamente, muito interessantes. Quanto a mim, depois de ter desejado tanto o encontro com o grande mestre, estava pronto para beber sedento da fonte tudo aquilo que tanto escutara de novo, maravilhoso e ainda pouco entendido a respeito da arte do ator, coisas que passavam apenas de boca em boca nos círculos teatrais. Nessas circunstâncias, encontrei-me com Konstantin Serguêevich num trabalho que desenvolveu o interesse mútuo que tínhamos um pelo outro, mestre e discípulo.

Depois de nosso primeiro encontro, sobre o qual não posso falar nada além do que já disse, encontrei-me mais uma vez com Konstantin Serguêevich em seu escritório pessoal na travessa Leôntievski,[3] ou seja, no mesmo lugar em que depois eu e todos os atores que haveriam

---

[2] Em março de 1927. (N. T.)

[3] A casa de Stanislávski, depois da Revolução de 1917 e até a sua morte (1938), passou a se localizar na travessa Leôntievski, numa mansão no centro de Moscou. Ademais, era onde Stanislávski ensaiava nos últimos anos de sua vida. Hoje em dia, ali funciona um museu sobre sua história. Sempre que Toporkov se referir à "travessa Leôntievski, tem-se em mente a casa-estúdio de Stanislávski. (N. T.)

de passar por aquelas portas viveríamos tantas experiências, alegrias, medos, desesperos e esperanças.

Esse segundo encontro durou bastante – três ou quatro horas – e correu sob a atmosfera do conforto caseiro, que, ao que parecia, fora cuidadosa e especialmente criada para nossa conversa: a mesa estava posta com uma toalha rendada e nela havia vasos com flores, nozes, doces e frutas que Konstantin Serguêevich me oferecia. A conversa girou em torno, claro, do teatro. Ele meticulosamente perguntava-me sobre meus gostos. Qual dos papéis que eu fizera até então agradava--me mais? Por quê? Que papel eu ainda gostaria de fazer que não houvesse feito? De qual das peças atualmente em cartaz no TAM eu mais gostava? Ou em outros teatros? Foi uma série de perguntas que hoje em dia, seguindo o exemplo de Stanislávski, todo diretor faz a um novo ator que se candidata a uma trupe. Então, tudo aquilo era novo, e fiquei muito impressionado tanto pelas próprias perguntas quanto pelo cuidado com que Konstantin Serguêevich extraía de mim as cansativas respostas. Ele as escutava com atenção redobrada, fazia correções e insistia quando minhas ideias entravam em conflito com as dele.

A conversa foi muito interessante e me ensinou muito. Infelizmente, o nervosismo que tomara conta de mim durante o encontro impediu-me de anotá-la em detalhes imediatamente ao chegar em casa, e agora, depois de tantos anos, já é difícil recuperar algo sem pecar contra a verdade. Por isso, sigo adiante. Digo apenas que tudo o que pude ver e ouvir do comportamento de Konstantin Serguêevich nessa visita me impressionou muito. Antes de mais nada, impressionou-me seu enorme interesse por tudo que dizia respeito ao teatro. Nesse aspecto, para ele não existiam assuntos menores, que não atraíssem sua atenção. Eu sentia claramente todas as suas reações às minhas respostas, em cada frase, ainda que ele tentasse disfarçar e conferir à nossa conversa o caráter neutro de uma ordinária conversa entre amigos. Nem sempre conseguia. Assim que comecei a elogiar uma das montagens moscovitas que haviam feito sucesso perante o público (eu sabia que Konstantin Serguêevich a havia visto) vi tamanho horror em seus olhos, que tive de deter-me antes mesmo de terminar a frase.

Apenas depois de muitos anos pude entender como o que eu dissera não era nada apropriado.

Stanislávski começou a criticar pesadamente o teatro e o diretor em questão. Passou da crítica furiosa à exposição irônica da viciosidade do princípio de solução empregado pelo diretor, e, enfim, condensou toda a essência da montagem com uma única expressão, muito significativa. Eu ri involuntariamente, e isso o acalmou um pouco, acho.

A conversa calma e interessante mais uma vez instaurou-se entre nós. Konstantin Serguêevich fez-me uma pergunta. Eu, mal tendo conseguido responder, fui interrompido. Chamavam-lhe pelo telefone. Ele se desculpou e, sem terminar de escutar minha resposta, dirigiu-se ao telefone, que ficava ali por perto. Era do teatro. Pude escutar claramente toda a conversa. Dizia respeito a alguma questão completamente secundária do cotidiano do teatro, mas Stanislávski tentou apaixonadamente, durante quase uma hora, certificar-se de que chegariam à solução por ele proposta, não obstante o fato de que o interlocutor já havia muito concordava com ele. Tentava fazer com que o interlocutor entendesse os princípios gerais contidos na resolução daquele tipo de problema, para o futuro. Konstantin Serguêevich ficou tão agitado com a conversa, que, ao voltar à mesa, olhava para mim com olhos desconfiados, como se eu fosse o interlocutor ao telefone. Quando por fim tentei delicadamente responder-lhe à pergunta feita uma hora antes ele, sem ao menos deixar que eu terminasse a frase, gritou trovejante: "De maneira nenhuma!!!". Em seguida, lembrou onde estava, voltou a si e continuou a nossa conversa calmamente. Eu, por mais de uma vez, com medo de estar roubando-lhe o tempo, tentei despedir-me, mas ele não permitia. Em certo ponto, nossa conversa chegou ao fim. Acompanhando-me do escritório, através do corredor, até a porta, Konstantin Serguêevich foi extremamente atencioso e carinhoso comigo.

A atitude de Stanislávski para comigo durante minha visita, seus pensamentos profundos e penetrantes sobre a arte e sua entrega sem limites ao teatro produziram em mim uma impressão muito difícil de ser definida agora, mas que, em todo caso, foi única por sua força, por toda a minha vida teatral. A atmosfera artística criada por ele, todo o caráter e o regime de trabalho e a relação existente entre os trabalhadores do teatro (que eu vi pela primeira vez) fortaleceram ainda mais essa impressão. Eu, de repente, como nunca antes, senti toda a importância do acontecimento que ocorrera na minha vida. Entendi que estava às portas de algo novo, desconhecido, intrigante e que não se tratava apenas da passagem de um teatro a outro, mas algo significativamente maior.

Minha entrada para a vida artística do teatro começou com um sucesso. Preparávamos para Stanislávski a apresentação de um primeiro ensaio corrido da montagem de *Os Esbanjadores*, de V. Katáev.[4] Faltavam alguns dias para a apresentação, e o elenco ainda não tinha ator para um pequeno papel episódico da peça. O diretor do espetáculo, Sudakov, propôs que eu o fizesse. Era um papel de caráter, cômico, e o fato de ter de prepará-lo em dois ou três ensaios não me incomodava: eu já estava acostumado. Meu desempenho na frente de Stanislávski fez tanto sucesso, que ele decidiu me dar um dos papéis principais da peça, o caixa Vánetchka, que até então ensaiara Khmelióv, que passava a ficar com o meu papel. Era uma grande mostra de reconhecimento a mim por parte de Stanislávski. Eu estava no sétimo céu. Pensava que depois tudo seria muito fácil, simples, e que todo o medo das dificuldades da arte do TAM não passava de um mito criado por minha imaginação. E eis que no outono, depois das férias de verão, começaram de novo os ensaios de *Os Esbanjadores*, comigo já no papel do caixa Vánetchka.

A peça, adaptação de uma novela, é dramaticamente fraca, e lembra uma lição de moral: o gerente Fillipp Stepánovich e o caixa Vánetchka gastam, acidentalmente, uma pequena quantidade de dinheiro. Mas, em seguida, como diz o ditado, "por um cravo se perde

---

[4] *Os Esbanjadores* é a tradução aproximada de *Rastrátchiki*, peça do dramaturgo soviético Valentin Katáev, baseada em um conto de mesmo nome, de sua própria autoria. Foi encomendada ao autor pelo próprio TAM, que estreou a montagem a que Toporkov se refere em abril de 1928. (N. T.)

a ferradura", e os dois começam a enredar-se em novos golpezinhos e aventuras, até que gastam toda a quantia que tinham na caixa e têm então de voltar para casa e assumir o crime à polícia. Durante a peça, ambos os esbanjadores caem em situações cômicas e dramáticas que dão material magnífico para o jogo do ator.

Segundo a velha terminologia, Vánetchka é o *prosták, emploi*,[5] que me tinha sido atribuído já na escola. Com grande entusiasmo, atirei-me ao trabalho. Mas este não era, no entanto, o papel episódico que eu fizera por conta própria e no qual debutara com tanto sucesso. O papel de Vánetchka percorria toda a peça, ligava-se a muitos personagens da obra e devia ser costurado à *ensemble* e ao estilo geral de todo o espetáculo. Começaram as dificuldades. Ninguém diria, ao ver-me interpretar no Teatro de Korsh, que meu estilo fosse tão distante do Teatro de Arte. Ao contrário, minha proximidade do estilo do Teatro de Arte é que havia servido de motivo para que me convidassem a entrar ali. Mesmo assim, quando foi necessário "cantar em coro" com o diretor e os intérpretes, algumas dificuldades e asperezas apareceram. Naturalmente. De minha parte houve até mesmo a tentativa de voltar ao meu antigo papel, mas ao final tudo como que se acertou, e a peça começou a ser preparada para mais uma apresentação a Stanislávski. E eis que chegou o dia da apresentação.

Apresentamo-nos não no palco, mas no *foyer* do teatro. Aquilo, para mim, era uma novidade: os espectadores sentados quase dentro da cena! E que espectadores! Passávamos a peça cena a cena, em cenários improvisados. A execução tinha um caráter de rascunho.

---

[5] *Emploi* (emprego, em francês) é um termo teatral do teatro clássico francês e muito empregado pelo teatro clássico e moderno russo de repertório. Diz respeito a uma classificação dos "tipos" de personagem existentes, e traça-se sua origem até a comédia de máscaras italiana. Alguns outros *emplois* clássicos do teatro francês são *La duègne* (A senhora), *Le raisonneur* (O arrazoador), *Le Marquis* (O Marquês), *Rôle travesti* (Papel travesti). Tanto na Rússia como no Brasil, alguns *emplois* foram traduzidos e outros mantidos no original. O *emploi* de Vánetchka, em russo, é *prosták* (simplório, em tradução literal). No Brasil, esse *emploi* foi geralmente traduzido como "o jeca". No original francês, esse *emploi* é chamado de *paysan* (camponês), ainda que não se refira necessariamente a um personagem de origem camponesa. Nesta tradução decidimos manter a palavra original russa em caso de "russificação" do original, e a palavra original francesa nos casos em que é utilizada pelo autor. (N. T.)

Tratava-se mais de uma apresentação de possíveis contornos do papel do que de uma execução propriamente dita do mesmo. Aquilo tudo, para mim, não era nada usual, mas mesmo assim, superando todas as dificuldades, terminei meu *début* com bastante sucesso. Konstantin Serguêevich aprovou minha execução e ficou satisfeito com o resultado geral da apresentação. Imaginei que fosse uma questão de dias para a estreia, e que, mesmo assim, eu poderia ficar calmo: as principais dificuldades já haviam sido superadas e o tapete vermelho para o palco do TAM já estava estendido para mim. Faltava apenas dar algum polimento ao papel. Ora, mas esse polimento vem precisamente do contato com o espectador. Como eu estava enganado, redondamente enganado! Dali em diante, entrou no trabalho o próprio Stanislávski e começou a parte mais séria e dura dos ensaios. Tudo o que ocorrera até então não passava da preparação do esboço para ele.

O trabalho com Stanislávski foi extremamente tenso, nervoso. O espetáculo não fluía. Os atores sentiam-se desconfortáveis. Se mesmo os famosos e experientes atores do TAM choramingavam pelos cantos, imaginem um novato a quem ninguém presta atenção. Cada ensaio era, para mim, uma espécie de gólgota. Minha única redenção estava em ter a oportunidade de ver, pela primeira vez, milagres realizando-se diante de meus próprios olhos, milagres de que antes eu não fazia a mínima ideia. Voltava para casa de cada ensaio sentindo-me enriquecido e, ao mesmo tempo, desencorajado. Uma terminologia cênica totalmente nova e um método de trabalho completamente novo faziam com que eu, ator experiente, sentisse-me cabalmente perdido e amarrado, como uma vaca patinando sobre o gelo. Onde estava toda a minha experiência?

Os primeiros ensaios com Stanislávski realizaram-se na sala "K.O.", abreviação de *Komítcheskaia opera* [Ópera cômica]. Isso porque uma vez a sala havia sido usada nos ensaios de *La Fille de Madame Angot*,[6] montagem de V. I. Nemiróvich-Dântchenko. A partir

---

[6] *La Fille de Madame Angot* é uma opereta cômica de Charles Lecoq, encenada pela primeira vez em 1872, em Bruxelas. No caso, Toporkov se refere à montagem e à estreia dirigidas por Nemiróvich-Dântchenko em 1920, no TAM. (N. T.)

de então, a sala manteve o nome. Fazíamos ensaios "de mesa" – nenhuma marcação. Konstantin Serguêevich conversava conosco, experimentava ensaiar de leve algumas cenas, fazia perguntas, explicava. A propósito, os ensaios "de mesa" são uma contribuição do TAM que passou, algumas vezes, pela revisão minuciosa de Stanislávski, que, por sua vez, jamais negou a imprescindibilidade e a utilidade dos ensaios de mesa em geral.

No velho teatro, tanto na província como nas capitais, apenas a primeira leitura da peça acontecia à mesa, onde cada ator lia de acordo com seu papel. Ali verificava-se se o texto havia sido decorado, cortava-se, etc. Essa leitura sequer era chamada de ensaio, mas apenas de "revisão". Depois da "revisão", no dia seguinte, os atores subiam ao palco e, com o texto em mãos, passavam a peça, do início ao fim. Nos primeiros ensaios já se faziam as marcações, os atores apropriavam-se delas e depois havia uma passada "sem o texto", quando cada um tentava encontrar o "tom certo" de seu papel. Em seguida, vinha o ensaio geral de figurinos e maquiagem e, depois, a estreia, em que cada um interpretava como podia, por sua própria conta e risco.

Os diretores do Teatro de Arte, ao criar tarefas mais complexas, naturalmente tiveram de encontrar formas mais aperfeiçoadas de ensaiar; uma delas era o ensaio "de mesa", em que os futuros intérpretes do espetáculo, com o diretor à frente, submetiam todos os elos componentes da obra à mais minuciosa análise, com experimentos e mesmo tentativas de realizá-los parcialmente. Stanislávski propôs que eu fizesse uma de minhas cenas. Vendo-me numa situação incomum para ensaiar, na qual eu não tinha a "muleta salvadora" da marcação, cara a cara com Stanislávski, fiquei um pouco confuso. Logo, minha longa experiência como ator fez com que eu voltasse a me controlar, e assim pude entrar no "tom certo", que havia conseguido nos ensaios anteriores. Em geral, eu fazia aproximadamente o mesmo que fizera durante a apresentação, mas, ao contrário de minhas expectativas, não encontrei no rosto de Stanislávski nenhuma aprovação de minha arte. Depois de escutar a cena, ele calou, tossiu e disse, sorrindo cordialmente:

– Desculpe-me, Vassíli Ôssipovich, mas isso não passa de um "tonzinho"...

– Como assim?

– Você está tentando fazer esse papel por meio de um "tonzinho" que criou para ele.

Fiquei sem entender nada. Sim, claro, mas então como? Claro que era um "tonzinho". Qual era o mal nisso? Eu havia buscado tanto e tão dolorosamente aquele "tonzinho". E ainda mais: Stanislávski o havia aprovado durante a apresentação! O que poderia ter acontecido? Reconheci então que não havia entendido nada do que ele dissera. Konstantin Serguêevich me explicou que o mais valioso em nossa arte é, antes de mais nada, a capacidade de encontrar em cada papel um ser humano vivo, a capacidade de encontrar a si mesmo em cada papel.

– É muito cedo para se agarrar a algo pensado de antemão, algo que o impede de perceber o que acontece ao seu redor de maneira viva e orgânica. Você está representando um papel e não um ser humano vivo.

– Sim, mas como então...

– Diga-me, o que tem na caixa?

– Não entendo...

– Você trabalha na caixa, então: o que tem na sua caixa?

– Dinheiro...

– Sim, dinheiro, e o que mais? Seja mais detalhista. Você diz: dinheiro. Tudo bem, dinheiro, mas quanto? Como são as notas? Como foram empacotadas? Como estão organizadas? Como é a mesa da sua caixa, como é a cadeira, quantas lâmpadas... Conte-me mais detalhadamente sobre os seus afazeres.

Fiquei em silêncio por um longo tempo. Stanislávski esperava pacientemente a resposta. Enfim, reconheci que não podia responder a nenhuma de suas perguntas porque não entendia muito bem para que devia saber tudo aquilo. Fingindo que não escutara a última parte da frase, ele me propôs pensar e responder a pelo menos uma das perguntas que havia feito. Eu calava.

– Vê? Você não conhece o mais essencial de seu herói: sua cotidianidade. Como ele vive, o que o move, quais são suas preocupações...

Eis o caixa Vánetchka, jovem pequeno e tímido. Está em sua caixa. Para ele, é o que tem de mais sagrado, o melhor de sua vida. Aqui, tudo é objeto de seu cuidado: a limpeza do recinto, a ordem de distribuição de todos os objetos necessários às operações cotidianas desde o grande cofre de aço anti-inflamável até o simpático lápis vermelho-azul, que considera seu melhor amigo e chama de Konstantin Sídorovich. A lampadinha elétrica, mantida limpa de forma que seja a fonte de luz mais brilhante de toda a repartição, é o orgulho de Vánetchka. Os cadeados do grande cofre anti-inflamável estão sempre untados com óleo e fecham e abrem facilmente, sem emperrar. O barulhinho agradável que fazem ao virar com as chaves causam um verdadeiro êxtase estético em Vánetchka, ele os ouve como se fossem a mais bela música. Nas prateleiras do armário, os pacotes de dinheiro estão organizados de forma exemplar. Aqui as notas de cem, ali as de mil, dez mil, vinte. E Vánetchka pode sempre dizer quanto dinheiro há em caixa, a qualquer momento. Fica sempre muito nervoso com os processos de abrir e fechar a caixa. A entrega de dinheiro, os "vistos" nos relatórios são rituais sagrados, são sua arte. Ele vive, com os clientes, a tragédia de quando a caixa encontra-se vazia e não se pode sacar dinheiro. As contas de Vánetchka sempre fecham, e sua perfeição nisso é lendária. Apesar de sua idade e discrição, é uma espécie de celebridade no mundo da repartição pública, e ele não aprecia nada mais do que essa sua fama.

O gerente da repartição o ama. Vánetchka, por sua vez, o adora como um soldado raso pode adorar a um grande general. A menor infração cometida dentro do mundinho de Vánetchka é, para ele, um acontecimento que sempre gera enorme abalo emocional. O que aconteceria se (pelo amor de deus!) seu Konstantin Sídorovich sumisse da mesa? Ou se a lâmpada aparecesse um pouco coberta de sujeira? Ou se um dos recém-alfabetizados cooperados agrícolas[7] assinasse

---

[7] Em russo a palavra é *artélchik* (trabalhador do *artél*, literalmente). O *artél* era uma forma de cooperativa agrícola existente na Rússia desde antes da Revolução de 1917, e, depois dela, foi base para as primeiras experiências de coletivização da economia. A peça retrata

um recibo no lugar errado? São incômodos do dia a dia sobre os quais Vánetchka pode ficar horas falando durante seu tempo livre. Que terrível deve ser cometer algum erro de conta, ou ainda perceber que faltam algumas notas num pacote. Casos assim nunca ocorrem na vida de Vánetchka, são coisas com as quais ele pode apenas sonhar num terrível pesadelo.

Agora imagine o sentir-a-si-mesmo de Vánetchka quando, em função de certas circunstâncias diabólicas, depois de uma bebedeira amnésica, desperta no vagão internacional do trem para Leningrado, dá-se a falta de uma dezena de milhares de rublos, vê o gerente da repartição desmaiado roncando feito um porco e, na cama de cima, uma mulher da vida.

Que visão dos infernos, que monstruoso colapso para o maravilhoso mundinho de Vánetchka, que tragédia para sua vida! Você, no entanto, não criou esse mundo, não o sentiu por dentro, não tentou materializá-lo em cena. Não importa que o autor não o mostre. Você estava na caixa durante o tempo todo da ação, mesmo quando a janela para a caixa estava fechada e ninguém podia vê-lo. Você tentou, nesse seu cubículo, ou mesmo antes do ensaio, viver de fato, por meio desses pequenos afazeres do seu herói: limpar o pó, lustrar a lâmpada, guardar o dinheiro, apontar o lápis, etc., etc.? Não, durante esse tempo você estava, na melhor das hipóteses, tentando acertar a entonação de como pronunciaria sua primeira frase quando abrisse a janela da caixa e começasse a parte do seu papel que é visível ao público. Você não criou as raízes com que poderia alimentar o seu papel.

Esse era mais ou menos o sentido das observações feitas a mim por Konstantin Serguêevich. Eu entendi que ali havia uma verdade profunda, mas não podia de maneira nenhuma compreender de que forma materializar tudo aquilo na prática. Como continuar ensaiando? Eu tentei discordar, provar a possibilidade de outro método de

---

um período muito específico da Rússia pós-revolução, a NEP (Nova Política Econômica), que misturava formas capitalistas e socialistas de produção. No caso, Vánetchka é o caixa responsável da repartição pública que distribui os créditos agrícolas para os trabalhadores do *artél*. (N. T.)

trabalho, falar sobre os resultados conseguidos por mim antes, mas todos os meus argumentos saíam pela culatra, destruídos, um após o outro, pela lógica de Stanislávski.

– Mas olhe, eu já fiz papéis muito bem.
– Pode muito bem ser. Quer fazer melhor ainda?
– Certamente.
– Estou lhe mostrando o caminho para isso. Além disso, quero livrá-lo de uma vez por todas dos desnecessários e dolorosos vaivéns pelos caminhos errados durante o trabalho sobre o papel.

Eu demorei para desistir, e Stanislávski, que continuava firmemente a teimar comigo, enfim, disse, bufando:

– Mas que briguentinho trouxemos para o teatro, hem!

E assim, emperrado na minha primeira cena, terminou o ensaio daquele dia. Parecia-me incrível aquela enorme quantidade de tempo, gasto "improdutivamente". No Teatro de Korsh já teríamos conseguido passar a peça inteira. Mas os pensamentos lançados por Stanislávski adquiriram força estupenda e me dominaram por inteiro até o próximo ensaio, marcado para o dia seguinte. O ensaio aconteceria sem Stanislávski, com cenário e acessórios improvisados. Eu tentava, envergonhado, fazer o que ele me recomendara, mas era tudo tão incomum para mim, que corava toda vez que alguém se aproximava para ver o que eu estava fazendo.

Mas que porcaria! Como tudo era fácil, antes: tome, aqui estão as marcações, o parceiro, as falas, e pronto, só interpretar, mas aqui... Era necessário tentar mais uma vez. E, olhando para os lados, começo, mais uma vez, a limpar o pó, a apontar o lápis, a arrumar meu cubículo. Tinha algo errado. Tudo isso aconteceu antes do começo do ensaio do dia seguinte. Ainda não havíamos começado, mas o cenário e os objetos já estavam no palco.

Resolvi tentar mais uma vez, mas de verdade. De verdade mesmo, a sério. Eis minha mesinha, diante de mim. E se eu tentasse realmente colocá-la na mais perfeita ordem? Mas ora, veja, quanto pó... Aqui uma mancha... preciso tentar limpá-la. Procuro fazer tudo com a maior consciência, e algo começa a dar certo. Adiante. A mesa está um pouco bamba, preciso deixá-la firme. Não funciona. Procuro algo que possa servir de calço. Acho um pedaço de madeira, coloco embaixo do pé instável. A mesa não balança mais, e está realmente limpa. Agora é preciso colocar todos os objetos em ordem impecável.

Eu nem sequer reparei em como me distraí completamente com aqueles afazeres. Como era bom e prazeroso fazer coisas: eis o lápis e o apontador, deixe-me tentar apontá-lo idealmente. Passo a fazê-lo com toda a atenção possível, mas... o que é isso? Ao meu redor algo começou a se movimentar, ouvi pessoas andando... Ah, é o ensaio que se iniciava. Quando chegou a hora da minha fala, abri a janela da caixa e comecei minha cena.

Um atrás do outro corriam os ensaios de *Os Esbanjadores*, ora com Stanislávski, ora sem ele. Todo o estilo de trabalho dos ensaios, estilo já havia muito firmado pela forte tradição do TAM, era incomum para mim. Os ensaios com Stanislávski – em especial as minhas cenas – surpreendiam-me cada vez com formas novas e inesperadas de trabalho. Tudo era interessante, mas, como eu pensava então, tinha pouca ligação com a prática.

Muito bem, posso conseguir um ou outro resultado ao trabalhar com a linha que ele sugere. Mas na grande maioria das vezes ela diz respeito àquilo que não é mostrado aos espectadores. E a própria cena, que precisa ser feita, como fica? A Stanislávski, por mais estranho que pudesse parecer, o que menos interessava era o texto do papel que deveria ser proferido diante do público. Eu era interrompido assim que tentava abrir a boca. Stanislávski continuava insistindo que eu prestasse atenção a "bobagens" que, a meu ver, não tinham nenhuma relação com a coisa em si!

– Mas deixe-me pronunciar uma frase, pelo menos! Pode ser que funcione!

– Nada vai funcionar se você não tiver se preparado.

– Mas eu me preparei.

– Preparou-se de maneira errada. Seu comportamento não o leva para a cena que você precisa fazer. Logo, não há por que encher o ouvido com entonações falsas, das quais você depois terá dificuldade de se livrar. Não pense na frase, na entonação: elas corrigem-se por conta própria. Pense no comportamento. É você, precisamente você e não um personagem, quem precisa distribuir milhares de rublos em dinheiro a uma multidão de cooperados agrícolas reunidos à frente da caixa. Você responde por qualquer copeque que seja. Como agirá? Lembre-se: cooperados agrícolas são bem trapaceiros, é preciso ter cuidado. Como pretende concluir a operação? Por onde começará? O que já deixou preparado para isso? De que papéis e documentos precisa? Tem dinheiro suficiente na caixa? Abrindo a janela, você pode estimar, pela quantidade de pessoas, quanto precisará para satisfazê-los por completo? Talvez limitar o saque a 55% para cada um? Crie para si mesmo a linha de suas preocupações nesse caso e aja de acordo com ela. Acredite, é o mais interessante, o espectador vai acompanhá-lo e, com isso, mais do que tudo, você conseguirá convencê-lo da autenticidade do ocorrido. Vê como há muita coisa aqui além das palavras? Palavras e entonações são o resultado dos seus pensamentos, de suas ações. Vejo que você deixa passar tudo o que na vida jamais poderia passar despercebido, e, abrindo a janela da caixa, apenas espera a sua deixa e prepara a entonação. Mas de onde pode vir uma entonação, como pode ser viva e orgânica se você quebra as regras mais elementares do comportamento humano?

Começamos a nos ocupar das questões da caixa: contar o dinheiro, conferir documentos, dar vistos, etc., etc. Mais uma vez começou a me atormentar o pensamento sobre o tempo perdido: era preciso ensaiar a peça! Meu papel era imenso! Verdade que por vezes era bem divertido ficar brincando de caixa, e por outras era até possível acreditar seriamente no que ocorria. Nessas horas, se pudesse pronunciar esta ou aquela palavra do papel, percebia como ela soava cálida, verdadeira, e causava ótima reação em quem assistia. Mas tudo parecia-me "casual": algo que poderia desaparecer para sempre da mesma forma acidental como havia aparecido. E assim era: tão logo surgia o desejo de fixar e repetir algo exatamente, parava de funcionar. Em uma palavra, eu não sentia ali nenhuma das certezas às quais havia me acostumado no trabalho sobre um papel, até então. Ler a peça, fazer com o texto na mão, marcar, procurar o "tom" geral do papel, inventar entonações específicas, "truques"... em uma palavra, a gradual acumulação de toda a espécie de "valores" já provados no sentido da recepção. Eu ainda não entendia o significado autêntico do método de Stanislávski. Ainda que o trabalho fosse intenso durante os ensaios, muito ativo, aqui não se pensava no resultado final, no espetáculo. Era como se ignorassem o futuro espectador, e ainda, como se não bastasse, a atenção ia quase toda a coisas que o espectador jamais veria.

Por outro lado, não posso afirmar que minha confusão acerca de tudo o que via no TAM me decepcionava. Ao contrário, tudo era extremamente interessante, despertava pensamentos, imaginação, trazia o desejo de entender. Era como se eu, mais uma vez, experimentasse aquele estado em que, ao entrar no primeiro ano da escola de teatro, recebia com agitação os primeiros conceitos sobre a técnica de nossa maravilhosa arte. Ainda assim, o novo método me parecia um tanto anárquico.

Apenas muitos anos depois tornou-se clara a impressionante coerência de todo o sistema de trabalho de Stanislávski – diretor, pedagogo e dirigente do teatro, que unia no trabalho do ensaio todos os aspectos de sua prática. Entendi a diferença nas etapas do trabalho de Stanislávski sobre a gestação do espetáculo, e entendi que ninguém sentia as formas do futuro espetáculo e se preocupava tanto com a recepção do público como ele. Mas, para isso, possuía suas próprias jogadas, que para mim eram ainda pouco entendíveis.

O trabalho para estrear *Os Esbanjadores*, ao desenvolver-se, adquiria mais e mais formas novas. O ensaio de algumas cenas já havia passado para o palco. Ali, aos poucos, definiam-se marcações mais precisas, ainda que nenhum dos atores tendesse a qualquer fixação precisa delas. Ainda eram frequentes os momentos de improvisação, e a direção parecia dar pouca atenção a isso.

No palco, o apartamento do gerente. Sua família, mulher e dois filhos, está um pouco ansiosa. A hora do almoço já passou há muito, e nada do marido. No momento de maior tensão, ouve-se a campainha, que toca bruscamente. A esposa corre para abrir a porta, e seus olhos se deparam o marido gerente e o caixa Vánetchka, extremamente bêbados, mas num estado de humor muito alegre, os dois cheios de si. No bar, onde haviam passado para "tomar uminha" depois do trabalho, o gerente tivera a brilhante ideia de oferecer a mão de sua filha a Vánetchka. Com isso vieram os dois, trazendo consigo vinho e um resto de comida. A esposa do gerente – uma polonesa temperamental – recebe-os com um fluxo de xingamentos que o pobre caixa Vánetchka certamente não tivera a sorte de ouvir na vida. O gerente, querendo abafar o escândalo que já ameaçava transformar-se em estapeamento, leva a esposa a outro aposento para dar-lhe explicações, não sem certa dificuldade. Vánetchka está assustado, pressionado. Depois de um tempo, começa a escutar o que acontece no outro aposento entre o gerente e sua esposa, de onde ouvem-se vozes agitadas mas não se consegue entender palavra. Vánetchka aproxima-se da porta, as vozes se acalmam e ele olha pelo buraco da fechadura, por onde vê que a dona de casa, furiosa, voa em sua direção. Ele rapidamente sai de trás da porta, que se abre.

– Bom, e como você age? – pergunta Stanislávski.

– Como assim?

– Você ficou sozinho no quarto... Com todas essas circunstâncias, leve em conta o que aconteceu e o que deve fazer em seguida. A cena é sua.

– Mas não tem nada aqui!.. Ele fica só parado, depois vai até a porta, escuta, olha pela fechadura e salta para trás. Não tem mais nada.

– E isso é pouco para você? Bom, certo, vá e apenas escute, espie... Espere! Isso que você está fazendo, por acaso, é escutar?

– É.

– Não, você está tentando interpretar não sei o quê. Apenas escute. Você não está escutando nada. E para que você quer escutar?

– De curiosidade...

– Acho que não. Mas bom, não importa, apenas escute. Como agiria se precisasse escutar e entender, a qualquer custo, o que está acontecendo naquele quarto? Não, você ainda quer interpretar. Será que nunca teve de escutar algo na vida? Lembre-se de como o fez. Certo, tudo bem, que seja. Vamos seguir. Vá e espie pelo buraco, e, através do buraco, você percebe que enfiam a chave. Consiga escapar rápido da porta... Péssimo! Não acredito em nada, em um só movimento... Mais uma vez, não acredito... O que o está atrapalhando? Vamos, mais uma vez. Por que está tão tenso?

Repetimos a mesma coisa mais umas dezenas de vezes. Enfim, algo deu certo.

– Muito bem, mas com um "a maisinho".

– Como?

– Com um "a maisinho".

– Não entendo o que significa isso?

– Que foi feito corretamente, mas que você colocou um pouquinho a mais ao que já estava correto, um "a maisinho" quase imperceptível, e, obviamente, o fez para ser engraçado.

– E não precisa? A cena é engraçada.

– E será ainda mais engraçada se você fizer apenas o tanto que for necessário. É o grau mais expressivo. Qualquer adição, o "a maisinho", jamais vem para ajudar. É precisamente a cenicidade falsa. Encontrar a medida autêntica é o mais difícil em nossa arte. Vamos, tente.

E mais uma vez comecei a repetir, desamparado, a mesma coisa, até que, enfim, já um tanto nervoso e obviamente sem nenhuma vontade de fazer nada, apenas me ajoelhei em frente ao buraco da fechadura e saltei para trás. Ouviu-se na plateia uma gargalhada geral, e eu fiquei sem entender: havia sido realmente bom, ou estariam rindo do meu cansaço?

– Isso, absolutamente correto... É isso o que você deve procurar, sempre. Entendeu? Bom, vamos seguir.

Devo admitir que não havia entendido quase nada, mas que fixara a expressão "a maisinho".

O caixa Vánetchka é um jovem belo e modesto. Transformou-se num esbanjador por acidente, devido à confluência de certas circunstâncias fatais. Seus interesses cotidianos e a prática de seus serviços já foram descritos antes, mas ele possui algo que lhe é ainda mais caro: a aldeia de Beriôzovka, onde passou a infância, e o isbá[8] rústico onde ainda vive sua velha mãezinha.

E eis que os dois esbanjadores, o gerente-sênior e o caixa, gastando centenas de milhares de rublos a torto e a direito, viajam de cidade em cidade, "pesquisando" os costumes locais, e, por acaso (ou não), acabam numa cidadezinha muito perto da aldeia de Vánetchka. Ao entrar numa casa de chá, o encontro com mujiques[9] locais aborrece e perturba Vánetchka, e o faz contar que também é dali, explica onde fica a aldeia de Beriôzovka e a cabana, onde... mamãe...

A execução desse monólogo requer do ator grande emocionalidade: milhares de pensamentos e emoções vêm à cabeça do tristonho jovem quando ele recorda coisas que lhe foram tão caras e que não voltam jamais. Para mim, esse era o trecho do papel para o qual todo o resto existia.

Em outros tempos eu teria começado o trabalho sobre o papel daí, desse monólogo. Mas quando, agora? Nós nunca chegaríamos àquela cena se ficássemos trabalhando apenas com aquelas bobagens. Quando, quando chegaríamos a ela? Aí, então, eu mostraria o que é a emoção verdadeira, o verdadeiro temperamento. Aqui ninguém me acusaria de colocar "a maisinhos".

Passei muitas noites em casa trabalhando com esse monólogo, tentando pronunciá-lo de todas as maneiras possíveis para aquecer as emoções ao máximo. Às vezes funcionava, e lágrimas abundantes corriam por minhas bochechas na frase final: "E aqui... vive... mamãe...".

---

[8] O isbá é um tipo de cabana tradicional russa, feita de madeira sobreposta. Denota a origem humilde de Vánetchka. (N. T.)

[9] Mujique é a forma popular de referir-se ao homem camponês pobre. Denota simplicidade rústica e grosseria de modos, em contraste com os moradores da cidade. Decidimos manter o termo no original por ele ser comum na tradução portuguesa de literatura russa. (N. T.)

Enfim chegou o dia do ensaio com Stanislávski. Ao começar o monólogo, a única coisa que me preocupava era não ser interrompido, que ele não me parasse e, assim, esfriasse. Superando todas as expectativas, Konstantin Serguêevich não me interrompeu e ouviu o monólogo até o fim. O efeito que eu desejava, no entanto, não funcionou: as emoções fugiram e restaram apenas tentativas patéticas e o sobe e desce da entonação sentimental. Desconfortável, eu disse, antecipando-me:

– Não funcionou.

– Mas o que você pretendia?

– Em casa esse monólogo sempre funcionou muito bem.

– Sim, mas como?

– Havia sempre muitas emoções... eu até chorava...

– Pois agora é justamente sobre isso que você pensava: "Que preciso fazer para segurar a emoção?". Tarefa errada, completamente errada. E foi ela que o sufocou. Por acaso Vánetchka, ao conversar com os mujiques, pensa nisso? Não pense nisso, você, também. Para que chorar? Que chore o espectador.

– Mas acho que assim é mais tocante...

– Nada disso! É sentimentalismo barato. Assim agem as carpideiras sem talento, e o resultado é o oposto: incomodam. O que faz Vánetchka aqui? O que ele extrai dos mujiques? Apenas uma coisa: que entendam bem onde mora sua mãe. As indicações são bem confusas. Os mujiques são um tanto estúpidos. Percebe que tarefa ativa, completamente atuante, há aqui? Que lágrimas! Você é capaz de imaginar todas as estradas, trilhas e placas no caminho para a aldeia de Beriôzovka e à cabana de sua mamãezinha? Penso que não, a julgar por como fez agora, mas isso é o mais importante. Crie para si a topografia mais complexa, confusa, e tente desenhá-la da maneira mais clara, verificando o tempo todo cada um dos mujiques, se o entendem corretamente, e tire da cabeça qualquer preocupação com suas próprias vivências e emoções...

De repente veio uma recordação. Continuamos a ensaiar. O monólogo por fim funcionou, e Konstantin Serguêevich ficou satisfeito.

Mas, ao terminar o ensaio, no caminho para casa, voltei-me à recordação que me aparecera.

Alguns anos antes de entrar para o TAM, ensaiávamos uma comédia no Teatro de Korsh. O protagonista da peça, que eu fazia, era um azarado e, depois de muitas complicações ao longo da vida, tinha de aceitar, por dinheiro, atuar como dublê numa arriscada cena de cinema: deveria pular de um grande precipício ao mar, arriscando a própria vida. Antes do salto, volta-se diretamente para a plateia por compaixão e pronuncia um monólogo extenso, repleto de tensão dramática, em que expõe seus últimos desejos. Começa contando sobre o destino infeliz que o levou à necessidade de arriscar a vida. Não acredita que o pulo possa ter um final feliz, e por isso se despede para sempre de todos os presentes. Pede, nas palavras finais, que se lembrem dele quando forem ao cinema com suas namoradas e ele aparecer, na tela, voando pela última vez rumo ao sem-fim da não existência... Que se lembrem... E assim por diante.

O monólogo é escrito de uma forma tocante, com calor, dramaticidade e com certa dose de humor, como é de esperar de uma comédia. Ao final, tudo acaba bem para o herói. Eu gostava muito desse monólogo. Decidi que não valia a pena antecipar o final feliz da peça, mas que havia de fazer esta cena com a maior seriedade e dramaticidade possíveis, que correspondessem ao acontecimento em questão. O monólogo deveria tocar o espectador fortemente, para que ao final feliz tivesse a possibilidade de uma felicidade ainda maior.

Ao trabalhar nesse monólogo, ou seja, relendo-o algumas vezes, eu tentava encontrar a chave para que minhas emoções pudessem se abrir da maneira mais completa. Às vezes ocorria, outras vezes não. Em um dos ensaios funcionou muito bem, meus companheiros me aplaudiram e me parabenizaram. Fiquei extremamente feliz. Todo o papel já estava funcionando bem, e faltava apenas aquele pequeno ponto final. Se o conseguisse, então tudo funcionaria. No ensaio seguinte, fiquei decepcionado. Ao aproximar-me do monólogo, antecipei a satisfação de um sucesso ainda maior, mas ele não veio. Desde as primeiras linhas do monólogo senti certa falsidade e, não importa quanto tentasse corrigir, encontrar aquilo que havia sido bom no ensaio anterior, nada acontecia; ao contrário, quanto mais seguia, pior ficava. Nenhuma entonação viva, nenhum lampejo de emoção viva. Tudo morto, vazio, falso. Ninguém entendia mais nada, e eu tinha apenas vontade de enfiar minha cabeça num buraco. Bom, tudo bem, amanhã tentaria me recompor. Trabalharia em casa durante a noite e tudo ficaria bem. O azar acontece.

Mas no ensaio seguinte tudo foi piorando. E nos seguintes. Apesar de todos os meus esforços, a emoção que aparecera naquele ensaio feliz não queria mais voltar. Restava-me apenas a banal consolação dos atores, que dizem a si mesmos que a emoção voltará na estreia, quando o espectador aparecer. O ensaio geral foi um fracasso total. Enfim, depois de uma longa noite em claro e um dia torturante, cheguei para a estreia. Desde a primeira cena tudo corria bem, tudo funcionava e começava a configurar-se um óbvio sucesso, que só aumentava de cena em cena. Logo antes do monólogo fatal – aplausos tempestuosos. Sentia em mim um grande acúmulo de grandes emoções, sentia a felicidade criativa. Devia apenas cuidar para guardá-los e não deixar que se esvaíssem antes do monólogo! Tentava não deixar que nada me distraísse: afastei-me dos outros atores, me isolei. E assim chegara o momento fatal. Desci até a ribalta e pronunciei a primeira frase, ao que alguém no público tossiu. Irritei-me, mas decidi me conter. Era só não perder as emoções! Continuei a dizer o monólogo, mas por alguma razão pronunciava as palavras baixo demais, como se tivesse medo de espantar algo guardado dentro de mim. Com terror, constatei que dentro de mim já não havia mais nada. O público começou a tossir mais e mais, e eu a enraivecer-me, com ele e comigo mesmo. Por fim, decidi dar uma "apertada", e tudo piorou ainda mais: falso, vulgar, teatral. O espectador já perdera todo o interesse em minha pessoa e eu, rapidamente comprimindo as palavras, saí de cena para fazer o pulo mortal ante a mais completa indiferença da plateia em relação ao meu destino.

O papel, que havia sido quase bom, podia ser considerado um fracasso rotundo, já que o principal não havia sido feito, em nome do qual todo o resto existia. Os espetáculos seguintes foram repetições da estreia. Eu não sabia o que fazer para voltar àquele sentir-a-si-mesmo uma vez encontrado, e que não desejava voltar a mim por nada. Dizem que a arte é difícil, que é preciso trabalhar. Pois bem, eu entendia tudo isso, estava pronto para trabalhar, para superar aquele maldito monólogo. Mas como trabalhar? Que fazer?

Quanto mais esforços fazia, pior ficava. Apoderou-se de mim a sensação de vergonha própria, bem conhecida de cada ator. Sentia vergonha por minha incapacidade e, ao tentar usar um sentimento abominável para defender-me dela, num dos espetáculos encontrei um tom de indiferença e cinismo. Indiferença e cinismo para com o espetáculo, para com o meu papel, especialmente quanto mais me aproximava do momento fatal. Logo antes do monólogo, tagarelava com os outros atores, flertava com minha parceira de cena. Aproximei-me da ribalta com a maior indiferença, olhei calmamente para o espectador mais próximo e joguei para ele, brincando, a primeira frase. Ele se aprumou e passou a prestar atenção. Ah, está interessado? Então tome mais essa... Olhei e vi que ao lado também todos me escutavam atentamente. Animado, comecei a desenvolver a ideia. A sala aquietou. Senti todo o teatro interessado no que eu dizia. Receei que não me ouvissem dos andares superiores, que minhas ideias não estivessem chegando ali. Dirigi-me para lá. Senti que também me entendiam perfeitamente e sentiam por mim compaixão. Continuei a conversar com eles com mais e mais entusiasmo e fervor e, ao finalizar o monólogo com a insistente exigência de que os presentes, após minha morte, fossem ao cinema e lembrassem de mim na hora do voo mortal, saí de cena sob aplausos. Mas vejam só! Tudo ao contrário! Não era necessário concentrar-se no papel, ao contrário, era necessário distrair-me dele. Era muito simples e fácil! Eu descobrira uma nova lei! Não se tratava de mais um dos inúmeros xamanismos aos quais os atores recorriam para obter sucesso, e que nunca conseguiam justificar. Depois de tantas tentativas, depois de ter tentado de tudo, de repente, de um jeito inesperado...

Já no espetáculo seguinte, minhas esperanças terminaram, e minha "descoberta" provou-se falsa. Passei a odiar o papel. Para a minha felicidade, a peça logo foi retirada de repertório. Eu, por muito tempo, não consegui me recuperar do trauma. Agora, muitos anos depois, ensaiando com Stanislávski o papel de Vánetchka, lembrei-me do passado e terminei impressionado com os poucos recursos de que necessitava aquele mestre estupendo para gerar no ator possibilidades criativas e abrir espaço à revelação de suas emoções mais vivas e autênticas. Entendi que são precisamente a concentração máxima no papel e a atenção autêntica as condições essenciais para adentrar a figura cênica. Mas, antes de mais nada, é preciso encontrar a direção dessa atenção. Meu fracasso no malfadado espetáculo era apenas a prova de que eu vagava por caminhos falsos, contraproducentes, e bastou distanciar-me um pouco destes para que já obtivesse um bom resultado. Eu acidentalmente caíra no caminho certo, que me levara ao sucesso. Essa sorte, no entanto, nem sempre acontece, e a negação de um dos caminhos errados não garante a entrada no único caminho certo, o da ação autêntica e orgânica. Foi a esse caminho que me trouxe Stanislávski durante os ensaios da cena de Vánetchka. Foi nesse caminho que caí durante o espetáculo descrito, quando, acidentalmente, ao estabelecer uma boa comunicação com um dos espectadores e receber dele uma fagulha de resposta, lentamente consegui puxar toda a plateia para minha atenção e desejei sinceramente extrair de cada um dos presentes a promessa de cumprir meu último pedido.

Não seria a mesma tarefa que se colocava à frente de Vánetchka, quando este explica para os mujiques o endereço de sua mãe? A diferença era que, no espetáculo, tive de comunicar-me não com os personagens no palco, coisa tão comum para o ator dramático, mas com os espectadores presentes na plateia, algo que quase não acontece em nossa prática ou que ocorre apenas como exceção. Esse, penso, havia sido o motivo principal do "pulo" que eu dera.

O ensaio com Stanislávski dera apenas um empurrãozinho aos meus pensamentos nessa direção. Claro que naquele tempo eles não podiam ter essa clareza, mesmo relativa, com que os exponho agora.

Transferir a atenção do ator da busca da emoção interna para a realização de uma tarefa cênica é uma das grandes descobertas de K. S. Stanislávski, que resolve um dos grandes problemas de nossa técnica.

Significaria isso que Stanislávski recusava a faceta emocional de nossa arte? Certamente não: ele a confirmava a cada passo, e considerava a criação de um ator verdadeira Arte apenas quando o artista conseguia imbuí-la com paixão autêntica e temperamento vivo. Mas Stanislávski libertou o ator da torturante preocupação para com as emoções, excluiu a possibilidade de que o ator se enamorasse de seus próprios sentimentos e mostrou o mais fiel, o único caminho à revelação das emoções humanas autênticas no ator, direcionadas para a realização de uma tarefa cênica que aja diretamente sobre o parceiro.

* * *

Não obtive a compreensão de ritmo na escola, por meio de um dos meus pedagogos, ou de um diretor em meu trabalho prático posterior, ainda que essa palavra, nos últimos anos antes de minha entrada no TAM, já fosse bastante ouvida entre a gente de teatro. Ninguém, no entanto, conseguia me dar uma definição mais ou menos compreensível dela (falo do ritmo dentro de nossa arte cênica), e por isso a questão, que é de suma importância, permanecia para mim em aberto.

Infelizmente, até hoje o conceito de ritmo ainda não encontra, para mim, uma definição clara. Fico até encabulado em admitir: ritmo, tempo, tempo-ritmo, ritmo-tempo... Mas não seriam essas agora as palavras mais em voga na boca dos diretores, atores, teatrólogos e críticos? Tentem perguntar a qualquer um deles, tentem pedir-lhes um esclarecimento preciso do sentido dessa palavra. Nenhum conseguirá satisfazer sua curiosidade no menor grau, e sairá pela tangente com um bocado de palavreados e conceitos gerais que não têm como ter uma utilidade prática completa.

Antigamente, a terminologia teatral contava com a palavra "tom", que era suficientemente universal. Existia um "tom" para o papel, um "tom geral" do espetáculo, e o ator podia ou não "estar no tom". O espetáculo podia correr "um tom abaixo", e ao ator pedia-se frequentemente, em pleno palco, que "subisse o tom". Como isso podia ser feito ninguém sabia ao certo, e ao entrar o ator simplesmente começava a dar o texto mais alto que os outros. O resultado era falso, o ator "não entrava no tom", murchava rapidamente, e a ação continuava no mesmo "tom abaixo" de antes, enquanto não acontecesse algo que, para além da vontade dos participantes, salvasse tudo e o "tom" do espetáculo fosse levantado até a ressonância desejada. Em seguida, cada ator tentava anotar o que havia feito em prol da "subida de tom" do espetáculo, coisa que era frequentemente matéria para longas discussões entre os atores. Essas discussões eram sempre insolúveis, já que ninguém, em essência, entendia precisamente o que havia acontecido e que raios era o "tom do espetáculo", com que todos se preocupavam tanto.

Penso que se tratava da busca precisamente daquilo que, depois, com Stanislávski, veio a definir-se pelo conceito de "ritmo". Tive a oportunidade de observar durante os ensaios como Konstantin Serguêevich materializava praticamente seus conhecimentos nesse campo. Vi verdadeiros milagres, quando fraquíssimas lenga-lengas cênicas porcamente amarradas transformavam-se em atos de uma luta sanguínea, altissonante e cheia de tensão, de qualidade completamente ativa, prova da mestria de um diretor consciente, prova da capacidade de aplicar praticamente o conceito de ritmo cênico, alcançado à perfeição. Dessa forma, por exemplo, ensaiamos uma pequena cena de *Os Esbanjadores*. O gerente, ao viajar para lá e para cá com seu caixa-subordinado Vánetchka, cai nas garras de uns trapaceiros de trem, que o prendem num jogo de cartas no qual se arrisca a perder tudo o que sobrou do dinheiro na mala de Vánetchka. O pobre caixa entra em desespero. Mas eis que o trem chega a alguma estação e o gerente, interrompendo o jogo, sai do vagão e se dirige ao bufê da estação para beber uma dose de vodca. Trata-se de uma parada curta, e Vánetchka, pulando para fora do vagão atrás de seu parceiro, espera convencê-lo a não voltar para o vagão, a ficar na estação ou, pelo menos, distrair sua atenção com algo que faça com que não perceba o trem partir. Mas o gerente, imbuído do espírito do jogo, não é fácil de enganar. Seu único desejo é recuperar o que já perdeu nas cartas, e segurá-lo no bufê, depois do primeiro sinal de partida do trem, é especialmente difícil. Ainda mais para Vánetchka, que ganhou do autor um léxico extremamente reduzido e que, com exceção da exclamação "Fillip Stepánovich, Fillip Stepánovich!", não tem mais nada. A cena não funcionava, e eu, sentindo que a culpa de tudo era minha, desviei-a para o autor: realmente, o que se podia fazer quando se tinha apenas uma frase à disposição?

Que bom para Tarkhánov,[10] que fazia a cena maravilhosamente bem e contava com palavras suficientes para interpretar. Eu tinha apenas uma frase: "Fillip Stepánovich! Fillip Stepánovich!", e só.

Qual não foi minha surpresa quando Stanislávski me disse:

– Vassíli Ôssipovich, tenha em conta que esta cena é sua. Aqui o papel principal é seu, e não de Tarkhánov.

– Mas aqui eu não tenho nada além de "Fillip Stepánovich! Fillip Stepánovich!".

– Não importa. Você tem uma tarefa muito ativa: segurar seu gerente a qualquer custo, impedir que ele entre no trem. Já *como* você fará isso, é o que mostrará o grau de sua mestria.

– É, mas eu quase não tenho falas, assim é difícil...

– Aqui, a questão não são as palavras. Tente acompanhar, ao mesmo tempo com o olhar, a Tarkhánov e às pessoas na plataforma em que está o trem, que já já vai sair, trazendo a sua salvação. Bem, tente...

Fácil dizer "tente"! Mas como? Eu fiquei parado, sem entender absolutamente nada.

– Bem, onde está Tarkhánov e onde está o trem? Tente definir tudo para si o mais precisamente possível, muito concretamente... Olho em Tarkhánov... O que ele faz, como está o trem? Sente o ritmo dessa cena?

---

[10] Mikhail Mikháilovich Tarkhánov (1877-1948), ator russo e soviético de grande prestígio, ganhador dos prêmios Stálin (primeira ordem) e de "Artista do Povo da URSS". Aqui, fazia o papel de Fillip Stepánovich, gerente de Vánetchka. (N. T.)

Veja ele, de novo, o "ritmo"! Eu não tinha a menor ideia.

E em seguida:

– Você está parado no ritmo errado!

Parado no ritmo? Como assim, parado no ritmo? Andar, dançar, cantar no ritmo, vá lá, mas... parado?

– Perdão, Konstantin Serguêevich, mas eu sinceramente não faço ideia do que seja o ritmo.

– Não importa. Imagine que ali, atrás daquele canto, há um rato. Pegue um pedaço de pau e fique de tocaia para matá-lo, assim que sair da toca... Não, não, assim você o deixa escapar. Mais atenção, preste mais atenção. Assim que eu bater palma, golpeie... Ah, vê como você atrasa? Mais uma vez... de novo. Concentre-se mais, tente fazer com que o golpe venha quase ao mesmo tempo da palma... Vê como agora você está parado em um ritmo completamente diferente do que antes? Sente a diferença? Ficar parado de tocaia para matar um rato tem um ritmo, ficar parado observando um tigre que se aproxima, outro. Observe atentamente Tarkhánov, leve em conta todas as suas ações. Olhe, agora ele começou a comer e esqueceu-se do trem. Para você, isso é bom, pois pode respirar por um segundo e ir olhar qual é a situação do trem. Pode inclusive ir rapidinho até a plataforma, mas deve voltar imediatamente e de novo prestar total atenção no gerente Tarkhánov. Tente adivinhar as intenções dele, entender a maneira como pensa. Veja, já se lembrou do trem e enfiou as mãos nos bolsos, procurando dinheiro para pagar a vodca. Mobilize-se para distraí-lo, segurá-lo no bufê custe o que custar. É essa prontidão para a realização da ação que faz com que você possa mover-se ou parar num ritmo diferente do que tem feito até agora. Muito bem, tente.

Fiquei muito interessado por aquele novo (para mim) elemento da nossa técnica – o ritmo. Continuei a ensaiar com animação, tentando a todo momento captar, entender a essência daquilo, mas um pouco em vão. Não conseguia realizar nada do que Stanislávski me dizia. Ou me apressava e agitava demais devido à falta de atenção para com o parceiro, ou, ao contrário, conseguia prestar atenção, mas todos os movimentos tornavam-se demasiado lentos, pesados.

Stanislávski, que tentava das mais variadas maneiras colocar-me no caminho certo, acabou por demonstrar impressionantemente sua própria capacidade de dominar os diferentes ritmos. Pegava um episódio simples e corriqueiro qualquer, por exemplo ir à banca da estação de trem comprar jornal, e o fazia nos mais variados ritmos. Comprava um jornal quando ainda faltava uma hora para a partida do trem, sem saber como matar o tempo... Ou então, quando já soara o primeiro ou o segundo apito. Ou, ainda, quando o trem começava a partir. A ação era a mesma, mas os ritmos completamente diferentes, e Konstantin Serguêevich era capaz de fazer esses exercícios na ordem em que bem entendesse: seguindo uma linha crescente, decrescente ou intermitente do ritmo, como quisesse. Era muito convincente. Eu vi e entendi que ele havia dominado tudo aquilo graças a um trabalho incansável sobre si mesmo. Vi a mestria, vi a técnica, a autêntica e sensível técnica de nossa arte.

Aquilo começou a me intrigar mais do que qualquer coisa que vira e entendera nos ensaios anteriores com Stanislávski. Eu mesmo não conseguia fazer absolutamente nada, mas podia entender que se tratava de algo muito importante para nossa arte, e que, ao final das contas, dominar, apropriar-se daquilo era completamente possível. Aqui, eu via algo parecido com exercícios técnicos de violino ou de qualquer outro instrumento – *études*. Para mim, músico de formação, tudo era muito familiar. O mesmo *étude* poderia ser realizado em vários ritmos, com traços completamente diversos e tendo em vista objetivos completamente diferentes. Lembro-me muito bem da sensação de satisfação de quando finalmente se consegue aquecer os dedos, que adquirem confiança, flexibilidade e agilidade. Além do mais, um músico nunca duvida que um ou outro exercício, seja ele realizado de maneira voluntária ou imposta, traga, num certo período de tempo, o desenvolvimento de sua técnica. Neste ensaio, senti claramente a familiaridade com a técnica desta outra arte, quando apareceu a questão do ritmo e quando Konstantin Serguêevich demonstrou tão brilhantemente sua pura e simples técnica.

– Em que você está pensando? Tudo é muito simples. Tente acordar para outro ritmo. É possível fazê-lo mesmo por procedimentos puramente externos. Sente-se rápido, depois levante-se, sente-se de novo, mude de pose rapidamente, dez, vinte vezes por segundo, sem pensar... Tente ser o regente, o maestro desta cena... Como você regeria, se fosse o maestro da cena? Não, isto é *andante*, aqui precisamos de um *presto*. Entenda: conseguir ou não segurar Tarkhánov no bufê equivale, para você, a um caso de vida ou morte. Se fosse realmente assim, será que você gastaria um segundo sequer pensando? Como você agiria?

Nós, como que imperceptivelmente, começamos a nos divertir com aquele jogo estranho. Tarkhánov tentava sair do recinto e eu não o deixava, sem tocá-lo fisicamente. Era uma das regras do jogo, que rapidamente adquiriu um caráter de séria disputa. Cada um de nós exibia os seus recursos para o outro. Stanislávski imediatamente apreciou o que fazíamos, aquietou-se e se escondeu. Era aquilo que precisava. O jogo adquiria mais e mais audácia. De repente ouvimos o sinal que comunicava a partida breve do trem. Paramos a briga.

– Pararam, por quê?

– Acabou, o trem está partindo; continuar brigando não tem sentido.

– Nada disso, é apenas agora que a briga vem com força total! Foi apenas o primeiro sinal, ainda haverá o segundo e, depois, o terceiro, e, enfim, o apito do trem. Vocês só podem se acalmar depois do apito, só então a luta estará terminada. Por enquanto estamos numa linha ascendente, o ritmo aumenta e aumenta... Continuem.

Demos sequência a nossa luta, e Konstantin Serguêevich ordenou que o terceiro sinal e o apito do trem fossem dados apenas quando fizesse um sinal. Fomos mantidos na tensa batalha, creio, por mais uns vinte minutos, e nem sequer sentimos que nossa inventividade secava. Ao contrário, tomados pelo entusiasmo, desenvolvíamos o tema cada vez mais profundamente, de formas cada vez mais inusitadas, mais intensamente e, quando enfim soou o apito da maria-fumaça, notificando a partida do trem e o fim da luta entre o gerente e o caixa, me deu até pena terminar nosso jogo, tão divertido. Tinha sido tão agradável sentir aquela pulsação intensa, aquela sensação de ter realizado um bom trabalho! Alegrava-me a inventividade das jogadas, a relação com o parceiro. Fiquei impressionado como, do nada, podia-se criar uma cena daquelas. O que estava escrito em meu exemplar da peça levava apenas uma frase: "Fillip Stepánovich! Fillip Stepánovich!". Qualquer ator, no meu lugar (e como eu mesmo fiz), diria:

"Aqui não há nada para interpretar". Mas vejam só!

Esta cena possuía apenas um significado secundário para o espetáculo e, por isso, foi depois "contraída" ao máximo. O episódio não pôde ser feito tal como o fizemos no ensaio aqui descrito, mas as marcas do trabalho realizado tiveram sobre nós influência benéfica. A cena, ainda que lacônica, era muito convincente e a chave para ela sempre esteve, para mim, na busca do ritmo apropriado. Durante os ensaios desta cena, obtive as primeiras, ainda que muito difusas, noções de ritmo cênico, que depois, ao desenvolver e aprofundar, inseriram-se mais e mais na minha prática cênica e tornaram-se frequentemente um maravilhoso meio de realização das tarefas cênicas.

***

Continuavam os ensaios de *Os Esbanjadores*, e a cada dia abriam-se para mim coisas novas. Assim, aos poucos, já sentíamos os contornos do futuro espetáculo. Logo começariam os ensaios "corridos". O trabalho de Stanislávski adquiriu então um caráter completamente diferente. Verdade, ele algumas vezes ainda parava por um longo tempo em alguma simples entrada de cena. Lembro-me de quando ensaiávamos a cena no vagão do trem em que o gerente e o caixa confundiam o agente de panfletagem litográfica[11] com um agente de polícia. Stanislávski inesperadamente voltou sua atenção à entrada do agente no *coupé* do vagão e, com uma teimosia rara, começou a tentar extrair coisas que não entendíamos. Teimava com cada detalhe, cada movimento. O trabalho, meticuloso, durava já duas, três

---

[11] Figura comum na época da NEP (1924-1929) e dos primeiros anos da Revolução, o agente de panfletagem litográfica era um militante destacado para distribuir panfletos litografados nos vagões de trem. Como se tratava de um período de muita instabilidade, os agentes de panfletagem litográfica deveriam ser, por vezes, discretos, o que gera, na peça, a confusão com o agente de polícia. (N. T.)

horas. Todos nós começamos a perder a paciência, especialmente o intérprete do agente. Mais ainda: pensávamos no que aconteceria então, quando Stanislávski começasse a ensaiar a cena propriamente dita, que, diga-se de passagem, não funcionava muito bem. Konstantin Serguêevich, no entanto, tendo conseguido seus resultados do ator que fazia o agente (e a entrada dele no vagão realmente ficou muito boa!), deixou de interessar-se pelo resto. Entendemos o que ele queria. Precisava que o agente de panfletagem entrasse no vagão da mesma maneira como apenas um agente policial poderia fazê-lo, à procura de bandidos e decidido a não perder a oportunidade de obter glória e sucesso. O efeito funcionou tão espetacularmente que eu e Tarkhánov involuntariamente entregamo-nos ao medo daquele agente. Fizemos a cena muito verdadeiramente, e Konstantin Serguêevich não nos tocou. Apenas, ao final, disse a Tarkhánov:

– Tente fumar um cigarro no momento mais tenso. Só que o nervosismo é tanto que sua boca treme e você não consegue acendê-lo.

Tarkhánov o fez de maneira magistral. Todos os presentes no ensaio caíram na gargalhada. Depois disso, Konstantin Serguêevich olhou para os objetos de cena. Tínhamos conosco alguns brinquedos infantis que o personagem do gerente ganhara num jogo de apostas. Os brinquedos haviam sido feitos de maneira meio grotesca. Stanislávski, ao examiná-los, disse para Tarkhánov:

– Pegue brinquedos comuns, esses... são muito grosseiros para o seu jogo sutil.

E passou para a próxima cena.

Mais uma vez, digo que as paradas longas neste tipo de cena agora eram uma exceção. Tarefas maiores já ocupavam sua atenção, tarefas de sintetizar tudo o que havia sido trabalhado nos ensaios, de criar o espetáculo mesmo, suas formas.

Por fim, estreamos. A montagem conseguira aspectos muito positivos: M. M. Tarkhánov e N. P. Batálov atuavam maravilhosamente, e a encenação também tinha uns quantos momentos dignos de nota. O material dramatúrgico fraco e a falta de uma ideia mobilizadora na peça, no entanto, diminuíam a qualidade do espetáculo. Konstantin

Serguêevich não podia conceber obras de arte sem ideias, e mesmo com toda a sua mestria não pôde "extrair" absolutamente nada daquela peça frouxa quanto à forma e rasa quanto ao conteúdo. O espetáculo mostrava-se aos espectadores como uma série de episódios isolados montados de forma magistral e desempenhados com talento, mas sem uma direção conceitual específica, sem uma vibração contemporânea. Algo assim não podia satisfazer a um mestre como Stanislávski. O trabalho sobre a peça trazia-lhe inquietação e sofrimento artístico. O espetáculo não se manteve por muito tempo no repertório. Numa carta endereçada a mim por ocasião de meus 25 anos, ele me escreveu: "Lembro-me do trabalho árduo e feliz em *Almas Mortas* e do trabalho árduo e infeliz em *Os Esbanjadores*".

Se eu interpretei bem o papel de Vánetchka? Não estava claro para mim. Era o meu primeiro papel no TAM, e as questões do sucesso ou do fracasso eram para mim extremamente importantes. Os comentários sobre minha interpretação eram os mais variados: positivos, neutros e negativos. "É, era um ator brilhante, voltou a estudar e imediatamente murchou." Eu mesmo, repito, não sentia se o que fazia era bom ou ruim. Ainda assim o espetáculo seguia em cartaz, e num primeiro momento até com certa regularidade.[12] Eu "me empolguei" um pouco e passei a denotar meus sucessos isolados, que eram acompanhados da boa recepção da plateia e às vezes mesmo de aplausos. Nada disso ocorreu nas primeiras apresentações. Mas eu gostava daquilo. "Vejam só", eu pensava, "enfim, os frutos do trabalho de Stanislávski. Que pena que ele não vem mais assistir a nós! Tudo bem, qualquer dia aparece." E ele realmente veio, logo depois.

Na primavera, acompanhado por Stanislávski, o teatro viajou para Leningrado em turnê. Entre as peças do repertório, *Os Esbanjadores*. Para mim, Leningrado tinha um significado especial. É, antes de

---

[12] Na prática do teatro de repertório russo e soviético, um espetáculo que entrava em cartaz era repetido com maior ou menor frequência dependendo do sucesso de público. Quando o público perdia o interesse, o espetáculo começava a aparecer cada vez menos no repertório, até ser finalmente tirado de cartaz, o que podia acontecer depois de décadas da estreia, ou muito rapidamente. *Os Esbanjadores* não pode ser considerado um sucesso do TAM, mas mesmo assim foi muito apresentado depois que estreou. (N. T.)

mais nada, o lugar onde nasci. Ali estavam minhas melhores lembranças: a escola de teatro, os teatros Alexandrínski e Suvôrinski, onde comecei minha carreira.

Eu tinha muitos amigos em Leningrado, e uma parte deles acompanhava os ensaios de *Os Esbanjadores* na qualidade de figurantes, completando as cenas de massa. Outros acompanhavam como espectadores mesmo, para observar o trabalho de Stanislávski como diretor. A atmosfera nos ensaios era, para mim, muito emocionante. Todos sabíamos quão detalhadamente trabalhava Konstantin Serguêevich nos ensaios de recuperação dos espetáculos, especialmente para as apresentações do Teatro de Arte em turnê. Eu, no entanto, estava calmo: meu papel ia de vento em popa, e minha única preocupação era conseguir mostrar o brilho de minha interpretação para Stanislávski e para os presentes no ensaio, quase todos meus conhecidos e amigos.

Começamos o ensaio com a cena na taverna, já que era uma cena de massa difícil. A primeira parte da cena acontecia sem mim. Depois, eu entrava. Até a minha entrada, tudo corria sem mais delongas. Mas eis que chega minha vez, e eu, depois de ansiosamente esperar minha réplica, entrei em cena. Aliás, eu tinha gostado muito de como entrara, especialmente naquele dia. Mas, de repente, ouço:

– Para!

O ensaio parou e todos ficaram imóveis. Não entendi o motivo da parada. Em todo caso, não suspeitava que a culpa pudesse ser minha: naquele dia eu estava especialmente inspirado.

– Que horror, mas o que é isso? O que você está fazendo? Quem foi que lhe ensinou isso?

E depois de cochichar com seus assistentes – É para você que estou falando, Vassíli Ôssipovich!

Fiquei sinceramente estarrecido:

– O que foi?

– Querido, assim interpretavam os atores provincianos em Khárkov.[13] Péssimo!

---

[13] Cidade provinciana localizada na Ucrânia. Importante centro comercial do século XIX e começo do XX. (N. T.)

Dei uma espiada em meus amigos de Leningrado, que com curiosidade e pena me olhavam da plateia.

– Por favor, de novo.

Entrei mais uma vez. Mais uma vez... "Para!"

– Você está entrado para representar, já sabe de antemão o que, onde e como tudo vai acontecer. Para que você entra na taverna? Para dar uma importante notícia a Fillip Stepánovich. Você por acaso já sabe onde ele está sentado? A taverna é grande, tem muita gente. Bem, certo, e como você agirá? E o ritmo? Ritmo!.. Por que esse ritmo bovino? Péssimo! Bom, mais uma vez! Ai! Ai! Ai!

Foi-se todo o ensaio de quatro horas no trabalho da minha entrada. Depois de ter conseguido o que queria, Konstantin Serguêevich terminou o ensaio. Passáramos por apenas uma cena.

No dia seguinte seria realizado o segundo e último ensaio de *Os Esbanjadores*. Stanislávski já não podia deter-se longamente em fragmentos isolados da peça, mas eu sentia que ele me observava atenciosamente no decurso de todo o ensaio e à noite, no espetáculo. Depois do espetáculo, informaram-me que Konstantin Serguêevich pedia que eu fosse conversar com ele na manhã seguinte, em seu quarto de hotel.

Ao encontrar-me carinhosa e amavelmente, Konstantin Serguêevich me disse, um tanto preocupado:

– Bem, querido, parece que você esqueceu tudo o que lhe ensinei. O que você está fazendo é péssimo, é um retorno ao velho.

– Konstantin Serguêevich, eu me atrapalhei um pouco nos ensaios e por isso ontem no espetáculo também não saiu grande coisa, mas veja, até então, no TAM, tudo corria muito bem, e eu vinha agradando muito ao público.

– Muito triste que você entenda a arte dessa maneira. O público pode contentar-se com muitas coisas. Mas ontem uma pessoa me ligou, incógnita, não quis se identificar... Disse que ficou aterrorizada com a sua atuação.

Eu ainda não sabia que essa pessoa "incógnita" era apenas um blefe que Konstantin Serguêevich usava como medida de ação sobre o ator. Contrapunha esse "incógnito", pessoa tendenciosa, a si mesmo, como a alguém crítico em excesso.

Tivemos uma conversa bastante longa, em que ele me explicou a diferença entre o que havia no papel antes e aquilo em que havia se transformado.

– Antes, você havia encontrado a linha ininterrupta das ações do papel e caminhava por ela de acontecimento em acontecimento, em direção ao seu alvo. Depois, nos espetáculos, o público, por meio de diferentes reações, sugeriu-lhe lugares isolados que eram bons, e você também passou a notá-los. Assim, segurou-se neles e começou a enfatizá-los demais. Apaixonou-se por esses momentos, pelas entonações, pelas marcações e passou a ignorar todo o resto. Esperava com ansiedade apenas os seus momentos preferidos do papel, esperando uma coroa de louros de quinta categoria, e o papel deformou-se, quebrou e perdeu a totalidade, o direcionamento. Antes, você achava que sua atuação era fraca. Pode ser que fosse, mas pelo menos era atuação. Era necessário fortalecer aquilo que havia sido encontrado corretamente, fortalecer a ação transversal do papel sem se preocupar com efeitos específicos. Daí é que poderia vir a vivacidade autêntica. Mas você foi para o lado extremamente oposto. Lembre-se de tudo isso que lhe falei e, antes de mais nada, tema esse caminho falso – o caminho da representação dos "efeitinhos", do irrompimento dos aplausos baratos entre cenas e nas saídas para a coxia. Olhe para o papel como um todo único. Que o espectador siga o desenvolvimento lógico de sua luta, você deve interessá-lo por seu destino, para que ele não desvie o olhar, para que o acompanhe, para que tenha medo não apenas de aplaudir, mas de fazer o menor ruído que o atrapalhe de contemplar toda a sutileza do seu comportamento cênico. Isso é o jogo de um artista, que não entretém, mas que cala profundamente na alma do espectador.

***

No tempo entre as duas montagens fundamentais em que tive a oportunidade de trabalhar sob a direção de K. S. Stanislávski, encontrei-o pouco. Por vezes nos encontrávamos simplesmente para conversar; outras vezes, eu estava presente e observava seu trabalho em ensaios em que eu não trabalhava. Um dia, fui informado de que Konstantin Serguêevich restauraria o espetáculo *O Jardim das Cerejeiras*,[14] e pedia que eu estivesse presente nos ensaios, pois eu alternaria com I. M. Moskvín[15] o papel de Epikhódov. A notícia me deixou emocionando, e eis o porquê.

Uns vinte anos antes do evento mencionado, durante a quaresma, o Teatro de Arte de Moscou fora a Petrogrado em turnê, e naquele ano eu vi pela primeira vez um de seus espetáculos. Era precisamente *O Jardim das Cerejeiras*, de Tchékhov. Já descrevi aqui em algum lugar minhas impressões sobre o espetáculo. Depois do espetáculo, me dirigi ao tradicional lugar dos encontros da nossa gente de teatro, o Clube Teatral na avenida Litéini. Naquela noite, nem a mesa de jogos nem a mesa de comidas, usuais diversões de nosso clube, conseguiram me atrair. Queria ficar sozinho e pensar a respeito do que acabara de ver no teatro. Sentei-me numa poltrona, num dos aconchegantes recintos do clube, e nem sequer percebi quando entrou o querido do público, I. M. Iúrev, ator maravilhoso e ser humano de qualidades raras. Apesar de sua maneira um pouco empertigada, Iúri Mikháilovich era suave e gentil com as pessoas, e bastante caloroso comigo, em particular. Quando prestei os exames de admissão para o Teatro Alexandrínski, havia muitos anos, soube do parecer lisonjeiro que ele fizera a meu respeito. E agora, sua voz de veludo única e encantadora arrancava-me de meus pensamentos:

– Por que você está assim?

Sentou-se ao meu lado e começamos a conversar. A confortável meia-luz do ambiente, as poltronas macias e algo mais permitiram que nossa conversa se estendesse até o amanhecer. Começamos pelo

---

[14] A primeira montagem de *O Jardim das Cerejeiras*, de A. P. Tchékhov, data de 1904. Aqui, Toporkov refere-se à restauração da montagem original por Stanislávski, em 1928. (N. T.)

[15] Ivan Mikháilovich Moskvín (1874-1946), ator da primeira formação do TAM, junto com Olga Knípper, Maria Lílina e Vsévolod Meyerhold, entre outros. Interpretou Epikhódov na montagem original de *O Jardim das Cerejeiras* (1904). (N. T.)

Teatro de Arte. Iúri Mikháilovich concordava em muito com o meu entusiasmo acerca do espetáculo, mas por vezes criticava duramente o TAM, insistindo nas tradições de seus amados teatros Alexandrínski e Máli de Moscou.[16] Conversamos sobre nossa arte em geral, acerca da técnica do ator, e do trabalho de criação. Iúri Mikháilovich era um dos representantes dos atores daquele tempo que contínua e insistentemente trabalhavam sobre si mesmos, aperfeiçoavam sua arte e consideravam o trabalho o único aliado possível para atingir, ainda que relativamente, as alturas dessa arte. Ao despedirmo-nos pela manhã, eu mais uma vez derramei elogios sobre *O Jardim das Cerejeiras* e especialmente sobre o trabalho de I. M. Moskvín, que fazia maravilhosamente bem o papel de Epikhódov. Em seguida, choraminguei um pouco sobre minha própria perspectiva profissional. Apertando minhas mãos para se despedir, Iúri Mikháilovich disse:

– Meu amigo querido, você não tem motivo algum para se inquietar quanto ao seu destino como ator: suas capacidades são indubitáveis. Comece a trabalhar como se deve, logo será notado, poderá escolher um teatro a seu próprio gosto, e daqui uns anos, uns vinte, você vai ver, voltará a Petrogrado em turnê com o Teatro de Arte, fazendo o papel de Epikhódov. E estarei na plateia, aplaudindo.

Tomei aquelas palavras de Iúri Mikháilovich como uma de suas gentilezas tão comuns, mas não posso negar que ouvi-las foi prazeroso e reconfortante.

Lembrei-me desse caso quando me convocaram para alternar com Moskvín o papel, e especialmente quando de fato fomos a Leningrado e fiz Epikhódov. Exatamente vinte anos depois de minha conversa com Iúri Mikháilovich no Clube Teatral da Avenida Litéini.

Ao restaurar *O Jardim das Cerejeiras*, Konstantin Serguêevich tentava, como sempre, limpar os clichês que haviam surgido nas interpretações dos atores. Dessa vez, no entanto, ele não se limitava apenas a isso, mas, como me parecia, buscava revisar, de certa

---

[16] O Teatro Imperial Alexandrínski (São Petersburgo) e o Teatro Máli de Moscou eram os dois principais teatros imperiais da Rússia czarista, modelo da técnica de interpretação e berço dos mais aclamados atores do tempo pré-Reforma. (N. T.)

maneira, a concepção inicial do espetáculo, tirando-lhe o resto de sentimentalismo, tentando olhar para os acontecimentos de maneira mais contemporânea, o que funcionou apenas em parte. As datas apertadas para a estreia[17] e a oposição de alguns dos intérpretes o impediram de levar a cabo essa tarefa.

Moskvín ensaiava o papel de Epikhódov, e eu, como um "guerrilheiro", aproveitava-me de todas as vezes em que ele não estava presente para tentar ensaiar algo, mas, mesmo assim, sem Konstantin Serguêevich. Ele não tinha tempo para se ocupar de mim, ainda mais que fazia, ele mesmo, o papel de Gáev. Apenas no verão, quando acidentalmente caí em suas vistas, ele me deu material para pensar sobre o papel:

— Tenha em mente: se você tentar fazer o papel de um idiota, nada funcionará... Trata-se de um tipo apaixonado, quase um espanhol, uma pessoa de muita "cultura", mas meio bobão...

E aqui ele empinou a ponta do nariz com a ponta do dedinho, criando um rosto indescritivelmente abestalhado.

— Não faça truquezinhos, atue de maneira muito séria, faça um homem de cultura que, verdade, é um tanto desajeitado, não consegue andar sem derrubar algo, sem quebrar algo, mas que encara o próprio estabanamento como um fato do destino, com o qual é impossível lutar, pode-se apenas sorrir.

Quando interpretei Epikhódov pela primeira vez, Konstantin Serguêevich foi verificar minha maquiagem antes do início do espetáculo, fez uma série de correções e, durante toda a apresentação, quando conseguia, me observava. No primeiro ato há um fragmento genial da encenação. Todos saíam para encontrar Ranévskaia, e o palco ficava vazio. Ao longe, escutavam-se os sinos da carruagem, e depois as vozes das pessoas, ainda misturadas, longínquas e indistinguíveis. Era o encontro dos moradores da propriedade com os que acabavam de chegar: vozes alegres, exclamações, risos, beijos e tudo o mais. No

---

[17] A ideia de restaurar e adaptar à época a montagem original de *O Jardim das Cerejeiras* veio a Stanislávski depois que a censura interditara uma nova montagem, quase pronta, de *Tio Vânia*. Por isso, as datas apertadas a que Toporkov se refere. (N. T.)

começo, todo o barulho ouvia-se apenas ao longe. Em seguida, começava a aumentar de volume, a se aproximar, e quando já estava perto, a emocionada Ranévskaia entrava de supetão em cena, e todos os outros atrás dela... Depois, tudo corria como no texto mesmo. Toda a parte da cena que se passava na coxia era resultado de uma grande fantasia do diretor, de um árduo trabalho, e produzia um efeito de enfeitiçamento no espectador. A técnica era a seguinte: os atores que participavam da cena tomavam, na coxia, a maior distância possível do palco, posicionando-se atrás de uma pesada porta de metal que separava o teatro dos camarins. Na medida em que a cena se desenvolvia, a porta de metal ia se abrindo lentamente, até se escancarar. Os atores seguiam juntos, como uma pequena multidão, até o limite da coxia, durante o tempo todo fazendo a cena da chegada de Ranévskaia, até que enfim entravam em cena e a peça seguia.

Da primeira vez em que participei, acabei me confundindo um pouco porque estava nervoso, e quando cheguei à porta de metal, ela já estava fechada e todos já estavam do outro lado. Fiquei com medo de abri-la e fiquei ali, esperando alguém abrir a porta para juntar-me aos participantes da cena. E assim foi. Quando entrei, reparei que Konstantin Serguêevich, que estava junto com os outros, olhou-me com o canto dos olhos, e entendi que queria dizer-me algo. No fim do ato, pediu que eu fosse até seu camarim e perguntou:

– Por que você não estava no lugar certo?

– Perdão, fiquei nervoso e me atrapalhei na coxia.

– Mas ali, do outro lado da porta, você continuou participando da cena?

– Claro, claro! Como não, Konstantin Serguêevich – menti.

– Péssimo!.. Você destruiu a nossa cena. Ai! Ai! Ai! Em primeiro lugar, como é que você poderia participar, fazer a cena conosco sem ao menos nos ver? Depois, a diferença está no som: nós estávamos do outro lado, nossas vozes eram surdas; e daqui sua voz soa completamente diferente! Falso. A cena é delicada, construída sobre nuances, e você a destruiu.

Eu fiquei perplexo e confuso.

– Em geral, você até que não interpreta mal. Mas para que tropeçar, logo na sua primeira entrada? Para mostrar a todos que é um cômico? Para que um cartão de visita desses? O papel deve desenvolver-se aos poucos. Será muito melhor se o espectador, no começo, o tomar por uma pessoa realmente séria. Melhor para você. Ao desenvolver o papel e revelar paulatinamente para o espectador as diversas facetas desse personagem, você conseguirá prender a atenção da plateia durante todo o tempo. Para que dizer ao espectador, logo no começo: "Olhem só, eu sou um cômico, vou fazer com que riam"? O espectador tem a capacidade de descobrir por conta própria o que você é. Sua função é seguir pela linha da ação transversal com a maior seriedade. Aí então seu humor não será palhaçada grosseira, e sim um humor autêntico da alta comédia.

Muito tempo depois, quando eu já havia entrado no *Jardim das Cerejeiras* e já interpretara Epikhódov mais de uma vez, foi marcado um ensaio no apartamento de Stanislávski, na travessa Leôntievski. Ensaiavam algum dos jovens atores no papel de Duniásha, Iásha ou Charlotta, não me lembro. Mostramos a Konstantin Serguêevich o começo do segundo ato, em que Epikhódov, Iásha, Duniásha e Charlotta estão sentados num descampado e conversam. Fizemos a cena inteira. Konstantin Serguêevich fez uma longa pausa, e depois disse:

– Parece que vocês não entendem muito bem como essa cena foi genialmente escrita. Percebem as figuras que Tchékhov reuniu nesta cena? Só entender a combinação dos personagens nesta conversa já causa o riso. A cena é um poço de humor. Pensem: uma menina interiorana bobinha, bem alimentada e saudável (Duniásha), que se faz de donzela refinada e febril; a seu lado, dois pretendentes rivais: um grandalhão completamente estabanado, convencido de sua cultura, de suas leituras e de sua "fatalidade". Outro, um jovem interiorano dos mais folgados, que viveu por uns anos em Paris e por isso se considera, no mínimo, um aristocrata francês, um marquês. Para completar o grupo, a governanta alemã, ex-artista de circo, atriz de feiras de atrações, verdadeira excentricidade e que mal fala o russo. Cada um tenta esfregar suas qualidades na cara do outro: uma, a sutileza das emoções e experiências. Outro, o refinamento de maneiras. O terceiro tenta exibir sua cultura e importância, e a quarta mostra a diversidade de matizes de sua peculiar biografia. Ninguém quer escutar ou reconhecer nada dos outros, cada um pensa apenas sobre si. Vocês veem como cada um possui uma tarefa muito ativa? Conquistar a atenção geral, diminuir as qualidades dos outros, fazer-se ouvir, quando, por fim, tudo esquenta ainda mais com a confusa intriga amorosa entre Iásha, Duniásha e Epikhódov. Eis onde está o humor autêntico, onde está o gênio de Tchékhov. Como fazer isso? Como fazer essa cena? Aqui há a verdade da vida, e aqui existe a verdade da sutileza tchekhoviana. Há a completa ausência da caricatura e, ainda assim, é quase uma feira de atrações, uma parada de excentricidades. Cada um, ao desenvolver sua linha, deve ser sério ao máximo e estar completamente convencido de sua importância. Quanto mais séria for a luta entre os dois rivais, que se utilizam tanto de jogadas diplomáticas muito sutis como de ameaças reais com um revólver (vejam que paixões mais espanholas!), mais se aproximarão de Tchékhov. Não substituam tudo isso por truquezinhos, não conduzam uma obra de arte dessas à banalidade, à vulgaridade; sejam rigorosos consigo mesmos e com o autor. Assim era Tchékhov, e por isso pôde elevar-se ao humor de alta qualidade.

***

Meus encontros seguintes com Konstantin Serguêevich, que antecederam o trabalho em *Almas Mortas*, não deixaram nenhum vestígio particular em minha memória. Talvez por terem sido poucos e por motivos insignificantes. No entanto, desde o momento do início dos trabalhos em *As Almas Mortas* e até a sua conclusão, cada ensaio e cada conversa com ele assentaram-se em minha mente, e de lá faíscam os detalhes de nossa relação com uma clareza tal, como se tudo tivesse se passado ontem.

O trabalho sobre o papel de Tchítchikov é a etapa mais importante de minha vida artística. Ali pude, enfim, entender mais ou menos conscientemente aquilo que, para mim, até então era difuso e confuso demais no sistema de Stanislávski. Isso não aconteceu de uma só vez. Passei por um caminho difícil, superei muitos sofrimentos, crises, grandes fracassos e falsas esperanças. Nada balançava minha inquebrantável fé na justeza do caminho mostrado por Stanislávski. E ainda que esse caminho não tenha me levado ao sucesso nos primeiros espetáculos, me pôs afinal no caminho com o qual eu sonhara desde os anos da escola e em busca do qual tive de procurar tanto, no escuro. Para mim, trata-se de um daqueles fatos em minha prática teatral em que se abriu a possibilidade de o movimento seguir em frente.

O leitor, ao tomar conhecimento da exposição desse processo de trabalho, saberá distinguir por si aquilo que para mim é tão difícil explicar teoricamente. Por isso, passo à exposição daquilo que, segundo creio, representa o maior interesse nas memórias de meus encontros com K. S. Stanislávski: o trabalho sobre *Almas Mortas*.

Almas Mortas

Em 15 de outubro de 1932, Vassíli Sakhnóvski,[1] diretor do espetáculo *Almas Mortas*,[2] escrevia, na revista *Soviétskoe Iskússtvo* [A Arte Soviética]:

> O trabalho de Konstantin Serguêevich com todos os intérpretes, sobre as cenas de *Almas Mortas*, ocupa uma das páginas mais notáveis na história do Teatro de Arte. Temos alguns ensaios registrados por inteiro, outros parcialmente. Esses ensaios restarão na memória de todos os intérpretes não apenas como o trabalho

---

[1] Vassíli Grigórievich Sakhnóvski (1886-1945), diretor, crítico e pedagogo teatral soviético. Formado inicialmente em filosofia na Universidade de Friburgo (Alemanha) e história na Universidade de Moscou, Sakhnóvski começou a trabalhar como diretor em 1912, no Estúdio de F. F. Komissarjévski e no teatro de V. F. Komissarjévskaia, em Petersburgo, quando estes encontravam-se no auge de suas buscas simbolistas. Entrou para o TAM apenas em 1926, depois de ter passado também pelo Teatro de Korsh (1922-1926), onde conheceu Toporkov. Em 1937, com o afastamento de Stanislávski, foi nomeado diretor artístico do TAM. (N. T.)

[2] *Almas Mortas* é uma obra de Nikolái Gógol, publicada em 1942. Apesar de escrita em prosa, o próprio autor a designou como *poema* (forma a que Toporkov se refere repetidas vezes durante o texto). Conta a história do burocrata Pável Ivánovich Tchítchikov, que parte para a província russa com a intenção de comprar camponeses mortos, colocá-los no censo de sua propriedade e, com isso, aumentar seu capital. A adaptação montada pelo TAM foi escrita por Mikhail Bulgákov e estreou em 1932. No Brasil, o poema foi traduzido por Tatiana Belinky e editado pela Perspectiva. Não há traduções da adaptação de Bulgákov, no entanto. (N. T.)

de direção incrível de um mestre genial sobre Gógol, mas como instruções práticas acerca dos novos procedimentos do trabalho sobre o papel. Em alguns ensaios os intérpretes chegavam a aplaudir vibrantemente quando Stanislávski nos oferecia momentos que revolucionavam concepções antigas de coisas há muito conhecidas.

Realmente. Obrigado a realizar um verdadeiro milagre por força de certas circunstâncias que acompanhavam a montagem do espetáculo, Konstantin Serguêevich teve de mobilizar todas as suas forças, todo o seu gênio de diretor-pedagogo, tendo em vista esse objetivo, e, claro, não podia assim deixar de impressionar os presentes nos ensaios com o brilho de sua mestria e talento. Que circunstâncias foram essas, então, que serviram de amplificador à energia criativa de K. S. Stanislávski? Eu as tentarei expor brevemente.

Naqueles tempos não tão distantes, muitos de nossos teatros ainda encontravam-se prisioneiros das empedernidas tendências formalistas.[3] Em busca de uma "expressividade" maior e de certa "direção ideológica", todos perdiam-se pelas trilhas rasas de um sociologismo vulgar, maquiado com a "navalha afiada" do exagero formal, então batizado com uma palavra da moda: "grotesco". Entre os diretores, havia uma espécie de deboche. Também havia a paixão sincera de diretores talentosos, mas perdidos (principalmente entre a juventude), e a imitação ingênua das mediocridades dos amadores e a leviandade dos amantes de aventuras, mas que faziam questão de bater sempre na mesma tecla.

É possível compilar um grande e interessante livro apenas com a enumeração dos absurdos e curiosidades dos caprichos "inovadores". Obras monumentais e coesas de nossos grandes dramaturgos

---

[3] Deve-se ter em conta que Toporkov publica *Stanislávski Ensaia* no final dos anos 1940, quando a linha oficial sobre as diferentes tendências artísticas do período pós-revolucionário era a de enquadrá-las no "decadentismo burguês" e de exaltar e fomentar apenas a arte de tendência realista-socialista. Em 1932, no entanto, época sobre a qual Toporkov escreve, ainda floresciam diferentes direções e organizações artísticas, e Meyerhold (para citar um exemplo) estava ainda no auge de sua carreira como diretor. Em toda essa passagem, deve-se entender que Toporkov direciona sua crítica a Meyerhold e a Eisenstein, principalmente. (N. T.)

clássicos eram inteiramente destroçadas em pequenos episódios, e deles faziam-se as "peças", que lembravam muito os retalhos de uma colcha. Caracteres de personagens deformavam-se ao bel-prazer do diretor e tornavam-se irreconhecíveis, contradizendo o bom senso das características fornecidas pelo autor. Em uma das peças de Ostróvski, por alguma razão, a "Liga das Nações"[4] aparecia, os personagens saltavam entre trapézios e andavam em cordas bambas, etc., etc.

A crítica teatral estética, naturalmente, encontrava-se ao lado dos "inovadores". Orientada de maneira bastante ativa e militante, ela atirava em tudo que possuía a mínima dose de bom senso. Assim, obviamente, todas as suas lanças mantinham-se em riste contra o TAM, que tentava não apenas manter suas tradições realistas mas desenvolvê-las no sentido do realismo socialista, como vivamente testemunhava o espetáculo *O Trem Blindado 14-69*,[5] de Vsévolod Ivánov.

Mesmo assim, quando V. G. Sakhnóvski começou os trabalhos sobre *Almas Mortas*, de Gógol, o fez com certa pretensãozinha ao "grotesco". Não sei qual era a participação de K. S. Stanislávski ou de V. I. Nemiróvich-Dântchenko nos estágios iniciais do trabalho, mas, em todo caso, nenhum dos dois participava dos ensaios.[6]

Naqueles tempos, V. G. Sakhnóvski, diretor de individualidade e compleição únicas, apenas começava a orientar-se dentro do TAM. Sua vontade irreprimível à exacerbação dos meios da expressividade cênica ainda não estava suficientemente fundida ao conhecimento prático da arte de direção do TAM. Ser humano da mais elevada erudição, conversador tenaz e interessante no mais alto grau, pensava e

---

[4] A Liga das Nações era o organismo internacional que precedeu a Organização das Nações Unidas (ONU), e foi criada em 1919, depois da Primeira Guerra Mundial. Ostróvski escreve suas peças em meados do século XIX, por isso a crítica de Toporkov. (N. T.)

[5] *O Trem Blindado 14-69* [Bronepóezd 14-69] é uma peça realista-socialista de Vsévolod Ivánov, escrita especialmente para o TAM e estreada em 8 de novembro de 1927. Tendo atingido sucesso estrondoso quase imediatamente, a montagem foi considerada a "entrada do TAM" para a vanguarda artística da Revolução. (N. T.)

[6] Depois da volta do TAM de sua turnê nos Estados Unidos (1924), passou-se a adotar a referida forma de ensaio: os assistentes de direção criavam um esboço "geral" do espetáculo e apenas então entravam nos ensaios Stanislávski ou Dântchenko, que passavam a trabalhar no polimento e na lapidação dele. (N. T.)

falava por meio de paradoxos brilhantes e grandiloquentes. Também seus procedimentos de trabalho com os atores eram dotados de caráter paradoxal. Não havia neles a concretude profissional do diretor, mas erudição e filosofia. Para adentrar o máximo na essência da obra gogoliana, fazíamos coisas as mais variadas. Infelizmente, todas permaneciam longe daquilo que nos seria útil na prática.

Sakhnóvski mantinha conosco intermináveis conversas, em que fazia suposições até muito inteligentes sobre a personalidade, a concepção de mundo e a relação de Gógol com seus contemporâneos, entre outras coisas. Íamos ao museu observar diferentes retratos de Gógol, estudávamos sua obra, cartas, biografia. Para entender bem a concepção do que era comercializar mortos, Sakhnóvski uma vez propôs que eu andasse pelo cemitério. O que ele falava era sempre interessante, atraente e mais ou menos verdadeiro, mas insuficientemente concreto. Não importa quanto andássemos por cemitérios, museus e galerias, quantas conversas interessantes tivéssemos, tudo era por demais abstrato, atulhava a cabeça e transformava-se em peso morto no trabalho prático. Trabalhávamos com grande interesse e por vezes achávamos coisas positivas. Em seguida as perdíamos, e, em geral, ficávamos à deriva, sem uma bússola sequer. Eis então que chegamos ao ensaio corrido, a que compareceu Stanislávski.

Não entrarei em detalhes a respeito do ensaio corrido, nem descreverei minhas impressões sobre ele. Direi apenas que Konstantin Serguêevich ficou estarrecido. Disse aos diretores que não havia entendido nada do que vira, que tínhamos entrado num beco sem saída, e que o trabalho deveria ser recomeçado ou definitivamente abandonado. Algo do gênero.

Não fui testemunha de todas as conversas que Stanislávski teve com os diretores, com M. A. Bulgákov, autor da adaptação, e com outras pessoas que faziam parte desse projeto. Assim, posso expor o conteúdo delas apenas aproximadamente, pelos testemunhos que chegaram até mim por meio das pessoas acima mencionadas e pelas coisas que cheguei a ouvir depois, pessoalmente, do próprio Stanislávski.

Tentarei expor de forma breve apenas o que considero ter ligação direta com nosso tema.

Ao recuperar em minha memória todos os detalhes do trabalho de Stanislávski sobre *Almas Mortas*, todas as insistências feitas durante os ensaios, tenho a convicção e a ousadia de pensar que sou capaz de definir corretamente o caminho então escolhido por ele para salvar o espetáculo.

Sem dúvida nenhuma, a primeira tarefa de Stanislávski era encontrar um sustentáculo dramatúrgico para aquela obra, dramaticamente inacabada. Sobre o que, então, construir a meada da fábula para o espetáculo? O que o espectador deveria acompanhar? Nenhuma das adaptações do poema havia tido sucesso em cena (e existem mais de cem!), e o motivo disso era a inconsistência dramatúrgica delas. Antigamente, encenavam-se com sucesso e muito bem cenas isoladas de *Almas Mortas*. No entanto, assim que se tentava uni-las num todo, a série de cenas que repetiam o mesmo enredo da compra das almas mortas, não atreladas a uma base de sustentação que as desenvolvesse como um todo, não fazia com que a atenção do espectador crescesse paulatinamente ao acompanhar o desenrolar dos acontecimentos em cena. Da metade do espetáculo em diante o espectador começava a entediar-se, e isso mesmo com intérpretes maravilhosos, como Varlámov, Davídov, Dalmátov e outros.

O papel mais infeliz, sob todos os aspectos, é o da impressionante figura de Tchítchikov, tão genialmente descrito por Gógol. Na adaptação, ele atravessa toda a peça, mas, repetindo de cena em cena quase sempre o mesmo, rapidamente cansa o espectador e sai de seu campo de atenção. Ainda mais quando rodeado por toda uma galeria dos mais variados e suculentos tipos gogolianos: proprietários de terras, camponeses, burocratas...

Pois sobre Tchítchikov mesmo foi que Stanislávski decidiu construir a linha de enredo do espetáculo. Tendo em vista essa meta, a própria encenação foi um pouco alterada, e o trabalho de Stanislávski com os atores adquiriu também a direção que lhe cabia.

"A carreira de Tchítchikov". Eis no que deveria se transformar o enredo da peça; eis o que o espectador deveria acompanhar. Assim decidiu Konstantin Serguêevich. Significaria isso que Stanislávski, assim, limitou a tarefa de montagem do espetáculo? Claro que não. Ele tinha muito bem em conta as leis do teatro e sabia que quanto mais acabada uma peça, no sentido dramatúrgico, mais ela é capaz de tornar-se um excelente condutor de ideias. Se uma peça é incompleta, a tarefa do diretor é terminá-la, não pela adição de enfeites supérfluos que desviarão a atenção do espectador da essência da peça, mas pelo fortalecimento de sua linha de ação.

Stanislávski disse, em um dos ensaios:

– Que fazer com Tchítchikov? Como evitar as repetidas e monótonas chegadas e conversas, sempre sobre a mesma coisa? É possível evitá-las apenas por intermédio da ação transversal. É preciso saber mostrar como surge, quase do nada, em Tchítchikov, o plano da compra de almas de camponeses mortos. Depois, como esse plano se expande, como chega ao apogeu e, enfim, fracassa rotundamente. Se você dominar a ação transversal nesse papel, meu respeito e sinceros cumprimentos. Mas será muito difícil.

A tarefa proposta por Stanislávski era trabalhosa no geral e no particular. Ao escolher a figura de Tchítchikov como herói condutor da linha do enredo da peça, Stanislávski ficara sem um intérprete adequado para o papel. Meus atributos cênicos poderiam adequar-se àquela inventada figura "grotesca" de Tchítchikov que tentávamos sem sucesso corporificar até a chegada de Stanislávski aos ensaios. No entanto, absolutamente não eram adequados ao autêntico Tchítchikov de Gógol. Além do mais, havíamos tentado deformar a figura gogoliana, criar o "grotesco", a máscara em vez de o rosto vivo, "exagerar" algo que já era magistralmente exagerado, independentemente de nós. Claro, todas essas tentativas terminaram por deformar em mim toda e qualquer percepção da verdade, da verossimilhança e, em geral, tudo o que havia de humano e orgânico naquela figura, paralisando o impulso da autenticidade e a vontade de criar.

A influência da "moda" teatral da época, que nos fizera entrar na concepção errada, tanto da peça como da própria maneira de trabalhar, tinha nos levado a um beco sem saída na criação, do qual podia nos tirar apenas uma pessoa com grande erudição teatral prática.

– Todos os seus ligamentos estão luxados – disse-me Stanislávski em nossa primeira conversa depois do ensaio geral. – Você não tem um único órgão intato: precisa curar-se, colocar todos os ligamentos e articulações no lugar e aprender de novo a andar. Não a interpretar, mas apenas a andar.

Tudo isso, muito resumidamente, conformava as circunstâncias fundamentais sobre as quais falei antes e que precisavam ser superadas por Stanislávski para que se pudesse começar a pensar em contar cenicamente o despretensioso enredo sobre a carreira do conselheiro colegiado Pável Ivánovich Tchítchikov. Konstantin Serguêevich não falava antes do tempo sobre suas grandes tarefas nesse espetáculo. Era o seu sistema.

– Você sabe comercializar? – perguntou-me uma vez.

– Como assim, comercializar?

– Assim, comprar alguma coisa barato, vendê-la mais caro, ser capaz de virar os olhos do comprador, fazer propaganda de sua mercadoria e denegrir a do concorrente, adivinhar o preço mínimo numa pechincha, fazer-se de pobre, contar vantagem, jurar, etc., etc.

– Não, não tenho ideia de como se faz isso.

– Então precisa aprender. É o principal para seu papel.

Os primeiros ensaios ocorreram individualmente, entre Stanislávski e mim. Ele me convocou com o objetivo de colocar meus "ligamentos luxados" no lugar. Trabalhamos de maneira extremamente atenciosa e cuidadosa. Era como um médico cuidando de um paciente. Hoje em dia consigo entender que ele se ocupava principalmente da organização e da confecção de uma linha física e comportamental para Tchítchikov. Era o seu método de cura, método que mais tarde se transformaria na maneira mais consequente de atingir o objetivo final da apropriação da figura cênica em sua totalidade, método que depois adquiriu o nome de "método das ações físicas".

O trabalho começava com uma conversa, mas que não tinha nada em comum com as conversas dos ensaios até então. Stanislávski me puxara do céu à terra. As perguntas que fazia impressionavam pela simplicidade, clareza e concretude. Fiquei um tanto decepcionado e preocupado: aquilo tudo era simples demais, cotidiano demais, e estava muito longe dos objetivos com os quais havíamos sonhado. Mesmo assim, o trabalho anterior atulhara tanto meu cérebro, que eu sentia dificuldade de responder mesmo às perguntas mais simples.

– Para que Tchítchikov compra essas almas mortas? – foi uma das perguntas que Stanislávski me fez, inesperadamente.

O que eu devia responder? Era algo conhecido de todos, e além do mais...

– Como assim "para quê"? No romance está tudo escrito: ele as inscreve no conselho tutelar como vivos e ganha dinheiro com isso.

– Mas para quê?

– Mas como assim, "para quê"? É lucrativo... ele ganha dinheiro com isso.

– Por quê?

– Como assim, "por quê"?

– Por que é lucrativo, para que ele precisa desse dinheiro, o que ele fará com isso? Você pensou sobre isso?

– Não, assim detalhadamente, não.

– Pense!

(Longa pausa.)

– Bem. Almas compradas, dinheiro recebido, e depois?

(De novo, pausa.)

– Você tem de saber, e o mais detalhadamente possível, o objetivo final daquilo que faz. Pense bem, estude toda a vida de Tchítchikov na obra, reúna material para o trabalho prático sobre o papel.

Konstantin Serguêevich empurrava-me com muita delicadeza e refinamento aos pensamentos de que ele precisava, mas não me impunha nada pronto. Ele apenas muito estimulava minha fantasia.

– Coloque-se no lugar de Tchítchikov. O que você faria, nessas circunstâncias?

– Sim, mas eu não sou Tchítchikov, não quero lucrar.

– Tudo bem, mas e se isso fosse o que lhe interessa mais que tudo, como você agiria?

Durante tais conversas resolviam-se as coisas mais simples, que diziam respeito às questões mais essenciais da vida de Tchítchikov. Não havia nelas nada de nebuloso, de obscuro, características pelas quais eram ávidos os representantes da militância formalista de então. Andrei Biéli,[7] por exemplo, em seu brusco artigo crítico "Gógol Ininteligível", direcionado contra nosso espetáculo, escreveu, depois da estreia:

> Ainda algumas observações sobre a simbologia dos detalhes no texto gogoliano: *Almas Mortas* começa com a descrição da carruagem de Tchítchikov. Os mujiques que acidentalmente veem a chegada da carruagem trocam impressões sobre as *rodas* do carro. Entre as almas vendidas a Tchítchikov por Korôbotchka, que desempenham um papel tão importante no desmascaramento do herói, vemos apenas um mujique, com o nome de Ivan *Kolessó*;[8] no momento da fuga de Tchítchikov da cidade provinciana nota-se que as *rodas* da carruagem haviam estragado.

Fiz essa digressão apenas para dizer que não era essa a "simbologia dos detalhes" que interessava Stanislávski enquanto trabalhava sobre *Almas Mortas*. Dizia que esse tipo de requinte pertencia ao grupo dos "e daí?". Não. Interessavam-no em primeiro lugar as preocupações mais simples, cotidianas, e os afazeres reais do herói do poema.

Quanto dinheiro possui Tchítchikov quando paga propina ao secretário do conselho tutelar? Qual o montante da propina paga? E assim por diante.

Em uma palavra, exigia conhecer a vida do herói nos menores detalhes. Eu deveria responder às perguntas por conta própria. Resolvia-as, sempre perguntando-me quando passaríamos ao trabalho sobre o papel. O que eu não sabia é que o trabalho já havia começado, e a maneira de realizá-lo é que era para mim incomum.

---

[7] Andrei Biéli (1880-1934) foi um dos mais importantes formalistas russos, e é considerado um dos grandes poetas do simbolismo russo do início do século XX. (N. T.)

[8] *Kolessó*: roda, em russo. (N. T.)

"Prólogo"

O momento em que passamos das conversas à ação ocorreu quase despercebido. Começávamos a jogar e, quando percebemos, já estávamos ensaiando o prólogo da peça.

Transcrevo o texto do prólogo da adaptação cênica de *Almas Mortas*:

(*Uma das salas de uma taverna, na capital.*)
TCHÍTCHIKOV: Senhor secretário!
SECRETÁRIO: Senhor Tchítchikov! O senhor, mais uma vez? O que é isso? O senhor já me importunou pela manhã no conselho tutelar. Agora, à noite, vem me dar o bote na taverna. Me deixe em paz, sim? Já lhe expliquei, caríssimo: não posso fazer nada pelo senhor.
TCHÍTCHIKOV: Como quiser, excelentíssimo. Eu não saio daqui enquanto não receber do senhor a resolução. O meu fiador está partindo de viagem.
SECRETÁRIO: O seu fiador arruinou a propriedade.
TCHÍTCHIKOV: Paixões humanas, excelentíssimo, paixões humanas, tão volumosas como as águas do mar.
SECRETÁRIO: Por que volumosas? Ele perdeu no jogo de cartas, se deu mal e acabou se ferrando como devia. O nome do seu fiador

está sujo como um chiqueiro, e o senhor ainda quer colocá-lo no conselho tutelar a duzentos rublos a alma! Quem é que vai se responsabilizar por ele?

TCHÍTCHIKOV: Por que ser assim tão rígido, excelentíssimo? A propriedade foi arruinada pelo descaso com os animais, pela seca, pelo incompetente do administrador.

SECRETÁRIO: Hum.

TCHÍTCHIKOV (*tira a propina do bolso e entrega-a ao secretário*): Senhor secretário, o senhor deixou cair...

SECRETÁRIO: Mas não sou só eu. Tem mais gente no conselho.

TCHÍTCHIKOV: Não vão achar mal. Eu mesmo servi como funcionário público, sei como é.

SECRETÁRIO: Tudo bem. Cadê os papéis?

TCHÍTCHIKOV: Mas veja, a propósito, tem uma outra coisa... A força das circunstâncias fez com que metade dos camponeses morresse, então, só para fazermos tudo direitinho...

SECRETÁRIO (*gargalha*): Mas que propriedade! Não só arruinada: os habitantes estão mortos.

TCHÍTCHIKOV: Mas, excelentíssimo...

SECRETÁRIO: Não, diga-me uma coisa. Contavam como vivos quando passou o censo?

TCHÍTCHIKOV: Como, contavam como vivos?

SECRETÁRIO: Não precisa se encabular agora. Um morreu, outro nasce, tudo dá certo no final... Se quando passou o censo contavam como vivos, significa que estão vivos.

TCHÍTCHIKOV: Ah...

SECRETÁRIO: O quê?

TCHÍTCHIKOV: Nada.

SECRETÁRIO: Então... Passe-me os papéis. (*Sai.*)

TCHÍTCHIKOV: Ah, como eu sou burro! Ai, ai, ai... Procurando agulha no palheiro, e ela está bem debaixo do meu nariz! Se eu comprasse esses todos que já morreram enquanto o censo ainda não passou... Adquirir uns, digamos... mil. Boto todos no conselho tutelar a duzentos rublos a alma... Já são duzentos mil de capital!

Espera. Sem propriedades não o deixam comprar. (*Inspirado.*) Mas deixam se for para realocar, re-a-lo-car! E mais: estão dando terras para quem quiser na província de Khérson, contanto que botem gente lá. Posso colocá-los todos lá, os mortos. Todos para Khérson! Para a província! Que vivam lá, os finados. Agora é a melhor hora: há pouco houve uma epidemia em que morreram não poucos, graças a Deus. Vou até lá dizendo que estou escolhendo lugar para viver e faço uma vistoria nos lugares onde será mais possível, bom e barato comprar o pessoal necessário. Primeiro, uma visita ao governador. Difícil, claro, há que se tomar cuidado. Não posso deixar que me peguem, que façam disso uma história. Se pegam, a forca, o desterro, a Sibéria... Por outro lado, para que foi dado ao homem o cérebro? O melhor é que certamente ninguém acreditaria em algo assim, ninguém. O assunto por si só seria já inacreditável. Ninguém acreditaria! Eu vou! Eu vou!

(*Escuro.*)

Tchítchikov, após uma série de catástrofes pessoais, chega mais uma vez ao fundo do poço e, dessa vez, pensa, sem nenhuma esperança. É a morte. Decide-se, então, por um negócio muito duvidoso – hipotecar uma propriedade arruinada, onde metade das almas já faleceram. A hipoteca se faz por intermédio do secretário do conselho tutelar, homem sanguíneo, difícil de contornar, e que Tchítchikov já importunara demais com sua teimosia pelo assunto. Seus meios para o suborno são completamente limitados. Mas um homem ameaçado pela falência total e pela miséria é capaz de tudo. E eis que Tchítchikov, como um cão de caça, fareja o secretário à noite na taverna, acha-o e decide conseguir o que queria, ou morrer ali mesmo.

Tudo isso havia sido combinado durante as conversas com Konstantin Serguêevich sobre o ponto de partida para o comportamento de Tchítchikov durante o prólogo da peça.

– E então, como você agiria, dadas essas circunstâncias, Vassíli Ôssipovich?

– Acho que, aqui, Tchítchikov sente...
– Não pense sobre isso, pense sobre como ele age. E então?
Pausa.
– À sua frente está Vsévolod Alekseevich, seu parceiro de cena. Você precisa conseguir dele uma resposta muito importante. Certo. Tente, antes de mais nada, colocar-se diante dele de maneira que você fique confortável para fazer o que precisa. Verifique, nos olhos dele, quanto você pode contar com ele, mas não pense muito, tente agir imediatamente.

Depois de algumas tentativas, quando algo começou a funcionar, Konstantin Serguêevich continuou:

– Certo. E se ele não quiser escutá-lo e for embora? Saia, Vsévolod Alekseevich, não escute, não preste atenção nele. Você, Vassíli Ôssipovich, tente segurá-lo... Apenas não com as mãos, sem a utilização de força física... Não deixe que ele saia... Não, não, assim ele sai.

– Não sei... O que eu faço, então?

– Na vida, se você precisasse muito, saberia segurá-lo. Por que aqui não consegue? É muito simples. Faça este exercício, simplíssimo. Um de vocês tem a tarefa de levantar-se inesperadamente da cadeira e sair por esta porta. O outro deve cortar essa intenção pela raiz e impedir o primeiro de sair a tempo, antes que ultrapasse essa linha imaginária aqui. Vê, é muito simples. Agora tente. Só não finja, não represente, mas esteja verdadeira e autenticamente interessado nisso.

Eu conhecia o exercício da experiência anterior apresentada em *Os Esbanjadores*.

Não pretendo, aqui, fazer uma lista de todas as sutilezas pedagógicas que Stanislávski aplicou para conseguir extrair de mim um comportamento orgânico e vivo nessa cena; digo apenas que o trabalho foi longo, meticuloso, e que, naquele momento, dizia respeito apenas ao comportamento físico. Como disfarçar-se perto da mesa do secretário, para que o parceiro não me visse, mas de forma que eu pudesse continuar observando-o, sentado quase de costas para ele? Como assustar o parceiro, para que parasse no meio do caminho? Como habilmente bloquear seu caminho para a saída? Como entregar o suborno para ele de forma que ninguém visse? E assim por diante. O texto mantinha-se intacto.

– Agora você já aprendeu a fazer uma série de ações físicas. Junte-as numa única linha ininterrupta e obtenha o esquema das ações físicas do prólogo. Em essência, o que você precisa ser capaz de fazer, aqui? Arme a emboscada, sente-se e acompanhe os menores movimentos de seu parceiro. Assim que ele fizer uma tentativa de sair, pare-o, bloqueie-lhe habilmente o caminho, faça com que se interesse por algo, assuste-o, desoriente-o, utilize-se disso e meta-lhe a propina de forma que ninguém ao redor perceba. Por enquanto é suficiente. Essa parte introdutória do prólogo é muito importante. Aprenda a fazê-la. Se, para isso, precisar de palavras, por favor, fale. Só não utilize o texto exato do autor, apenas as ideias por detrás dele. Não tente representar nada, apenas aja. Nada para si, tudo para o parceiro. Verifique através do parceiro se você está agindo bem.

Na segunda parte do prólogo, constituída pelo monólogo que começa com "Ah, como eu sou burro!", Konstantin Serguêevich mais uma vez tateava a linha das ações físicas, ainda que aqui aparentemente não pudesse haver ações físicas. Tchítchikov senta-se à mesa e dá o monólogo.

– Não se trata de um monólogo, e sim de um diálogo. Aqui a emoção e a razão de Tchítchikov brigam ardentemente. Defina bem onde estão estes dois parceiros: um, na cabeça, o outro, em algum lugar perto do plexo solar. Deixe que conversem entre si. Dependendo de quem mantém a iniciativa, Tchítchikov tenta sair da mesa e fugir o mais rápido possível enquanto não lhe roubam a ideia do embuste, ou, ao contrário, tenta a todo custo manter-se à mesa. Você sente, entende esses impulsos à ação? Agora tente realizá-los.

Até então, tudo girava puramente em torno do comportamento físico. Seu estudo e aperfeiçoamento aconteciam das maneiras mais diversas, e o arsenal de ações era significativamente maior e mais variado que no trabalho sobre *Os Esbanjadores*. O trabalho com esse método adquiria a forma de um divertido jogo, ou a forma de uma aula, em que se exercitavam elementos das ações físicas mais simples, e então Stanislávski transformava-se num pedagogo pedante e insistente. Outra coisa que fazíamos era recontar, com palavras, toda a linha de comportamento dos personagens no prólogo. Esse trabalho continuou até que a tarefa houvesse sido mais ou menos cumprida e que pudéssemos satisfatoriamente contar e realizar o esquema das ações físicas do prólogo.

Eu, naquela época, ainda não havia alcançado o profundo sentido e o significado daqueles ensaios. Não conhecia os segredos de Konstantin Serguêevich, não sabia que o sentido de tudo aquilo encontrava-se em penetrar nas complexas e mais profundas emoções e vivências por meio da correta realização de ações físicas, por intermédio de sua lógica e sequência. Ou seja: buscávamos adquirir, no final das contas, as mesmas qualidades que havíamos tentado conquistar tão sem sucesso durante o primeiro período de trabalho. Mas nem Konstantin Serguêevich, nem nós falávamos ou pensávamos sobre a matéria sutil, mas trabalhávamos na resolução das tarefas cênicas mais simples, tentando dominar sua realização com a maior perfeição possível. Dessa maneira, imperceptivelmente, passo a passo, chegamos ao momento em que o texto do autor fez-se necessário, quando apareceu o desejo de pronunciá-lo. Um belo dia, estou diante de meu parceiro e pronuncio:

– Como quiser, excelentíssimo. Eu não saio daqui enquanto não receber do senhor a resolução.

De repente, algumas palmas e a voz carinhosa de Stanislávski, como que pedindo desculpas:

– Perdão, não entendi o que você disse.

– Como quiser, excelentíssimo, eu não...

– Desculpe-me. Não entendo nada. Excelentíssimo, o quê?

– Como quiser, excelentíssimo, eu não saio daqui...

– Mil perdões, eu não consigo entender... Hum... Talvez seja a esclerose. Eu passei a ouvir mal. – Voltou-se para os diretores: – O que está escrito no texto?

Os diretores tentam então com a maior clareza pronunciar a frase, mas Konstantin Serguêevich não muda a expressão de seu rosto.

Fico com certa pena dele e pronuncio a frase com as mais refinadas nuances vocais, da maneira mais expressiva que consigo:

– Como quiser, excelentíssimo. Eu não saio daqui enquanto não receber do senhor a resolução.

– Agora entendi... Pois bem, diga assim claramente para o parceiro, agora. Você deve convencer uma pessoa que não deseja ouvi-lo. Percebe qual deve ser o grau de atividade em todas as suas ações? Vamos lá.

Eu repito a frase.

– Horrível, o que é isso? Por que você enfatiza cada palavra: "*Como quiser, excelentíssimo. Eu não saio daqui enquanto não receber do senhor a resolução.*"? Claro que a frase daí perde toda a qualidade ativa. A ideia chega quando há apenas uma ênfase, não importa quão longa seja a frase. Assim, da maneira como você acabou de me dizer. Por que isso? Porque você possuía o desejo verdadeiro de fazer com que eu entendesse a ideia. Agora, já passou a representar, e não a agir. Certo, vamos mais uma vez, por favor. Péssimo! Onde está a ênfase nessa frase? Vamos, "esquelete", estruture a frase. Qual palavra não pode faltar para comunicar o principal, aquilo que você quer do parceiro? Ou melhor: qual é a única palavra que precisaria ser de fato usada nesse trecho, para que ele seja entendível?

Pausa.

– O que você está pedindo a ele? O que ele deve fazer, para que você fique satisfeito? Veja só, está na própria frase! O que você acha que é? Você mesmo está dizendo: não sairá do lugar enquanto... o quê?

– Enquanto não receber...

– O quê...?

– A resolução.

– Eis a única palavra com ênfase. Dê a única ênfase da frase nessa palavra.

Eu pronuncio a frase, tentando dar uma só ênfase.

– Mas agora você contraiu todas as outras palavras. Para quê? Não precisa apressá-las ou arrastá-las, apenas não dê a ênfase nelas. Vamos!

Pronuncio mais uma vez.

– Mas por que a divisão da última palavra?
– Que divisão?
– Em sílabas. Por que você diz: re-so-lu-ção?
– Não é aí a ênfase?
– É, mas não precisa dividir. Você tem de apenas tirar a ênfase de todas as outras, e então ela ficará naturalmente enfatizada. Vamos!

Quando contamos em círculos de "não iniciados" sobre os momentos mais difíceis dos ensaios com Stanislávski, as pessoas frequentemente pensam que estamos exagerando, que tudo não passa do típico exagero dos atores. Como seria possível atormentar as pessoas dessa maneira? E depois, se fosse mesmo assim, a criação pessoal, onde ficava? Uma tortura dessas não traz nada de bom, só faz com que o ator se confunda ainda mais. Realmente, depois de duas ou três horas de ensaio sobre a mesma frase, é difícil, às vezes, continuar entendendo o sentido das palavras. Mas é apenas temporário. Depois, ao contrário, o sentido das palavras e da frase tornam-se particularmente claros, e o ator, tendo passado pela "prova de fogo", começa a relacionar-se com a frase em que colocou tanto trabalho com um respeito especial. Não consegue mais falá-la por falar, atulhando-a de ênfases desnecessárias, não separa mais as sílabas. A frase torna-se ativa e musical.

Conseguiria o ator ser tão insistente em relação a si mesmo? Conseguiria trabalhar tão incansavelmente sobre si mesmo no aperfeiçoamento de sua técnica? Provavelmente não, já que, antes de mais nada, não pode ver-se ou ouvir-se a si mesmo, não pode compreender suas próprias insuficiências. Todos os vícios que passam a cegar os atores com os anos são extremamente pegajosos e grudam firme. É preciso grande paciência, coragem, e a ajuda externa de uma pessoa de autoridade que conheça bem as leis da criação. Por isso nunca reclamamos da insistência sem limites de Konstantin Serguêevich durante os ensaios. A cultura do Teatro de Arte não teria sido criada, não tivessem seus atores passado pela severa escola de Stanislávski.

Mas voltando aos ensaios. Stanislávski considerava a ação como fundamento irrefutável e único da arte do ator. Tudo o que se encontrava fora do campo da ação era impiedosamente posto de lado.

– Para que você está fazendo isso? O que isso traz à ação transversal? Tudo o que não leva à conquista do alvo, da supertarefa, é supérfluo.

Cada ação física deveria ser uma ação ativa, que levasse à conquista de algum objetivo, assim como cada frase pronunciada em cena. Stanislávski frequentemente repetia um sábio ditado: "Que não seja vazia tua palavra e mudo teu silêncio".

Konstantin Serguêevich tinha muitos procedimentos pedagógicos para dotar a palavra de uma qualidade ativa, ou seja, para o aprimoramento da ação verbal. Todos eles, no entanto, dividiam-se basicamente em duas categorias. Uma, que seguia pela linha externa do estudo da construção lógica da frase. A outra seguia uma linha interna, do desenvolvimento, pelo ator, de visões correspondentes, de representações imagéticas, às quais deveria se sobrepor o texto do papel. Descrevi anteriormente um exemplo de utilização da linha externa ("Como quiser, excelentíssimo...", etc.). Ali, Stanislávski requeria que o ator fosse capaz de dar apenas uma ênfase numa longa frase, na última palavra, fazendo-a atuante e ativa ao máximo.

– Você recebeu um papel que é composto de ideias do começo ao fim, da primeira até a milésima octingentésima décima terceira! Todas as ideias tendem à última, à milésima octingentésima décima terceira, e, por outro lado, todas estão imbuídas dela.

A tarefa da ação verbal de um ator é contagiar seu parceiro com visões. Para isso, é necessário que ele próprio veja clara e vivamente aquilo sobre o que fala. Dessa forma, fará com que o parceiro veja, com "olhos internos", o quadro que desenha, de maneira clara e detalhada.

Tive contato com a ação verbal e com as imagens que sob ela jazem durante os ensaios da segunda parte do prólogo de *Almas Mortas*, no monólogo final de Tchítchikov.

"Ah, como eu sou burro!", daí em diante. Lembro-me de ter dado o texto do monólogo audaciosamente e de ter golpeado a mesa com o punho cerrado na última frase, "Eu vou!". Levantei-me e saí, olhando para Konstantin Serguêevich com ar de vitória.

– Hum...! Hum! Nada, querido, você não está vendo nada...

– ???

– Você fala as palavras e vê nelas apenas letras escritas no texto, mas não aquilo que vê por detrás delas... – ele quis dizer Tchítchikov, mas confundiu-se, disperso, e disse Tchátski,[1] o que terminou por me confundir.

– Não entendo.

– Veja, você diz, por exemplo: "Se pegam, a forca, o desterro, a Sibéria...". Você percebe que... (aqui ele chamou Tchítchikov de Khlestakóv)... vê aqui as imagens da execução, das correntes, do desterro, da Sibéria terrível, por detrás dessas palavras? Eis o mais importante. Vamos, comece de novo.

– Ah, como eu sou burro...

– Não, não está vendo... você está apenas falando as palavras. Primeiro, acumule as visões, veja-se a si mesmo como um burro e depois recrimine-se por isso, por ser tão imbecil. O que é um burro? Como você vê isso? Vamos lá, por favor!

– Ah, como...

– Péssimo!.. Hum! Alta voltagem. Você está tentando estimular-se externamente, trazer a tensão nervosa e jogar tudo por água abaixo. Você deve apenas se concentrar e ver claramente em que consiste sua burrice, e depois recriminar-se bem por isso. E só! Vamos!

– Ah...

– Por que "ah"? Não é "ah", mas "Ah, como eu sou burro". Onde está aqui a palavra com a ênfase? Se a ênfase está errada, significa que você não vê aquilo sobre o que fala.

E mais uma vez começou a crise dos ensaios, já conhecida de todos.

Enfim, do caos dos pedaços e esboços isolados, acumulados durante os ensaios, dos esquemas e detalhes, começou a delinear-se o prólogo de *Almas Mortas*, nó inicial da peça como um todo. Depois

---

[1] Segundo Toporkov, aqui Stanislávski confunde Tchítchikov (protagonista de *Almas Mortas*), com Tchátski, protagonista de outra obra essencial da literatura russa do século XIX, a peça *O Mal de Pensar* [Góre ot umá], de Aleksándr Griboêdov. (N. T.)

ficou claro para mim que Konstantin Serguêevich desejava que o espetáculo começasse com acordes poderosos e ressonantes, e que tentava conduzir-nos a isso. Para ele, era importante impregnar nossas ações do ritmo mais eletrizante. Sabia também que se tratava de algo que não podia ser conseguido de uma só vez. Era algo que deveria ser cultivado no ator, e era necessário abrir o caminho, cavar os canais pelos quais depois passaria o fluxo do temperamento. Quando esse trabalho já tinha sido de alguma forma feito, Stanislávski considerou possível falar "sobre o resultado".

– O prólogo que agora ensaiamos funciona como um diapasão para o resto da peça – disse. – Percebem, que responsabilidade? Percebem o que é necessário para isso? Atenção, concentração, visões claras, vivas, senso de verdade, e nada mais. Veja, você está aí, sentado à mesa, e acompanha os movimentos do secretário do conselho tutelar, para impedir que ele suma da taverna. Sua vida depende disso... Sente o ritmo aqui, qual é? Quais os pensamentos, a prontidão necessária para dar um salto de dez, quinze metros num segundo para bloquear a saída do secretário? Verifique apenas esta simples ação física... Depois, sua primeira frase, direcionada a ele: "não saio daqui...". Lance suas visões sobre ele, para que veja claramente o tamanho do escândalo que você está disposto a dar, se ele pensar em sair da taverna. "Eu não saio daqui...". Você vê com clareza o que isso significa?

– Em seguida – continuou –, quando finalmente consegue que ele comece a ouvi-lo, como ser astuto o suficiente para pagar a propina sem que ninguém ao redor veja? Mais ainda: se o secretário resolver implicar e o acusar, como você pode facilmente fingir-se de desentendido? Além disso, todo o negócio deve ser resolvido rapidamente, já que o "fiador parte de viagem amanhã". E por fim: quando a gota de veneno cai sobre a terra fértil da natureza de Tchítchikov, é preciso decidir-se, sem perder um único segundo, por uma empreitada extremamente arriscada. Aqui são especialmente necessárias as suas visões internas... Entende? De um lado, a força, o acorrentamento, a Sibéria... Do outro, vinte mil de capital, uma propriedade riquíssima... mulher, filhos, família, o paraíso na terra, o objetivo da vida de um homem. É agora ou nunca – eis o que você deve ver de maneira mais clara possível, para que suas arremetidas para um lado e para o outro sejam internamente justificadas e completamente satisfeitas.

Não posso dizer que, depois de tudo isso nos ter sido mostrado de forma tão clara, já conseguíssemos fazê-lo, ou que fazer tudo isso não implicasse um grande trabalho. Muito pelo contrário. Pelo menos, tudo o que precisava ser feito não parecia mais estar envolto em trevas. Eu já conseguia saber por que determinada coisa não funcionava, ou o que era preciso fazer, o que era preciso exercitar para que funcionasse. Eu já via bem as possibilidades ilimitadas que tinha o jogo do ator nessa cena curta e, à primeira vista, de conteúdo não muito significante. O mais importante é que eu já tinha a percepção clara de que era assim e não de outro jeito... Já sobre o trabalho...

"Sem trabalho, nada acontece, e é valioso apenas aquilo que é adquirido com trabalho" – dizia Stanislávski.

"Visitando o governador"

A cena que se iniciava imediatamente depois do prólogo era "Tchítchikov visita o governador". Se no prólogo Tchítchikov havia apenas tomado a decisão sobre como agiria, aqui já começava a própria ação, ou seja, ele já dava início à concretização do seu plano.

GOVERNADOR (*de roupão, exibe no pescoço a Ordem de Santa Anna.*[1] *Cantarola, sentado atrás de sua mesa; com uma tela de bordados, costura*):

>Não deve uma moça
>Abrir-se a qualquer
>Amar, sim, sem troça
>Àquele a quem bem quer

CRIADO: Anuncio a presença do conselheiro colegiado Pável Ivánovich Tchítchikov, para ver Vossa Excelência.
GOVERNADOR: Tchítchikov? Passe-me o fraque! (*Canta.*)

---

[1] A ordem de Santa Anna era uma medalha conferida aos altos funcionários e militares do Império Russo por serviços prestados ao imperador. Tinha quatro graus, sendo o quarto o mais baixo, e o primeiro o mais próximo ao czar. O governador tem a Ordem de Santa Anna de segundo grau, que era pendurada no pescoço com uma fita laranja. (N. T.)

Confesso que amo
Um velho, eu sei, etc.

(*O criado passa-lhe o fraque.*)

Peça que entre.

TCHÍTCHIKOV (*entrando*): Chegado à cidade, pensei ser meu dever primeiro demonstrar respeito ao primeiro escalão, e considerei de extrema importância vir apresentar-me pessoalmente a Vossa Excelência.

GOVERNADOR: Muito encantado. Sente-se, faça o favor. (*Tchítchikov se senta.*) Onde o senhor serve?

TCHÍTCHIKOV: Meu serviço ao imperador começou na Casa da Moeda. Segui daí para diversos lugares. Estive na comissão de construção...

GOVERNADOR: Construção de quê?

TCHÍTCHIKOV: Do templo de Jesus Salvador em Moscou, Excelência.

GOVERNADOR: Um homem bem-intencionado.

TCHÍTCHIKOV: Que oportunidade! E o templo ficou maravilhoso! Em seguida fui para o ministério público e, depois, para a alfândega.

GOVERNADOR: Alfândega?

TCHÍTCHIKOV: Nada mais que um inseto neste grande mundo, Excelência. Agraciado com o dom da paciência, tive as mãos atadas e transformei-me na própria encarnação da paciência. Nem toda a amargura acumulada fez com que eu traísse meus inimigos de serviço, que atentaram contra a própria vida, com todas as letras e sem exageros. Minha vida pode ser comparada a uma grandiosa nau entre ondas, Excelência.

GOVERNADOR: Nau?

TCHÍTCHIKOV: Nau, Excelência.

GOVERNADOR: Que erudito, esse homem!

TCHÍTCHIKOV: Que imbecil, esse governador!

GOVERNADOR: E o que faz por estas terras?

TCHÍTCHIKOV: Viajo no crepúsculo da vida, à procura de um cantinho onde possa passar o resto dos meus dias. Fora isso, ver a luz e as cores das pessoas vivas é, por si só, um grandessíssimo aprendizado, Excelência.

GOVERNADOR: Verdade, verdade.

TCHÍTCHIKOV: E quando se entra na província de Vossa Excelência, é o paraíso.

GOVERNADOR: Por quê?

TCHÍTCHIKOV: As estradas são veludo puro. (*O governador suspira consternado.*) Os administradores indicados por uma governança tão sábia são dignos de assombrosos elogios.

GOVERNADOR: Amabilíssimo... Pável Ivánovich?

TCHÍTCHIKOV: Pável Ivánovich, Excelência.

GOVERNADOR: Peço que compareça, hoje à noite, à festa que darei.

TCHÍTCHIKOV: Considero uma honra incomparável, Excelência. Minhas reverências. Ah, mas quem bordou tão lindamente esta bolsa?

GOVERNADOR (*envergonhado*): Fui eu.

TCHÍTCHIKOV: Mas é mesmo? (*Interessado.*) Minhas... (*Faz uma reverência e sai.*)

GOVERNADOR: Mas que pessoa incrível! (*Canta.*)

> Confesso que amo
> Um velho, eu sei, etc.

(*Escuro.*)

De que trata esse pequeno elo na longa corrente da ação transversal, no papel de Tchítchikov? Qual tarefa concreta teria ele tomado para si ao visitar o governador? Eis o que era necessário aclarar para que pudéssemos decidir o que Tchítchikov deveria fazer para consegui-lo, em seguida. Por quais ações conseguiria atingir de maneira mais eficaz o seu alvo, conquistar seu objetivo?

Omitirei propositadamente a descrição sobre o trabalho de mesa nessa cena e passarei de imediato à exposição dos resultados e conclusões a que chegamos então.

A visita é extremamente importante para Tchítchikov. Em primeiro lugar, porque na casa do governador ele será apresentado a muitos dos proprietários dos quais comprará sua "mercadoria" no futuro. Além do mais, estarão ali também os burocratas, por intermédio dos quais deverá fazer e passar os papéis falsificados de suas transações. Mais importante do que apenas ser apresentado: Tchítchikov necessita que o próprio governador o introduza nesse restrito círculo de pessoas; ele precisa entrar aí com a chancela da autoridade. Para que tudo isso seja possível, que precisaria Tchítchikov obter durante a breve visita ao gabinete?

– Muito bem – dizia Stanislávski. – Agora tente formular isso em uma só palavra. Defina-o por um único verbo, que intensifique ao máximo a sua linha de ação.

– Cair no gosto do governador.

– Certo, mas seja mais preciso.

– Hum, seduzir.

– E se disséssemos conquistar, conquistar seu coração... Você entende, assim?

– Sim.

– E por quais sinais concretos você poderá saber que o objetivo foi conquistado, o alvo atingido, e dar-se por satisfeito?

Pausa.

– Vejamos, você conseguiu algo para sua ação transversal, com essa visita?

– Sim.

– O quê?

– O governador foi amável. Sorriu, me cumprimentou...

– Mas ele não podia apenas estar fingindo ser amável, como um bom anfitrião? Pense.

Pausa.

– De que você precisava? Para que quer ser admitido na casa dele?

— Para ser apresentado aos proprietários e...

— E de que maneira você poderá ir à casa do governador? De que precisa para ser admitido lá, hem?

— Um convite...

— E você o conseguiu?

— Sim, o governador me diz: "Peço que compareça hoje à noite, à festa que darei".

— Exato. Isso é o mais importante e o mais real que você conseguiu com a visita. A cena inteira desenrola-se para isso. Tudo leva a isso, é isso o que você consegue e nada mais. Eis a sua tarefa: conseguir o convite... Bem, e como você agirá?

— Vou falar com ele com o maior servilismo possível.

— E ele imediatamente dirá: "Mas que puxa-saco, esse!", e o expulsará em três minutos. Veja só: para conseguir aplicar qualquer tática que seja, você deve primeiro entender com quem está falando. É necessário aqui um certo momento de orientação, de sondagem do parceiro... Mas você vem como que já sabendo tudo. É a primeira vez que vê essa pessoa, e a primeira coisa que deve fazer para que seus planos não caiam todos por terra é compreender, muito rapidamente, quem é essa figura e qual a melhor maneira de abordá-la. Apenas na metade da conversa é que você desfere o ataque certeiro. O primeiro momento de sua ação nessa cena é uma rápida orientação, uma sondagem do objeto. Em vida sempre fazemos isso, em cena, nunca. Vamos lá, comece.

— Não entendi... Começar o quê? Dar o texto?

— O texto não me importa, comece a agir.

— Mas o parceiro...

— Eu serei seu parceiro.

Pausa.

— Faça o seguinte: saia do gabinete, vá para o corredor e entre. Quando entrar, faça-o como se fosse a primeira vez que entra neste lugar. Comporte-se de maneira a causar em mim a impressão mais agradável que puder.

— Mas e o texto?

– Para que o texto? Vamos nos concentrar sobre o trabalho que nos diz respeito, certo? Preciso agora do seu comportamento.

E assim começou um árduo trabalho, mais ou menos parecido com o que havíamos feito sobre o prólogo.

– Por que parou para pensar? Alguma vez na vida já teve a necessidade, a tarefa de cair no gosto de alguém?

– Sim, mas nunca deu certo.

– Por quê?

– Porque eu sempre penso em uma coisa, e na hora de fazer sai o contrário.

– Mas e se conseguisse fazer exatamente o que pensou, daria certo?

– Sim, acho...

– Então agora é isso o que você vai fazer. Na vida, o que atrapalhou certamente foi o seu acanhamento. Aqui não há nada de que se acanhar. Então, por favor.

Passo a passo estudamos as sutilezas no comportamento do visitante Tchítchikov, que desejava causar a melhor impressão em seu anfitrião. Compusemos uma entrada silenciosa e uma estupefação diante da grandeza da autoridade. Dotamos-lhe de grande apreciação pelas palavras do governador e seu próprio comportamento de modéstia, de um cuidado exemplar para com os objetos que compunham o cenário do gabinete (artigos de museu). Compusemos também respostas pensadas, eloquentes e detalhadas para todas as perguntas, e assim por diante. O mais importante, no entanto, era que tudo aquilo deveria ser sincero, e não deveria transparecer uma só gota de falsidade, já que assim Tchítchikov poderia mostrar sua verdadeira essência. Um espectador que não visse o prólogo deveria tomar Tchítchikov por uma pessoa decente e modesta, ao passo que um que o visse deveria se surpreender com a destreza daquele vigarista.

– Bem, Konstantin Serguêevich, mas e sobre a composição da figura de Tchítchikov, suas maneiras? Tudo o que faço por enquanto ainda não é Tchítchikov, certo?

– Espere, não se pode fazer tudo ao mesmo tempo. Em primeiro lugar, quando trabalhamos, devemos sempre partir de nós mesmos, de nossas qualidades naturais e, depois, das leis da criação artística. O que são as maneiras de Tchítchikov? Treine bem tudo o que está fazendo agora, e quando tiver aprendido a fazê-lo leve e agilmente, de modo a cumprir seu objetivo, aí você começará a aproximar-se da figura.

– Mas Gógol descreve uma reverência especial, que Tchítchikov sempre faz ao encontrar...

– E daí?

– Não consigo...

– Você se exercitou?

– Sim, tentei fazer, mas não consigo.

– Encontre o exercício adequado... por exemplo, imagine que tem uma gota de mercúrio no topo da sua cabeça, e vá deslizando-a mentalmente pela coluna até os pés, de modo a não deixar que caia no chão antes do tempo. Faça esse exercício algumas vezes por dia, todos os dias. Vamos, tente... Péssimo, mas o que é isso? Quebrou em dois, como um pedaço de pau. Coloque a gota no topo da cabeça... Sente? Espere. Agora vá baixando a cabeça com cuidado para que a gota role, primeiro até a base do crânio... Depois pela coluna cervical... E assim por diante.

– Quando cheguei à cidade – continuei ensaiando –, pensei ser meu dever primeiro demonstrar respeito ao primeiro escalão, e considerei de extrema importância vir apresentar-me pessoalmente a Vossa Excelência...

– Hum! Hum!.. Você sente que "respeito ao primeiro escalão" e "apresentar-me a Vossa Excelência" são dois conceitos, duas palavras com ênfase, e que "Vossa Excelência", nesse caso, é uma palavra só? "Vossa Excelência... primeiro escalão", vírgula, mande a frase para cima e "apresentar-se a Vossa Excelência" é o ponto, uma pedra num poço, para baixo.

E por essa linha, das palavras, também seguiu um trabalho meticuloso. Stanislávski preparava cuidadosamente o material para desenhar a cena do governador, que se apresentava para ele da seguinte forma.

No dia de sua grande festa, após o almoço, o governador encontra-se sentado em seu gabinete. Com uma tela de bordar em mãos, dedica-se com prazer a bordar suas iniciais em uma bolsa. Está entusiasmado com seu trabalho e desafinadamente grita, para quem quiser ouvir, a cançãozinha que ouviu no dia anterior e que ficou grudada em sua cabeça. De repente, entra o mordomo e anuncia a chegada de um tal de Tchítchikov. A informação deixa o governador extremamente irritado: não gostaria de ter de interromper sua atividade preferida.

Recusar? Mas quem sabe quem é esse tal de Tchítchikov? Terá de tirar o roupão, vestir o fraque... Mas fazer o que, com mil diabos!

– Passe-me o fraque!

O governador já detesta o desconhecido Tchítchikov e decide recebê-lo da forma mais seca e rigorosa possível. Ele veste o fraque, senta-se atrás da mesa e faz uma pose grandiosa.

– Peça que entre.

Tchítchikov entra. Os dois se encontram como floretes em riste. Eis o momento da orientação mais aguda, para os dois. "Ah, esse aí não está para brincadeira... me toca para fora daqui num segundo! – pensa por um instante Tchítchikov. – Com ele tenho de ser, no mínimo, militar." E faz sua reverência, especialmente precisa, enfaticamente cheia de fidelidade, e em seguida diz, como se reportasse um relatório: "Quando cheguei à cidade", etc.

O *début* funciona, e Tchítchikov vê-se digno do convite para sentar. No entanto, ainda se movimenta com muito cuidado: aproxima-se timidamente da cadeira, move-a e, considerando que não merece sentar-se próximo a tão digna pessoa, hesita por alguns segundos, pensando se deveria mesmo sentar-se naquela "relíquia" de poltrona. Por fim, decide sentar-se, mas à beirada da cadeira. O governador faz algumas perguntas, para as quais tem as respostas mais modestas, claras e respeitosas, mas sem nenhum sinal de puxa-saquismo. Durante essas perguntas iniciais deveria ocorrer a sondagem mútua, o estudo de um pelo outro. Cada um dos dois tem motivos muito importantes para isso, Tchítchikov especialmente: é seu destino. Para o governador, fica claro que se trata de um homem bem-intencionado e culto. Tchítchikov entende que o governador é um imbecil. Ambos começam a relacionar-se um com o outro levando em conta as recentes conclusões: o governador já trata Tchítchikov com certa amabilidade e respeito, e este incensa-o sem perdão. Toca o relógio. Tchítchikov se lembra de que não fica bem tomar tanto tempo assim de um funcionário de Estado. Levanta-se rápido, faz uma reverência enfatizando toda sua gratidão pela alegria alcançada. Tendo conseguido o convite para a festa, Tchítchikov está genuinamente feliz, e finge leve surpresa com a generosidade do governador. Reverenciando-o mais uma vez, dirige-se até a porta, mas, no caminho, cai sob seu olhar a tela de bordado. Entende logo de quem é aquilo, e, primeiro, olha para a tela como que apenas por acaso. Começa uma cena de pantomima. Em seguida, um pouco interessado, aproxima-se do bordado e, encantado com a obra de arte, já não pode mais tirar os olhos dela. Não se lembra mais do governador ou de qualquer etiqueta: está embasbacado e permanece congelado. Enfim, depois de uma grande pausa, tira os olhos do bordado e olha para o governador, confuso...

– Ah, mas quem bordou tão lindamente esta bolsa?

– Fui eu.

Tchítchikov surpreende-se. Boquiaberto e confuso, sai desajeitadamente pela porta, ora olhando para o bordado, ora para o gênio que o bordara.

– Mas que pessoa incrível! – decide o governador, voltando ao bordado e à canção.

Dessa forma, Stanislávski transformou a pequena e meramente expositória cena "Visitando o governador" numa cena desenhada pela encenação de maneira aguçadíssima, interessante, intrigante, cheia de humor e sentido filosófico. Havia ali início, desenvolvimento e fim: o governador, que recebe Tchítchikov com ódio, acaba despedindo-se dele como de um amigo. Tchítchikov, que via no governador um possível dragão monstruoso, despede-se dele como da mais imbecil e mais generosa criatura do mundo, da qual pode-se extrair literalmente tudo. Todos os degraus no desenvolvimento da relação entre os dois personagens eram precisos, claros, consequentes, lógicos, justificados, paulatinos e, por isso mesmo, convincentes.

Uma coisa era pensar e criar um desenho de cena. Outra, completamente diferente, era saber extrair do ator sua corporificação viva e orgânica em cena, extrair a qualidade de quando em cena não se veem atores, mas seres humanos vivos.

K. S. Stanislávski havia muito já começara a entender que o segredo principal da apropriação de um papel está, antes de mais nada, no estudo do comportamento físico do personagem. Se este for correto e interessante, então, em correspondência, a tessitura vocal do papel irá formar-se fácil e naturalmente.

Lembro-me de que A. O. Stepánova,[2] atriz do TAM, contava sobre seu primeiro encontro com Stanislávski em um trabalho. Ela, ainda uma jovem atriz de dezesseis ou dezessete anos, havia acabado de entrar para a trupe do teatro e imediatamente recebeu o papel de Mstislávskaia, na peça *Czar Fiódor*.[3] No mesmo dia, foi chamada ao ensaio. Decorar o papel era inútil, pois num tempo tão curto seria impossível decorar qualquer coisa. Stepánova chegou ao teatro tremendo de medo e escondeu-se num canto, esperando sua vez de entrar em cena. O ensaio se aproximava de sua entrada. Stanislávski pergunta, num momento: "Quem faz Mstislávskaia?". A jovem intérprete aparece timidamente e é apresentada a Konstantin Serguêevich. Ele cumprimenta-a alegremente e pede que entre em cena para ensaiar.

– Mas eu não sei nada, não decorei o papel.

– Melhor ainda, se não decorou. Coloque o texto de lado e entre num jardim para encontrar-se com um rapaz... Veja, aqui ele pulará o cercado. Espere-o... Escute, tente adivinhar de onde ele virá, depois ele vem e pula o cercado para vê-lo. Jogue um pouco com ele, esconda-se, assuste-o. Você é capaz de fazer isso? Então vamos, comece...

---

[2] Angelina Iôssifovna Stepánova (1905-2000), atriz soviética, fez, entre outros papéis, o da princesa Mstislávskaia em *Czar Fiódor*, e Ánia na restauração de 1928, de *O Jardim das Cerejeiras*, já citado por Toporkov. (N. T.)

[3] A peça *Czar Fiódor Ioannovich*, de Alekséi Tolstói, escrita em 1868, foi de fato a peça de estreia do TAM em sua primeira temporada, em 1898. Toporkov refere-se à remontagem ocorrida em 1924. (N. T.)

– O que eu falo?

– Fale o que quiser, nessas circunstâncias.

Lembro-me ainda de alguns episódios esparsos de minha própria prática. Uma vez, alguns dias antes do final da temporada, eu fora até Konstantin Serguêevich para despedir-me antes das férias. Foi nos dias mais intensos de trabalho sobre *Almas Mortas*.

– Como posso trabalhar sobre o papel durante as férias? – faço-lhe a pergunta, antes de me despedir.

– Apenas não leve consigo o papel e a peça. Descanse, e durante o descanso comece a criar planos de diferentes tipos de vigarice. Escolha como presa um dos seus vizinhos e pense bem, com todos os detalhes, como pode enganá-lo: como deve se apresentar para ele, como conseguir sua confiança. Principalmente isso. Aí reside a força de Tchítchikov, na capacidade de ganhar a confiança de sua presa. O plano deve ser elaborado muito precisa e detalhadamente. Deve ser composto como se fosse mesmo ser realizado. Acabado um plano, faça outro, contra outro vizinho, que tenha outro caráter, outro nível de vida, outra posição. Isso fará com que esse plano seja completamente diferente. Ao resolvê-lo, faça mais um, e a cada vez pergunte-se: e se eu precisasse enganar a pessoa tal, com tais e tais qualidades, que vive assim e assado, etc., etc.? Se eu precisasse, digamos, roubá-la. Como eu agiria, nessas circunstâncias? Quando voltarmos das férias, você me contará a série de interessantes casos da leve "pilantragem" que elaborou. Isso terá uma utilidade enorme para sua apropriação da figura de Tchítchikov. Boa sorte. Até logo, descanse.

A capacidade de alguns atores, genuínos e esforçados, de aparecer já no primeiro ensaio sabendo todo o texto do papel certamente levaria um diretor das antigas ao êxtase. Konstantin Serguêevich, ao contrário, cairia em desespero. Stanislávski entrava em verdadeiro pânico para que o ator não falasse com as palavras do autor logo de cara; ele via o perigo de que o texto do papel se "assentasse no músculo da língua". A entonação não deve ser consequência de um simples treinamento dos músculos faciais. Se assim for, será inevitavelmente vazia, fria e rígida. Incapaz de comunicar, será difícil livrar-se dela depois. É o que acontecerá necessariamente ao ator, se não tiver, antes, preparado outras partes complexas de seu aparelho criativo, e começar o trabalho decorando o texto do autor. Ao contrário: a entonação sempre será viva, orgânica e clara se for consequência de motivações, quereres, visões e pensamentos claros e autênticos, dos quais se forma a figura cênica, que, antes de mais nada, deve ser o centro da atenção no trabalho sobre o papel.

Ensaiando O *Tartufo*, Stanislávski disse um dia, sobre o assunto: "Em primeiro lugar, é preciso instaurar a sequência lógica das suas ações físicas. É preciso começar o trabalho sobre o papel daí. Quando o trabalho do ator é feito sobre os músculos da língua, vemos apenas seu ofício. Quando o ator é capaz de ver aquilo sobre o que fala, vemos sua arte".

"Visitando Manílov"[1]

A cena da visita à casa de Manílov mostrava-se muito difícil e, num primeiro momento, quase insuperável. Toda sua dificuldade estava na impossibilidade de definir a linha de ação de seu personagem principal. Tudo o que Gógol dizia sobre Manílov era muito interessante, vívido e exaustivo, mas como traduzir aquilo tudo à linguagem da cena? Por quais jogadas de ação poderíamos expressar toda a inação de Manílov?

Para o futuro diretor e então intérprete do papel de Manílov, M. N. Kédrov,[2] era mais clara do que para todos os outros a impossibilidade de criar o desenho do papel sem antes definir bem uma tarefa ativa para si. Encontrar essa tarefa, no entanto, escutar a respiração cênica do personagem, como se diz, era-lhe extremamente difícil. Kédrov não conseguia responder à pergunta: o que quer Manílov? O que ele apaixonadamente deseja conseguir ao receber

---

[1] A estrutura da adaptação dramática de *Almas Mortas* divide a obra em cenas nas quais Tchítchikov visita diferentes proprietários de terra da província onde se encontra, para comprar suas almas mortas. (N. T.)

[2] Mikhail Nicoláevitch Kédrov (1894-1972), ator, diretor e pedagogo do TAM, grande responsável pela divulgação daquilo que, após a morte de Stanislávski, seria conhecido como "método das ações físicas". Conta com uma série de obras e artigos acerca do assunto. Embora no Ocidente Toporkov seja mais conhecido, devido à divulgação de *Stanislávski Ensaia* por Jerzy Grotowski e Eugenio Barba, na Rússia Kédrov é considerado o sistematizador e "pai" do método. (N. T.)

em sua casa Pável Ivánovich Tchítchikov? As explicações do diretor Sakhnóvski corriam ainda pela linha das descrições sobre como era Manílov e, claro, não podiam satisfazer o inquieto intérprete, que tentava colocar o papel em bases mais concretas. Às vezes, a insistência de Kédrov com a direção estendia-se longamente e adquiria ares de teimosia e capricho.

– O que você não entende aqui, Mikhail Nicoláevitch? – perguntava Sakhnóvski.

– Nada. Não entendo nada.

– Como assim, nada? Eu já nem sei mais o que dizer.

– Me diga, o que ele quer?

– O que ele pode querer? Entende, ele é um nada, um zero. É um buraco na humanidade...

– Isso não me dá nada. Como assim, ele não quer nada? Olhe só, aqui ele diz: "Nesse caso, Pável Ivánovich, peço que se acomode nestas poltronas. Elas são especialmente designadas para os visitantes".

– Bem, e daí?

– Por algum motivo ele quer que Tchítchikov sente nas poltronas especialmente designadas!

– Ah, meu deus! Assim é impossível, Mikhail Nicoláevitch! Entende, ele é só um sentimentalista, em geral, e...

– Eu já sei como ele é, Gógol já escreveu tudo sobre isso. Você, me diga agora como fazer tudo isso. Os dois se levantam da mesa após o almoço, Manílov pede que Tchítchikov coma mais, Tchítchikov se recusa e pede que Manílov reserve-lhe um tempo para uma conversa de negócios. Manílov o convida para o gabinete, senta-o numa poltrona confortável, oferece-lhe um cachimbo e derrete-se em elogios em longos e sonhadores monólogos, onde verte toda a sua alegria em relação à chegada de Pável Ivánovich e à sua visita, sonhando com uma vida conjunta "sob a sombra de um carvalho qualquer", e assim por diante. O que seria isso? Seria tudo "em geral"? Oferecer comida em geral, sentar em geral, sonhar em geral. Onde está escondido aqui o alvo, o objetivo de tudo isso – a ação transversal? Depende apenas disso a resolução de como fazê-lo...

– Ah, mas por favor... O alvo de Manílov? Ele não tem alvo nenhum.

– Não, isso não pode ser, senão não há nada que interpretar, ninguém vai ouvir.

Conversas desse tipo voltavam e repetiam-se numa quantidade infindável de variações, a cada ensaio. Naqueles tempos eu mesmo não entendia bem as pretensões de Kédrov para com a direção. Ele mesmo, diga-se de passagem, ainda não conseguia formulá-las com clareza suficiente. Estava, no entanto, claramente correto. É impossível interpretar algo "em geral". Na cena entre Tchítchikov e Manílov deveria ser encontrada uma linguagem cênica clara, a linguagem da ação. Na verdade, Tchítchikov possuía uma tarefa precisa e definida: convencer Manílov a vender-lhe as almas mortas. Mas para que o espectador visse e pudesse acompanhar a lógica de suas ações – que é o mais interessante – era preciso que ela corresse pela superação de obstáculos. E esses obstáculos deveriam vir da lógica de ação da outra pessoa em cena, de Manílov. No entanto, para que a lógica de Manílov pudesse ser encontrada, era preciso saber o que quer Manílov, com a condição de que esse querer não fosse buscado abstratamente. Deveria partir da essência da cena e ser encontrado como uma solução para o caráter.

Nesse caso, tratava-se de uma tarefa dificílima, e tanto a própria figura de Manílov quanto o material dramático dificultavam sua resolução.

Se Kédrov começasse a fazer tudo o que está escrito, Manílov podia terminar se passando por um anfitrião gentil, bondoso e alegre, do qual Tchítchikov, depois de uma conversa, consegue facilmente o que quer. Claro, poderia ser assim. Mas para Gógol, Manílov parece assim apenas à primeira vista, e quanto mais o conhecemos pior fica, e depois de um curto tempo em sua companhia passamos a ter um certo asco dele. Como mostrar tudo isso em cena? Por intermédio de que "quereres", por meio de que ações expressar isso?

Eis o que buscava Kédrov, eis a que aspirava durante os ensaios. Havia tentativas de encontrar alguma solução fazendo uso de elementos físicos formais, como, por exemplo, a maneira de portar-se ou os cacoetes da fala. Nada daquilo funcionava, pois essas eram coisas que podiam ser apenas adicionadas a algo mais essencial, ou então tudo como que parava no ar e enfastiava a todos muito rápido.

Mas nem todos os esforços e buscas de Kédrov eram infrutíferos. De ensaio em ensaio, ora aqui, ora ali, ele fazia descobertas isoladas. Começávamos a sentir que a cena poderia funcionar, tornar-se interessante. Sentia-se uma certa unidade lógica no comportamento de Manílov. Já era bom. Kédrov estava no caminho certo, mas ainda faltava-lhe confiança. Era preciso entender bem, conseguir nomear, definir por um verbo que fosse, a lógica do comportamento de Manílov. Enquanto essa lógica não fosse encontrada, a sensação de incerteza não abandonaria Kédrov. E não podia deixar de influenciar seu sentir-a-si-mesmo.

A apresentação da cena para Stanislávski começou com um acontecimento curioso: quando o cenário aproximado da casa de Manílov estava pronto, e eu e Kédrov ocupamos nossos lugares, Konstantin Serguêevich, depois de algumas de suas frases habituais ("não façam nada, finjam que não estou aqui", etc.), propôs que começássemos. Apenas abrimos a boca e ele virou-se para Sakhnóvski, e começou a cochichar. Decidimos esperar, mas a conversa dos dois demorava. Olhamos um para o outro e também começamos aos poucos a ponderar: esperaríamos que a conversa terminasse ou começaríamos a cena? Nossa indagação transformou-se num verdadeiro debate, até que um de nós assumiu firmemente a posição de começar. Assim que soltamos as primeiras palavras, no entanto, fomos interrompidos:

– Mas o que é isso? Por que está assim, tão forçado? Começaram tão bem, e de repente começaram a "interpretar".

– Mas nós ainda não começamos...

– Como, não começaram? Antes de gritar essas últimas frases vocês estavam indo muito bem, estavam adequando-se um ao outro muito corretamente, precisavam ter continuado. Onde está o sentido dessa cena? Nem Manílov nem Tchítchikov querem entrar primeiro no quarto, ficam dando passagem um ao outro. Nessa briga está toda a adequação, a sondagem de um pelo outro. Tudo está nessa briga de como "dar passagem", e vocês começaram muito bem. Eu observei o tempo todo, mesmo ocupado com a conversa, mas de repente vocês mudaram... Foi horrível!

Nós sequer tentamos explicar o que havia ocorrido de fato, e o ensaio continuou.

– O que dizer... Tem muita coisa boa aqui; vocês estão vivendo a cena corretamente – disse Konstantin Serguêevich quando terminamos. – Mas sentem o que é necessário, nessa cena? Olhem só: essa primeira compra de almas mortas é a pedra de toque de Tchítchikov. Ele escolhe Manílov como alvo para seu *début* pensando que seria o alvo mais fácil, mas acaba sendo o mais difícil. Como fazer isso? Onde estão ação e contra-ação? A tarefa de Tchítchikov já está clara, e agora é preciso colocar-lhe obstáculos. É preciso que tudo o que faça Manílov ponha Tchítchikov em condições dificílimas para concluir seu negócio. Bem, como você faria para que Tchítchikov se sentasse na poltrona, Mikhail Nicoláevitch? Ponha-o na posição mais desconfortável e extasie-se com sua beleza. Entre em desespero se ele começar a mudar de posição. Você, Vassíli Ôssipovich, tente mudar de pose imperceptivelmente e ajustar-se para começar uma séria conversa íntima. Tente perceber isso, Mikhail Nicoláevitch, e não deixe que ele mude de pose, ou mude-a você mesmo, colocando-o numa ainda pior. Há aqui elementos de luta, é isso o que devem buscar.

Assim, fizemos uma série de exercícios, sob o olhar de Konstantin Serguêevich.

– Percebem a diferença entre as tarefas de Manílov e Tchítchikov? Tudo seria mais fácil se Manílov fosse apenas um anfitrião cordial, acolhedor e hospitaleiro. Mas ele, mais que tudo, é vaidoso com essas qualidades. Qual a preocupação de um anfitrião que é alegre e hospitaleiro de fato? Satisfazer seu hóspede. Manílov, ao contrário, satisfaz-se a si mesmo e tortura seu hóspede. A única coisa que o interessa é criar imagens: "Eu e Pável Ivánovich almoçando", "Nós dois, sentados nas poltronas e filosofando", "Eu, minha esposa e Pável Ivánovich desejando uma vida sob o mesmo teto", e assim por diante. Suas preocupações para com seu hóspede são as de um fotógrafo, arrumando as poses de uma grande foto em família. Percebe como isso pode acabar com a paciência de qualquer um? Ainda mais para Tchítchikov, que veio falar sobre um assunto bastante perigoso e delicado. Tentem fazer algo nesse sentido.

A tarefa nos agradou. Havia aqui algo a que nos agarrar, e começamos a fazer. Assim que começamos a desenvolver o tema dado por Stanislávski, passamos a nos enteter mais e mais com o *étude*, encontramos vários momentos muito cômicos e, mais importante, sentimos um apoio, pudemos entender em que consistia a disputa, a luta, na qual estava o conflito.

— Entendem qual a questão aqui? Tchítchikov, que veio para tratar de um assunto extremamente delicado, difícil e perigoso, de repente vê-se de cara com um senhor que possui como tarefa utilizar-se de sua visita para fazer uma série de "fotografias" sobre o tema da "chegada de Pável Ivánovich em minha humilde residência". Percebem como são diferentes as tarefas dos dois e como cada um deles atrapalha o outro a conseguir o resultado desejado? Como é difícil para Tchítchikov driblar o obcecado "fotógrafo" em plena criação de suas fotografias sentimental-idílicas e trazê-lo de volta à terra? Por outro lado, como deve ser difícil a tarefa de Manílov de compor suas fotografias, levando em conta as almas mortas que estão prestes a aparecer.

— Coloquem o máximo de temperamento em cada uma de suas ações. Tchítchikov quase não pode conter sua ira, mas deve ser cortês, delicado, e inventar uma ágil manobra para enfim tomar a iniciativa da conversa. Em seguida, quando o tema fatal é exposto, Manílov emudece estarrecido e pensa seriamente se não estaria conversando com um louco. Quanto esforço e inventividade são necessários, por parte de Tchítchikov, para trazer Manílov de volta à razão e convencê-lo de que a falsificação das almas mortas é precisamente o que fortalecerá o elo de sua tão sonhada amizade? Ao acreditar nisso, Manílov começa a entusiasmar-se e esquadrinhar o plano de uma grande e idílica família na qual estejam também incluídos sua esposa e filhos. Aqui, então, aparece a tarefa mais difícil para Tchítchikov: sair a qualquer custo da casa de Manílov. A de Manílov – morrer, antes de deixá-lo ir embora. Sentem o ritmo? Vocês fazem a cena de maneira muito fraca, aqui há paixões. Tentem fazer o início da cena. Tchítchikov levanta-se da mesa de barriga cheia e o casal Manílov quer forçá-lo a comer algo mais... Não, não. Eles não pedem que coma; eu fui muito preciso, disse: forçam. Force, demande, insista. Você, tente esquivar-se de tudo agilmente. Criem a cena a partir disso. Depois, a mesma luta para ver quem entra primeiro no gabinete, e assim por diante. Tchítchikov deve sair da casa de Manílov pingando suor. Entenderam tudo?

– Sim, claro.

– Então tentem fazer, e enquanto não aprenderem, não achem que entenderam...

Claro que ainda nos esperava um trabalho enorme, mas as indicações de Stanislávski, impressionantes e cheias de concretude, abriam caminho para a superação do difícil material dramatúrgico, excitando-nos com a possibilidade de uma corporificação forte e viva das figuras gogolianas.

"Visitando Nôzdrev"

Ao trabalhar na montagem de *Almas Mortas*, Stanislávski frequentemente mantinha encontros separados com os diretores, ocasiões em que conversava e corrigia o trabalho deles. Uma vez encontramos o diretor V. G. Sakhnóvski saindo de um desses "encontros", e pedimos que nos contasse o que dissera Stanislávski a respeito dos ensaios do dia anterior. Ele hesitou um pouco, mas depois abriu a boca e, por fim, transmitiu-nos todo o conteúdo do que Stanislávski dissera. A essência da conversa resumia-se no seguinte: em primeiro lugar, Konstantin Serguêevich fizera uma série de observações críticas em relação aos intérpretes e em relação ao sentido que tomava o desenvolvimento do espetáculo. Em seguida, passara a algumas indicações das partes que ainda estavam fracas e dos meios para fortalecê-las. Cada uma das observações terminava obrigatoriamente com o trabalho do ator. Apenas na sutileza e fluidez do trabalho do ator é que Stanislávski via a possibilidade de materialização do poema gogoliano.

— Preciso de uma cenografia que a cada cena descubra os olhos dos intérpretes para o público, ao invés de encobri-los. Não preciso de cenário algum. Devemos ver Tchítchikov e Pliúshkin sentados um ao lado do outro conversando, e a única coisa que deve me interessar são seus olhos vivos.

A propósito, sobre a busca do cenário adequado, Konstantin Serguêevich chegou a eliminar duas possibilidades de cenografia já quase prontas de V. V. Dmítriev,[1] terminando por escolher uma terceira, de Símov,[2] e mesmo assim, apenas parcialmente, sem se dar por satisfeito. Tendo recusado as duas primeiras opções, Konstantin Serguêevich propôs o seguinte: deveria haver um ponto lúdico, ou seja, um ponto em que a cena se desenvolveria. Nesse ponto, tudo deveria ser representado e desenhado cuidadosamente, com total verossimilhança e acabamento. Assim, quanto mais nos distanciássemos do centro, mais as coisas deveriam diluir-se, por fim transformando-se em grosseiros borrões de carvão pelo chão e pelo fundo acinzentado. A cenografia deveria ter a aparência de um rascunho. Fez-se então uma maquete que parecia muito interessante e prometia sucesso. Quando a decoração foi posta no palco e nele entrou o ator vivo, tornou-se óbvio que um cenário desses apenas disputaria com os atores a atenção do público. Então, a cenografia do espetáculo passou às mãos de Símov, que propôs um sistema de cortinas volantes neutras que encobriam todo o espaço não usado do palco e mostravam apenas o ponto lúdico de cada cena. Esse princípio foi o utilizado no espetáculo, enfim.

Mesmo assim, Konstantin Serguêevich não se cansava de insistir sobre o método de trabalho com os atores.

– Veja bem, Vassíli Grigórievich: você sabe muito bem como "mostrar" ao ator o que deseja, e possui talento para atuar, sem sombra

---

[1] Vladímir Vladímirovich Dmítrev (1900-1948), emblemático cenógrafo soviético, foi, entre outras coisas, o responsável pela cenografia da montagem de *As Auroras*, de E. Verhaeren, pelo Teatro RSFR I, em 1920, sob a direção de V. Meyerhold. A montagem de *As Auroras* é considerada a primeira montagem do teatro soviético, e lançou as bases para o construtivismo no teatro. Na época da montagem de *Almas Mortas* (1932), Dmítrev era um dos cenógrafos de maior prestígio, e fazia parte da vanguarda artística soviética dos primeiros anos da Revolução. (N. T.)

[2] Víktor Andrêevich Símov (1858-1935) era o cenógrafo que acompanhara o nascimento do TAM e foi responsável pela maioria de suas montagens mais emblemáticas. Todas as peças de Tchékhov (inclusive a primeira *Gaivota*, de 1898), por exemplo, foram assinadas por Símov. Nas palavras de Stanislávski, Símov foi "o primeiro dos cenógrafos de um novo tipo". Em 1932, no entanto, a escolha de Símov em detrimento de Dmítrev refletia também a relação política de Stanislávski para com as buscas das tendências da vanguarda. Ao final, a cenografia de *Almas Mortas* foi assinada pelos dois artistas. (N. T.)

de dúvida. Acho que deveria tentar, inclusive. Mas "mostrar" para o ator é algo que raramente funciona. É importante saber criar "iscas" para os atores. É nisso que consiste a arte do diretor-pedagogo. Há atores que possuem uma fantasia enorme, que é preciso apenas saber direcionar para o lado adequado. Por outro lado, há atores cuja fantasia precisa ser o tempo todo despertada, estimulada por algo que possa ser desenvolvido e aumentado. Não se pode confundir esses dois tipos de ator, aplicar aos dois os mesmos métodos. Não se pode entregar nada pronto ao ator. Faça com que ele chegue até onde você deseja por conta própria. Seu trabalho é ajudá-lo, espalhando por seu caminho iscas que o atraiam. É preciso apenas sentir quem, o que e em que circunstâncias é possível atrair.

Vassíli Grigórievich tentava não deixar passar nada do que Konstantin Serguêevich dissera, e terminou nossa conversa assim:

– Acho que eu disse tudo. Agora, por favor: Konstantin Serguêevich pediu muito firmemente que não disséssemos nada acerca do conversado.

Por vezes, a capacidade de Stanislávski de criar "iscas" para o ator e despertar sua fantasia e atividade fazia com que fossem criados, nos ensaios, momentos da mais alta elevação artística. Lembro-me de ensaiar a cena "Tchítchikov visita Nôzdrev". Trata-se da viva e temperamental cena do encontro de dois embusteiros. É aí que acontece o primeiro fracasso de Tchítchikov, que acaba tendo consequências fatais. Nôzdrev era interpretado por I. M. Moskvín, com seu humor e temperamento habituais. Para mim também a cena era melhor e mais leve do que as outras. Funcionava já mesmo antes da apresentação para Stanislávski, e, como era muito boa, estávamos empolgados em mostrá-la, esperando a aprovação de Konstantin Serguêevich. Mas a apresentação teve de ser adiada pelo seguinte motivo: toda a cena corria bem mas com tensão, e no fim há um jogo de damas. Nôzdrev joga damas com Tchítchikov. Durante o jogo, lançam um ao outro as mesmas frases: "Há quanto tempo não vejo um jogo de damas" – diz um. "Sei, sei... Eu vejo como o senhor é ruim nas damas" – responde o outro.

E esse jogo estragava tudo. Quando chegávamos àquela parte da cena, tudo o que até então se desenvolvia rápida e certeiramente, parava. Não conseguíamos entender o que precisávamos fazer ali para que o jogo não parasse a cena que corria tão bem. O que acontece é que Nôzdrev começa oferecendo bebida a Tchítchikov, com a intenção de tentar tirar algum proveito dele bêbado. Tchítchikov recusa, e começa a se preparar para a especulação com as almas mortas. Nôzdrev, sentindo que seu hóspede quer tratar de algo com ele, faz com que o genro saia da sala e fica sozinho com Tchítchikov, olho no olho. Assim, os dois vigaristas começam a tentar fisgar um ao outro. Quando Nôzdrev ouve sobre o desejo de Tchítchikov de comprar-lhe as almas mortas, começa a fazer muitas proposições: primeiro, diz que as dará de brinde, pela compra de um baratíssimo garanhão rosilho ou de uma égua alazã. Em seguida oferece um cão de caça, um filhote de raça e assim por diante, até propor tudo em troca da carruagem de Tchítchikov ou então a decisão "nas cartas", como bons proprietários de terras. Tchítchikov recusa tudo e causa a ira de Nôzdrev, que o ofende. Fazendo o ofendido, Tchítchikov pensa em sair das garras de Nôzdrev e deixar a propriedade de uma vez. Mas não. Jogador inflamado e voraz, Nôzdrev não consegue deixar sua presa assim tão fácil. Propõe, então, uma partida de damas:

– Não são cartas, jogo em que tudo é blefe e enganação. Nas damas tudo depende da inteligência do jogador.

Tchítchikov sente-se tentado, ainda mais por ter confiança em sua grande mestria nesse jogo. Ele então senta-se a jogar, colocando cem rublos contra todas as almas mortas de Nôzdrev.

Como eu já disse, até aquele momento a cena ia "bem". Sem sutilezas, pode ser, mas com ímpeto, temperamento contagiante e com uma boa dose de humor. No entanto, assim que nos sentávamos para jogar damas, tudo parava. O final era fraco e desmantelava tudo o que fora trabalhado até então.

Tentamos de tudo: encurtar a cena acelerando o tempo ou cortando frases, enfatizar momentos isolados do jogo de damas usando truques cômicos, diferentes entonações no jogo de frases, cacos e, enfim, tentamos cortar todo o jogo de damas da cena com Nôzdrev. Mas nada nos satisfazia. O fracasso do trecho fez com que adiássemos repetidas vezes sua apresentação para Stanislávski. Queríamos encontrar a saída por conta própria, e depois apresentar a cena em todo o seu esplendor. Infelizmente, não conseguimos fazer nada e tivemos de apresentá-la do jeito que estava: se desse certo na hora, ótimo. Se não, que Stanislávski se entendesse com o que fazer...

– Bom, e o que vocês acham? Deu certo a cena, ou não? – perguntou-nos Stanislávski depois da apresentação. – O que vocês consideram que funciona e o que não funciona, na interpretação de vocês?

– Não podemos cortar o jogo de damas?

– Por quê?

– Está estragando tudo. Tentamos já de um jeito e de outro, e nada funciona. É difícil de jogar. Fica parecendo desnecessário...

– Mas é a parte mais interessante de toda a cena, o jogo de damas. Vocês não acham?

– Ele para todo o ritmo da cena.

– Ah, até parece... É o momento mais tenso, e de repente... Não, aqui o ritmo é alucinante.

– Não compreendemos... Os dois apenas estão sentados mexendo as peças...

– Vocês nunca estiveram num torneio de xadrez? Ali também, os jogadores estão apenas sentados e movem as pecinhas, e mesmo assim há momentos extremamente tensos. Vocês me dizem que trabalharam muito sobre essa cena. Muito bem. Mas, obviamente, vocês trabalharam a coisa errada. Me contem como trabalharam, o que fizeram.

Contamos detalhadamente tudo o que conseguíramos.

– Ah!.. Ah!.. – pausa. – Perdão, mas qual é a aposta de Tchítchikov nesse jogo?

– Cem rublos.

– E a de Nôzdrev?

– Nôzdrev não aposta nada, ele joga pelas almas mortas.

– Certo... – pausa. – E quantas ele tem?

– Quantas o quê?

– Almas. Mortas.

Silêncio.

– Eu estou perguntando quantas almas mortas tem Nôzdrev.

– É, isso não está escrito, quantas... Certamente o bastante, mas assim... não sabemos...

– Como não sabem? Você também não sabe, Vassíli Ôssipovich? – disse, virando-se para mim.

– Não faço ideia.

– Ah, meu deus, meu deus!.. Como é possível? Ou seja, vocês... O que eu lhes ensinei? Hum!.. Hum!.. Vocês estão indo por uma linha totalmente diferente... Ai, ai, ai! Precisamos começar tudo de novo! É claro que não conseguiram fazer a cena. Podiam tentar quanto quisessem, vocês não sabem o mais importante, para que vocês jogam, não sabem qual o tamanho de suas vitórias! Uma coisa é quando alguém joga por cinco copeques, outra, quando está em jogo toda uma fortuna. São coisas diferentes. Para começar a trabalhar, vocês precisam saber, em primeiro lugar, o que querem fazer. Como nomeariam essa cena? "Joguinho leve" ou "jogo de azar", ou "vida ou morte", ou ainda como? Vocês, sem saber nada, tentaram fazer algo. Obviamente o trabalho correu na linha errada. Vocês buscaram a maquiagem, o truque, e não a essência. Bom, pensem, quantas almas mortas poderia ter Nôzdrev?

Então, passamos todo o resto do ensaio numa acalorada conversa sobre a vida dos senhores de terras, sobre os tempos da servidão.[3] Expressávamos nossas opiniões e fazíamos suposições, relíamos trechos específicos de *Almas Mortas*. Era preciso estabelecer o lugar exato de Nôzdrev entre os proprietários, avaliar o tamanho de seu domínio e contar aproximadamente quantas almas mortas poderiam ter sido contadas como vivas pelo censo, naquele momento. O próprio Konstantin Serguêevich conduzia a conversa, direcionando-a para o lado

---

[3] É preciso lembrar que *Almas Mortas* foi publicado em 1842, ou seja, vinte anos antes da libertação dos servos da gleba na Rússia (1860). O próprio Stanislávski nascera apenas em 1863, ou seja, três anos depois da libertação. (N. T.)

certo com uma agilidade incrível, impedindo que caísse num lugar que não tivesse ligação direta com a questão.

No final, estabelecemos que Nôzdrev poderia possuir até duzentos camponeses falecidos, mas que ainda contassem como vivos, ou seja, precisamente aqueles de que Tchítchikov precisava. Em caso de vitória, colocando-os no conselho tutelar por duzentos rublos a cabeça, conseguiria quarenta mil rublos em dinheiro vivo.

– Entendem agora o que é esse jogo, para Tchítchikov? Apostando cem rublos, ele pode ganhar quarenta mil rublos, ou seja, uma fortuna inteira. Isso é o que vocês devem entender antes de mais nada, com toda a precisão. Percebem o que significa para ele cada movimento das damas e o que ele experimenta quando de repente essa bolada aparece do trapaceiro Nôzdrev? Pensem bem sobre tudo isso e tentem entender o que fariam, se estivessem nas mesmas circunstâncias.

Assim, Stanislávski nos dispensou até o próximo encontro, marcado para dali a alguns dias e dedicado exclusivamente ao jogo de damas. Konstantin Serguêevich me fez uma série de perguntas acerca de todas as possíveis combinações de jogo, perguntou se eu já havia jogado cartas, mas de verdade, valendo dinheiro. Perguntou se eu havia perdido ou ganhado, quanto, como e o que eu fiz no auge da empolgação, e outras coisas mais. Contei-lhe alguns episódios de meu passado.

– Então tente extrair disso em que consiste o ritmo interno de um jogador nos momentos decisivos do jogo. Poderia me dizer como ele age?

***

– Você deve ganhar, custe o que custar. Pode ser uma questão de honra, de vida, do que quiser. Damas não é um jogo de sorte: aqui o que conta é a razão, a inteligência, o cálculo. O que é preciso mobilizar em si, antes de mais nada, para não falhar, para não deixar passar o melhor momento para uma combinação fatal? Lembre-se de momentos de sua vida, você acabou de nos contar de maneira tão interessante... Por exemplo, quando você apostou uma quantidade enorme de dinheiro em Irkutsk.[4]

– Lembro que senti...

– Não, não preciso dos seus sentimentos, diga-me como agiu. Tente se lembrar.

– Eu verificava o tempo todo como a banca olhava suas cartas, tentava adivinhar quão grande era a quantidade de manilhas na mão dela e o que fazer: blefar ou passar?

– E ela?

– Ela também, ao que me parecia, sondava o tempo todo, com a maior atenção.

– Como você sabe que era com atenção?

– Eu via pelos olhos dela.

– E qual a cor dos olhos de Moskvín? Por que está olhando só agora? Já deveria saber: quantas vezes vocês jogaram damas juntos, nos ensaios? Será que não consegue se lembrar nem mesmo da cor dos olhos dele? Aposto que da cor dos olhos do seu parceiro de Irkutsk você se lembra até hoje. O que faltou, aqui, para você? Você foi desatencioso para com seu parceiro Moskvín. Faltou o elemento da atenção, da atenção aguçada. O trabalho deveria ter começado daí: treinar sua atenção, criar tarefas para ela, desenvolver a capacidade de ser atencioso para com as ações do parceiro, primeiro as mais simples, depois as mais refinadas e em seguida as refinadíssimas. Lembre-se: se depois da execução de uma cena ficam gravadas em sua mente todas as sutilezas quase imperceptíveis das ações de seu parceiro, significa que você fez a cena bem, imbuído da qualidade cênica mais importante, a concentração. Em Irkutsk você fazia isso instintivamente para tentar escapar de uma catástrofe financeira que o acometeria, se perdesse. Em cena não há um perigo real, mas você sabe, de sua própria experiência, o que fazer. Treine nessas ações. Você sabe jogar damas bem?

---

[4] Irkutsk, cidade localizada na Sibéria Oriental, próxima à fronteira com a Mongólia. Por alguma razão desconhecida, Toporkov deixa de fora do livro o relato sobre o jogo de cartas em Irkutsk, registrando apenas os comentários de Stanislávski sobre o assunto. (N. T.)

– Não, bem mal.

– Bem, coloque as damas no tabuleiro e comece a jogar... Para que esse movimento? Antes de mexer a peça, tente pensar duas ou três jogadas adiante e imaginar como pode responder Moskvín. Em que posição seu movimento deixará os dois jogadores? Concentre sua atenção nisso... Consegue adivinhar as jogadas de Moskvín?

– Não.

– Continuem jogando, mas de novo: pense duas jogadas à frente e tente vigiar o tempo todo a mão esquerda de Moskvín: ele pode a qualquer momento pegar os seus cem rublos de cima da mesa. Ivan Mikháilovich, tente fazer isso. Enquanto isso, Vassíli Ôssipovich, tente proteger o dinheiro a tempo, antes de que ele estenda as mãos na direção da nota, e continue pensando em suas jogadas com as damas. Isso, continuem o jogo. Só joguem de verdade, e até o fim. Veremos qual dos dois é o melhor jogador... Ah! Vê só, sua nota de cem rublos já era, isso é desatenção. Atenção, atenção e atenção... Ivan Mikháilovich, você deu muito na cara, assim Tchítchikov desiste do jogo. Para isso você deve achar o momento apropriado... Continuem.

Nossos exercícios continuaram por muito tempo, enquanto não realizou-se por fim o salto que necessariamente vem como resultado do direcionamento certo e da insistência no trabalho. Já estávamos mergulhados seriamente no jogo, vigiávamos atenciosamente um ao outro e, assim, o simples sentar-se nas cadeiras adquiria um ar de agitação extrema. Nisso sentiam-se a tensão da atenção entre os dois jogadores entusiasmados, seu ritmo, e uma falsa calma exterior que permitia dizer as frases: "Há quanto tempo não vejo um jogo de damas", e "Sei, sei... Eu vejo como o senhor é ruim nas damas", de maneira a ressaltar ainda mais as autênticas experiências vivas dos dois jogadores. Eu via como queimavam os olhos de Moskvín. Depois, essa cena tornou-se a nossa preferida do espetáculo inteiro.

**

O próximo encontro com Konstantin Serguêevich sobre a cena "de Nôzdrev" aconteceu muito tempo depois, quando o espetáculo já havia estreado e entrado para o repertório do teatro. Seu aperfeiçoamento, no entanto, constituía uma das preocupações mais candentes tanto da direção como do próprio Stanislávski.

Nem um substituto, por menor que fosse seu papel, podia ser trazido à cena sem o exame e o consentimento de Stanislávski. Que dizer então do caso quando a substituição dizia respeito aos papéis principais?

O papel de Nôzdrev passaria a ser representado por B. N. Livánov,[5] fabuloso ator de papéis de caráter, que possuía uma fantasia imensa e um fervilhante temperamento para a comédia. Tinha pressa na criação, e seu desejo de apropriar-se o mais rápido possível do personagem (ainda por cima, era um imitador fantástico!) criava sempre um certo caos no estágio inicial do trabalho. Sua execução parecia sempre tempestuosa, grosseira e, frequentemente, superficial e exterior. Ser humano talentoso, Livánov não podia deixar de perceber esses problemas, e sofria tortuosamente com a frustração enquanto não encontrasse uma forma mais harmônica e acabada para o papel. E assim foi também com Nôzdrev. O papel lhe cabia muito bem por seus atributos artísticos, e obviamente agradava-o muito. Insatisfeito com o texto da encenação, acabou adicionando ao papel muitas outras coisas, trazidas de momentos diferentes do poema de Gógol, e construiu um monólogo inteiro sobre "como Nôzdrev gostava de fazer arruaça na feira e com os oficiais do exército". No monólogo, mencionava o tempo todo um certo cabo Kuvshínnikov, com o qual tinha certeza que Tchítchikov se daria muito bem.[6] Foi esta a cena mostrada a Stanislávski. No geral, Livánov fazia-a bem, mas muito aquém de suas possibilidades. Em sua execução faltavam a autêntica alegria interior e a qualidade contagiante de Nôzdrev, e tudo seguia apenas a linha da representação exterior. O monólogo era muito difícil, e requeria uma grande mestria nas qualidades e técnicas do ator.

---

[5] Boris Nikoláevich Livánov (1904-1972), ator soviético que se distinguia por um forte temperamento e um cuidadoso desenho da forma exterior do papel. (N. T.)

[6] Essa cena foi muito reduzida depois. (N. A.)

– Bom, meu querido... o que dizer? Está tudo mais ou menos certo, mas... Não é bem isso, não é isso o que você conta, você não está visualizando nada. Conte-me, o que fez Nôzdrev na feira com os oficiais?

Livánov, como eu já disse, era um homem de uma fantasia imensa, e começou a enumerar todo um leque de possibilidades do que poderia acontecer com um grupo de oficiais bêbados daquele tempo. Mas Stanislávski, depois de escutar um pouco disperso, disse, como se pensasse algo ao mesmo tempo:

– Tudo isso é bobagem, historinha de criança. Isso por acaso são oficiais? Parecem mais garotinhas colegiais. Agora imagine você, que esse grupo...

E então começou a falar coisas que nos deixaram boquiabertos. Em seguida, caímos numa gargalhada frenética, que tivemos de conter com muita dificuldade, para continuar ouvindo o que Stanislávski dizia. Ele estava inspirado. Quadro a quadro, de maneira viva e colorida, ele desenhava diante de nós toda a arruaça, o vandalismo do comportamento dos oficiais numa feira. Quando então entrou em detalhes sobre como agia precisamente o tal cabo Kuvshínnikov, e por que causara tanta impressão em Nôzdrev, quase caímos da cadeira, de tanto rir. Não entendíamos como podiam aparecer tais imagens nos pensamentos de uma pessoa tão recatada e sábia como Stanislávski. E aquilo conferia uma audácia especial ao que contava.

Quando voltamos para a cena, depois de nos acalmarmos um pouco, o monólogo de Livánov soava já completamente diferente. Seus olhos queimavam, faiscavam. Diante de seu olhar interior desfilavam as vivas imagens de Stanislávski, e ele as sentia muito bem. Colocava todo o seu temperamento na busca de uma gama de cores que transmitisse a Tchítchikov sua maravilhosa impressão sobre o grupo de oficiais arruaceiros, e, quando chegou até a memória do tal cabo Kuvshínnikov e a imagem recém-desenhada por Stanislávski pululou em sua imaginação, quase não conseguiu pronunciar a palavra "cabo". Depois, na palavra "Kuvshínnikov", foi arrebatado por uma gargalhada de espasmos, incontrolável, que liberava suas emoções. Essa gargalhada era uma risada humana viva, que arrebatava todo o seu ser. Era a verdadeira gargalhada contagiante de Nôzdrev. Era Gógol.

O ensaio havia sido alegre e feliz. Konstantin Serguêevich estava de bom humor, o que ajudou em muito a B. N. Livánov, pessoa muito sagaz e que sempre misturava piadas alegres ao trabalho. Assim, quando terminamos nossa cena com sucesso, Konstantin Serguêevich voltou-se para ele com as palavras:

– E então, querido... agora sim foi incrível... Uma obra-prima...

– É – respondeu Livánov. – Mas da segunda vez já não será mais assim...

– Não, nunca mais.

– Aí é que está. Você diz "obra-prima", mas por quê? Se fosse um pintor, certamente já teria vendido a "obra-prima", mas no teatro, vai tudo pelo ralo.

Konstantin Serguêevich riu genuinamente por um longo tempo e, despedindo-se de Livánov, acalmou-o com a certeza de que nossa arte também tem as suas qualidades. Livánov, no entanto, continuando a piada, apenas fez um gesto de "bobagem" com as mãos e continuou a lamentar-se pela "obra-prima" perdida.

"Visitando Pliúshkin"

Uma vez, durante um dos ensaios de *Almas Mortas*, na casa de Stanislávski, houve um debate a respeito das novas correntes da arte teatral. Konstantin Serguêevich, que já não ia mais ao teatro, ouvia com o maior interesse e atenção o que contávamos sobre os espetáculos moscovitas. Falávamos dos embustes formalistas de encenação, que, na época, eram considerados a última moda por alguns coletivos teatrais, e avaliados por eles como a arte progressista que teria chegado para substituir o decrépito academicismo do TAM.

– Precisamos saber lidar com isso tudo muito calmamente, com coragem – disse Konstantin Serguêevich. – É preciso continuar a aperfeiçoar nossa arte, nossa técnica. Por vezes surgem tendências e buscas na arte que por certo tempo se pretendem a última palavra. Essas tendências ameaçam as bases da elevada arte realista, mas não têm forças para destruí-la por completo. O formalismo é um fenômeno temporário e é preciso superá-lo. Não esperar de mãos cruzadas que passe, mas trabalhar. Alguém deve se preocupar em manter vivas as raízes da autêntica, grande e verdadeira arte, que hoje está sufocada sob as ervas daninhas. Podemos ficar tranquilos, pois chegará o tempo em que essas raízes brotarão e florescerão magnificamente. As ervas daninhas serão destruídas, mas é preciso manter as raízes vivas.

Essa difícil tarefa cabe a nós. É nosso dever sagrado, nossa dívida para com a arte.

Aquelas palavras soaram corajosas e convincentes, e os olhos de Konstantin Serguêevich brilhavam. Logo em seguida, no entanto, ao ouvir sobre uma montagem do *Hamlet*, de Shakespeare, em um dos teatros moscovitas,[1] onde a figura incrível do filósofo-pensador era posta em cena de maneira cômica e a poética Ofélia havia sido transformada, pela vontade do diretor, em uma prostituta, Stanislávski murchou e, suspirando profundamente, disse, entristecido:

– É aí que a arte morre.

Imediatamente pôs-se a trabalhar. Naquele dia, foi especialmente insistente, fazendo-nos exigências elevadíssimas e quase irrealizáveis. Atacava furiosamente qualquer pequena falha ou coisa que considerasse de mau gosto. Por vezes, era cruel e injusto. Estávamos pagando pelos que haviam ofendido o gênio de Shakespeare.

***

Importantíssimo no poema de Gógol, o maravilhoso capítulo sobre Pliúshkin tornara-se um tanto pobre na adaptação dramática. Vemos Pliúshkin sentado em seu quarto, quando entra Tchítchikov. Este, tomando o velho por uma governanta, começa a bater papo. Assim que se desfaz a confusão, Tchítchikov encobre o real motivo de seus planos sob uma boa ação de caridade para com o velho infeliz e, quando consegue a aprovação do acordo sobre a venda das almas mortas, vai embora da casa do proprietário avarento. Pliúshkin era interpretado pelo maravilhoso ator L. M. Leonídov,[2] que possuía todos os atributos para a corporificação daquela figura gogoliana. Além da altura e da peculiar individualidade daquele homem interessante, possuía um olhar penetrante e desconfiado, tinha uma voz forte com

---

[1] Toporkov tem em mente aqui a malfadada montagem de *Hamlet* pelo Teatro Vakhtângov, em 1932, dirigido por Nikolái Akímov. O espetáculo foi acusado de formalista e logo retirado do repertório. (N. T.)

[2] Leonid Mirônovich Leonídov (1873-1941), ator soviético, famoso por fazer Otelo na malfadada montagem do TAM de 1930, quando Stanislávski "criou o papel" em seu lugar. (N. T.)

notas de tenor (por vezes afeminada) e uma constante tendência à tragédia. Tudo dizia que o papel de Pliúshkin estava em ótimas mãos e que o teatro mostraria com sucesso a feição profundamente trágica daquele ser, outrora um rico pai de família e proprietário russo importantíssimo, mas que fora devorado por uma paixão fatal. Mas como revelar todos esses complexos traços de caráter da forma tão detalhada, amável e suculenta com que Gógol o faz em seu poema? Numa adaptação dramática é impossível colocar as geniais descrições e digressões poéticas de Gógol. Na peça, tudo se resumia a um pequeno episódio, apenas uma conversa de negócios sobre a venda das almas mortas, e só.

Isso deixava Leonídov constantemente nervoso. Ele sentia que, em tais circunstâncias, não tinha "espaço" suficiente para dar asas a seu temperamento e atributos de ator.

Leonídov tinha um respeito enorme por Stanislávski. Cada ensaio com Konstantin Serguêevich era, para ele, um acontecimento nervosíssimo. Como não queria mostrar-se pouco preparado já na primeira apresentação para Stanislávski, pôs-se a trabalhar de maneira extremamente tensa e voraz. Era muito insistente para consigo mesmo e para comigo, seu parceiro de cena. Meu papel ainda não ia muito bem, e ele tentava ajudar-me de todas as formas que podia, entendendo perfeitamente que a ausência de um bom Tchítchikov poderia liquidá-lo em cena.

Sentíamos que a cena não andava. As entonações de Leonídov eram por vezes vivas, convincentes, e conseguiam mostrar o Pliúshkin avarento muito bem em alguns momentos isolados. Mas a cena tornava-se interessante apenas em alguns lugares, e no geral era tediosa e não segurava a atenção do espectador.

Tenho por "espectador", aqui, os poucos conhecidos que assistiam aos ensaios. Ora, se não conseguíamos sequer arrebatar aqueles espectadores, que eram "nossos", que dirá o espectador desconhecido, que lotaria a plateia no dia do espetáculo? Esse dia, no entanto, ainda estava muito longe. Agora, nos aproximávamos de uma das etapas mais importantes – a apresentação de nosso trabalho para K. S. Stanislávski.

O dia em que mostramos a cena de Pliúshkin para Stanislávski, em seu gabinete, foi talvez a primeira vez que vi Konstantin Serguêevich tão concentrado num ensaio. Toda sua atenção naquele dia estava voltada exclusivamente para Leonídov.

Minha atuação era fraca e eu sentia a minha impotência, mas Stanislávski me ignorava completamente, eu não existia para ele. Acompanhava a atuação de Leonídov sem pestanejar, pois tinha medo de deixar passar o menor movimento, a menor respiração, entonação. Assistia imóvel, como que congelado. Seus pensamentos podiam ser lidos em sua face, para a qual, admito, eu olhava de tempos em tempos. Sua expressão facial não era, na maioria das vezes, nem um pouco agradável para nós.

Terminamos. Instaurou-se uma pausa longa, pesada.

Stanislávski tirou o *pince-nez* e fixou o olhar num ponto, ao que parece, escolhendo as palavras para o terrível diagnóstico.

Leonídov, pálido, esperava com um olhar vago.

Eu, desesperançado, fingia indiferença e calma totais. Os diretores e assistentes preparavam-se para tomar notas.

– Hum!.. Hum!.. Muito bem... Leonid Mirônovich, você encontrou coisas muito boas... – (Longa pausa.) – Mas tudo está ainda um tanto amorfo, um tanto "geral" demais. Aqui não há desenho, e você não consegue usar nenhum de seus atributos... A cena não tem começo, desenvolvimento, ápice ou fim. Pliúshkin é avarento... Busque nele a generosidade... Não, não a generosidade... Busque onde ele é extravagante, mão-aberta, e faça disso o ápice do papel. Aí sim a avareza dele se tornará ativa, e soará extremamente viva e grandiosa sua frase final: "Quando eu morrer, deixo no testamento o relógio para ele. Assim ele se lembrará de mim". Por meio de que você expressa avareza? Apenas pelos dos acontecimentos de que tenha participado Pliúshkin. Agora, vejo que você presta pouca atenção neles... você mergulhou em si mesmo, em seu mundo interior, e, no decurso da cena toda, tem medo de mostrar o sentir-a-si-mesmo de um avarento, e isso está errado. Parta do ocorrido no dia de hoje. Faça cada cena até o fim em todos os detalhes. Apenas esse caminho levará ao caráter de Pliúshkin.

Mas o que aconteceu, então? Pliúshkin acaba de voltar para casa depois de sua diária expedição para coletar bugigangas. Dessa vez, tem uma cesta cheia de tranqueiras para juntar à sua enorme pilha, que aumenta a cada dia no chão de seu quarto. Pliúshkin, no entanto, não as vê como bugigangas, mas como parte de sua rica coleção de antiguidades, raríssimas.

Ele esteve fora por um tempo longo esta manhã, e a casa esteve vazia. Para ele, há ladrões por toda parte. Como foi difícil chegar com a carroça de preciosidades sem ser roubado! Ao entrar no quarto, a primeira coisa que faz é varrer o aposento com o olhar, para ter certeza de que ninguém esteve ali durante sua ausência.

Depois, já um pouco mais calmo, acomoda-se perto da pilha e começa a escolher e recontar os itens de sua coleção. Nesse momento, abre-se a cortina e começa a cena.

Esse é o começo da ação. Aqui, o espectador vê Pliúshkin pela primeira vez. Vê seu quarto, tudo aqui lhe é interessante. Não há por que se apressar. Você pode fazer uma cena longa com o título "Pliúshkin analisa suas preciosidades". Consegue? Consegue fazer apenas isso?

Percebe quanto material valioso há aqui para a arte do ator?

Fazendo essa cena com todos os detalhes, com toda a organicidade, você pode segurar a atenção da plateia sem pronunciar uma palavra sequer. Mas você ainda está perdendo essa oportunidade, ao ignorá-la e se apressar para começar o diálogo com Tchítchikov o mais rápido possível.

Você acha que sua salvação está no diálogo, mas não. Quantos acontecimentos e vivências há, antes mesmo de Tchítchikov dar sua primeira fala na casa de Pliúshkin! E como tudo isso é interessante para nós, espectadores. Vemos como certo velhote, mais parecido com uma mulher, mergulha numa pilha de tranqueiras e põe-se a examiná-las com todo o cuidado e amor. Para ele, tanto faz se analisa uma ferradura ou uma sola de sapato velha; são suas preciosidades. O velho entretém-se tanto nisso, que não percebe a porta, que se abre lentamente. Tchítchikov entra no quarto, olha atenciosamente para Pliúshkin, tentando entender se é homem ou mulher. Ao sentir o estranho olhar, Pliúshkin volta-se para Tchítchikov, e os olhos dos dois se encontram.

O que é isso para Pliúshkin? É aquilo que ele mais teme em sua vida, seu pior e mais frequente pesadelo: é um ladrão, que conseguiu chegar perto de seu tesouro! Ainda mais: não um dos larapiozinhos que vivem ali por perto, não. Esses, ele os conhece a todos! Esse é um bandido novo, estrangeiro, e obviamente um grande especialista em roubar e matar.

Que fazer? Depois dos primeiros minutos de desconcerto total, Pliúshkin começa a tomar uma série de medidas de cautela para salvar a própria vida, cuidadosamente escondendo seu tesouro para, em seguida, enganá-lo e tentar fugir do quarto, chamar ajuda.

Nessas circunstâncias será muito difícil para Tchítchikov começar a conversa, e nesse desentendimento mútuo, cada um com um alvo completamente diferente (um, começar a conversa; o outro, fugir do quarto), teremos também um momento cênico muito interessante.

Enfim, as primeiras palavras são pronunciadas, a coisa toda se explica mais ou menos, e começa o diálogo.

Agora, vocês estão partindo diretamente do diálogo, deixando escapar o mais interessante, o momento de orientação mútua, de adaptação um ao outro.

Na vida, isso é algo que vocês nunca deixariam passar, mas em cena o fazem, por algum motivo.

Eu lhes asseguro: esse momento é muito importante, é o que convence mais o espectador e coloca o ator no caminho da verdade, da fé em suas ações, e isso é o mais importante.

Dependendo das circunstâncias, os momentos de orientação mútua podem ser breves, até quase imperceptíveis. Ou então, o contrário. O momento de orientação, de perceber o outro, não cessa necessariamente quando o parceiro começa a dar o texto. É muito frequente que as primeiras frases ainda não soem efetivamente ativas, já que cada um dos atores em questão ainda não conseguiu fazer para si mesmo uma avaliação, ainda que parcial, do seu parceiro. Os dois então continuam a perceber um ao outro para uma ação mais efetiva sobre o parceiro. Isso diz respeito, principalmente, a uma pessoa desconfiada como Pliúshkin.

Antes que Pliúshkin descubra quem é Tchítchikov e acredite ser um anjo do céu trazendo a graça divina como prêmio por sua generosidade e humildade, deve tomá-lo por um ladrão, por um proprietário vizinho querendo filar um bom almoço, por um folgado hussardo atrás de dinheiro emprestado, ou algo do gênero. Tudo aqui resume-se a esses momentos de orientação mútua, adaptação, reorientação e readaptação, sempre de acordo com cada circunstância nova que aparece.

E isso é apenas a introdução, a primeira parte da cena: "Pliúshkin investiga Tchítchikov". Isso é tudo o que precisa ser feito, por enquanto. Esqueçam tudo, façam por enquanto apenas isso, com toda a atenção, e percebam suas impressões.

Segunda parte: Pliúshkin enfim descobre que tem diante de si um benfeitor. Como agradecer-lhe e agradar-lhe para que no futuro possa contar sempre com sua caridade? Então, Pliúshkin resolve dar um "banquete": manda aquecer o samovar e trazer os restos do bolo de Páscoa que uma parente lhe presenteara três anos antes. Aqui, ele imediatamente se transforma num riquíssimo proprietário, hospitaleiro, anfitrião de um banquete poucas vezes visto. Faça-o extravagante, esbanjador, esqueça-se completamente da avareza, coloque-se a si mesmo uma única tarefa: como servir melhor ao seu benfeitor, impressioná-lo com sua imensa generosidade e ao mesmo tempo fechar logo o negócio sobre a venda das almas mortas.

Durante essa segunda parte da cena há dois momentos periclitantes, quando todo o negócio pode ir por água abaixo. Da primeira vez, porque Pliúshkin não pode ir até a cidade. Da segunda, por não haver na casa uma folha de papel.

Esses momentos são muito sérios, não deixem que passem despercebidos, façam cada um até o final.

A perda da folha de papel em branco, para Pliúshkin, é um grande acontecimento. Aqui, o mais importante é saber procurar verdadeiramente. É apenas pelo modo como você procura que poderá transmitir toda a profundidade de sua vivência. É necessária uma grande concentração, atenção autêntica. Em uma palavra, não sentir, mas agir.

Enfim os obstáculos são superados e o trato é feito: não apenas as almas mortas são vendidas, mas também as almas que fugiram são compradas pelo impressionante benfeitor Pável Ivánovich Tchítchikov.

Depois, vem a terceira parte da cena: como despedir-se dessa pessoa singular, que veio e fez tão bem, foi tão bom, e ainda por cima recusou a comida?

Toda uma cena: "Despedindo-se de Tchítchikov".

Pense apenas em uma coisa: como expressar o seu amor, seu respeito, sua gratidão ao visitante. Esqueça-se completamente de Pliúshkin, do carrancudo e pão-duro, que odeia a tudo e a todos.

Não, aqui ele é extremamente amável. Faça como se fosse o Afanássi Ivánovich, de *Proprietários à Moda Antiga*.[3]

E então vem a parte final da cena: Pliúshkin fica só. Os primeiros minutos se passam na inércia das coisas que fez para o seu generoso visitante. Mas de repente parece-lhe que expressou pouco seu respeito a uma pessoa tão formidável. Pliúshkin corre até a janela, de onde vê Tchítchikov entrando em sua carruagem. Então, ele corre até a pilha de lixo ou até a sua escrivaninha, lutando contra o próprio desejo de dar um presente.

Enfim, sentimentos bons e elevados tomam a dianteira da luta, a decisão é tomada e Pliúshkin, abrindo as gavetas de sua escrivaninha, diz: "Vou presentá-lo com meu relógio de bolso". Ele pega o relógio. "É um homem jovem, precisa de relógios de bolso, vai agradar a sua noiva...", etc. Pliúshkin sopra o pó do relógio, olha com atenção e corre até a porta para tentar alcançar Tchítchikov antes que a carruagem parta. Mas ele para no meio do caminho.

Aqui pode haver uma daquelas famosas "pausas de mestre".[4] Um homem que segundos antes queimava com o desejo de presentear o

---

[3] Afanássi Ivánovich é um personagem de *Proprietários à Moda Antiga* [Starosvétskie poméschiki], famosa novela também escrita por Gógol. (N. T.)

[4] "Pausa de mestre" foi a solução que eu e Marina Tenório encontramos para o termo *gastrólnaia pauza*, literalmente, "pausa de turnê". Trata-se de um termo do jargão teatral

outro, de repente fica horrorizado ao perceber que por pouco não cometeu uma extravagância imperdoável, que poria em risco toda a sua fortuna.

Mas esse pensamento não chega de uma vez. Tanto o momento em que aparece como seu desenvolvimento devem ser expressos durante a pausa. Quando ele termina de entender, uma nova tarefa aparece: esconder a preciosidade quase perdida no melhor lugar possível. Enquanto não se convence de que a coisa está guardada seguramente, não se acalma, muda de esconderijo várias vezes.

Enfim, o relógio é escondido num lugar seguro... Mas e o benfeitor? Tudo bem: "Quando eu morrer, deixo no testamento o relógio para ele. Assim ele se lembrará de mim".

E Pliúshkin torna-se Pliúshkin novamente. Começa a cavar sua pilha de lixo nervosamente: será que por acaso o tal Tchítchikov não levou algo, sem que tenha percebido?

E então cai o pano.

Cada um desses fragmentos deve ser feito verdadeiramente, por uma sequência lógica; deve desenvolver o fragmento anterior e unir-se à linha contínua da ação em curso.

Não pense no personagem ou em seus sentimentos. Você tem uma série de episódios que proporcionam experiências vivas muito diferentes. Não pinte tudo com a tinta da avareza, do sombrio, etc. Aqui há bondade, generosidade, alegria. Dependendo disso, as suas ações se tornarão muito diferentes entre si. A qualidade ativa do avarento aparecerá na mudança inesperada de uma ação para a outra, frequentemente o oposto completo da anterior. Desenvolva cada episódio até o final, faça de tudo um acontecimento. Crie, antes de mais nada, o esquema de seu comportamento físico em cada episódio, e depois una-os na linha contínua da ação. Essa é a melhor maneira de chegar à corporificação das ideias colocadas por Gógol na figura de Pliúshkin.

– E qual deve ser a minha linha, Konstantin Serguêevich? – perguntei eu.

---

russo do século XIX que foi apropriado e ressignificado por Stanislávski. Significa uma pausa em que há um acontecimento ou uma virada importante na ação. (N. T.)

— Você deve, a todo momento, conseguir adaptar-se ao caráter de seu interlocutor.

Pliúshkin é um caso raro, mas você deve saber apanhá-lo também, precisa saber fazer com que ele goste de você. Como? Ponha-se no lugar de Pliúshkin e pense no que ele precisa. Todos o consideram avarento. Surpreenda-se com sua bondade, com sua capacidade de administração, para que ele comece a confiar em você. Quando ele fala sobre o vizinho, que é capitão: "Ele me diz, tio, tio, e beija minhas mãos. Eu sou tão tio dele quanto ele é meu avô". Vê... não acredita, ainda que deixe que beijem-lhe as mãos. Ou seja: você precisa agir de maneira mais sutil.

É preciso penetrar genuinamente em todas as preocupações de Pliúshkin, entendê-las, condoer-se dele. É preciso tornar-se Pliúshkin por certo tempo.

Talvez seja interessante para você ensaiar não Tchítchikov, por um tempo, mas todos os outros proprietários com os quais ele se encontra. Isso lhe será de grande utilidade.

***

O segundo intérprete do papel de Pliúshkin foi o ator B. I. Petker,[5] que entrara para o TAM, assim como eu, vindo do Teatro Moscovita de Comédia (o antigo Teatro de Korsh).

O jovem ator era muito bom nos papéis de caráter, e, quando se falou da necessidade de substituir Leonídov, a escolha recaiu sobre ele. Foi então que Konstantin Serguêevich decidiu conhecer o novo ator durante o trabalho prático.

Depois de alguns ensaios preparatórios com os diretores E. S. Telésheva[6] e V. G. Sakhnóvski, foi marcado um ensaio com Stanislávski.

---

[5] Boris Iácovlevich Petker (1902-1983), ator especializado em papéis de caráter, veio do Teatro de Korsh para o TAM em 1933, após o fechamento do primeiro. Fez o papel de Pliúshkin até o espetáculo ser retirado do repertório do teatro quase trinta anos depois de sua estreia. (N. T.)

[6] Elizavéta Serguêevna Telésheva (1892-1943), diretora e pedagoga teatral, egressa do Segundo Estúdio do TAM (sob direção de E. Vakhtângov), passou a colaborar com Stanislávski no trabalho de pedagogia do sistema. (N. T.)

Petker foi chamado a comparecer uma ou duas horas antes de mim, e tudo o que aconteceu enquanto eu ainda não tinha chegado, sei pelas palavras do próprio Petker, que me contou depois.

Exatamente na hora marcada, Petker entrou por um portãozinho que dava no pequeno jardim onde estava Stanislávski, sentado sob um enorme guarda-sol. Ao seu lado estavam Telécheva e Sakhnóvski. Um pouco mais adiante, o cenógrafo Símov e o diretor turco Muhsin Bey,[7] que acabara de chegar a Moscou para um festival de teatro e, interessado nas questões da técnica de direção teatral, conseguira um convite de Stanislávski para assistir aos ensaios.

Stanislávski cumprimentou Petker muito amavelmente, apresentando-o ao cenógrafo Símov e a Muhsin Bey.

Depois de uma pausa, Konstantin Serguêevich voltou-se para os diretores e pediu-lhes que contassem como andavam os ensaios, o que vinha dando certo e o que não, durante o trabalho.

Recebendo respostas tranquilizadoras para as suas perguntas, perguntou ainda:

– E a idade? Pliúshkin tem setenta anos ou mais. É uma tarefa muito difícil.

Mais uma vez, os diretores tentaram acalmá-lo.

– Boris Iácovlevich sabe se metamorfosear muito bem – disseram. – Ele já fez muitos velhos, já está acostumado.

– Hum!.. Hum!.. Eu tenho muito medo desse "fazer um velho", sabem? O público diz: olhem só, que maravilha aquele ator jovem fazendo o papel de um velho! Isso é pouco, e é completamente desinteressante se comparado ao personagem gogoliano, essa encarnação da avareza universal... Mas bem... vamos tentar. Comece de onde quiser. Vassíli Grigórievich, faça o ponto. Eu farei Tchítchikov. Vamos lá, vamos começar.

---

[7] Muhsin Ertuğrul, ou Muhsin Bey (1892-1979), importante diretor turco. Exilado político, perseguido pelo regime dos jovens turcos, Muhsin Bey vive de 1925 a 1927 na URSS, onde colabora por um tempo com V. Meyerhold e aprende a língua russa. Em 1927 retorna à Turquia e, nos anos 1930, volta à URSS para um festival internacional de teatro. (N. T.)

B. I. Petker, na medida do possível, e por sua própria experiência, tentou representar um velhinho caquético e avarento.

Konstantin Serguêevich, dizendo as falas, observava-o atentamente. Depois, parou e perguntou:

– Com quem você está falando? Quem está sentado à sua frente, agora?

– Konstantin Serguêevich Stanislávski...

– Nada disso, sou um trapaceiro.

– Como assim?

– Vê? Agora você já olha para mim com mais atenção do que há pouco, enquanto fazíamos a cena. Agora eu vejo algo de vivo. Como você vai olhar para mim durante a conversa, se eu for um conhecido trapaceiro? Bem, olhe, apenas olhe para mim como se eu fosse um trapaceiro. Tente adivinhar minhas intenções, defina-as. E se eu tiver uma faca escondida? Lembre-se do que há em cada lugar da sua propriedade, coisas que você teme que eu possa roubar. Não represente nada, apenas pense para si. Você quer representar o tempo todo. Você ainda não consegue representar nada. Acumule pensamentos, por enquanto.

Nessa hora, Stanislávski estendeu a mão para pegar uma caneta que estava na mesa, para fazer alguma anotação. Mas Petker, com um movimento rápido, pegou a mão de Konstantin Serguêevich e colocou-a para o lado.

– Exatamente isso. Agora tente adivinhar o que mais eu quero fazer. Observe. Não, não, não represente, observe-me de verdade. De novo, está representando! Venha, vamos passear pelo jardim. Eu sou seu vizinho, estamos em sua propriedade. Conte-me em detalhe o que fica em que lugar por aqui. Que galpão é aquele? – perguntou sério, apontando para uma construção.

Petker respondeu com algumas frases em geral, mas Konstantin Serguêevich não se deu por satisfeito e começou a perguntar insistentemente sobre cada detalhe.

Naquele momento, entrou pelo pátio do jardim uma carroça que levava uma carga pesada. Konstantin Serguêevich imediatamente foi para lá e, pelo caminho, ia perguntando a Petker o que era aquilo, etc.

Petker explicou. Stanislávski ouviu atentamente, mas perguntou ainda algumas vezes mais, parando apenas ao conseguir uma resposta que fizesse sentido. Assim, os dois faziam o passeio e ao mesmo tempo jogavam seu jogo, num tom muito sério. Em seguida, sentaram-se à mesa e continuaram a conversar sobre temas agrícolas: poda, colheita, mujiques, etc.

Cheguei para o ensaio nesse ponto da conversa. Vendo que Konstantin Serguêevich estava ocupado com uma conversa muito séria com Petker, sequer pensei que os dois ensaiavam e mantive-me à distância, esperando o momento apropriado para cumprimentá-los.

Konstantin Serguêevich olhou-me com o canto dos olhos e sussurrou para Petker:

– Veja quem vem lá. Tome cuidado com ele, não deixe que se aproxime, é um ladrão.

Eu entendi a proposta imediatamente, e entrei para o jogo.

Stanislávski, entregando-nos o campo da ação, transformou-se rapidamente de proprietário rural em diretor de teatro e passou a observar-nos atentamente.

Eu tentei aproximar-me de Petker, mas ele rapidamente deu um pulo e fugiu.

– Hum!.. Hum!.. Forçou um pouco, Boris Iácovlevich. Era só afastar-se uns passos... Venha, aproxime-se mais uma vez, Vassíli Ôssipovich. Hum!.. Forçou de novo! Assim Tchítchikov entenderá imediatamente que você tem medo dele. Faça apenas o necessário para estar em segurança.

Eu e Petker fomos nos entendendo aos poucos, improvisando de início com nossas próprias palavras, e depois passamos ao texto do autor. Konstantin Serguêevich nos interrompia sempre que nossa conversa adquiria a forma de representação teatral e perdia seu fluxo orgânico. Ele nos trazia de volta à verdade:

– Não represente nada. Apenas escute e pense: para onde vai essa conversa com Tchítchikov? Preciso agora apenas de sua atenção... Tente compreender para que essa visita inesperada. Depois convide-o para se sentar... Não, não, assim não: ele pode lhe dar uma punhalada... Assim também não... Encontre a melhor maneira... A mais segura.

Passo a passo, Stanislávski extraía do ator tudo o que era vivo, e limpava tudo o que era teatral, rotineiro, "de ator", no mau sentido. Já desaparecera em Petker seu "tonzinho" de velhote e sua maneira usual de interpretar. Víamos um rosto vivo, atencioso, olhos desconfiados. Eu, obviamente, respondia-o de igual para igual, e os dois sentíamos que nos unia uma linha de interesse mútuo.

Comecei a contar-lhe meus planos cuidadosamente. Ele me escutava, tentando penetrar na essência da proposta.

Chegou então um momento em que Petker-Pliúshkin entendeu completamente e pôde apreciar toda a graça que haveria de receber. Depois da frase de Tchítchikov: "Por respeito para convosco, tomarei todo o ônus da compra para mim", o rosto de Petker começou a se iluminar. Ficou olhando para mim por um longo tempo, em silêncio, cheio de surpresa. Nossos espectadores aguardavam com interesse o que viria depois. O rosto de Petker retorcia-se convulsivamente. Konstantin Serguêevich, que até então estava sentado em silêncio, tentando não quebrar a cena que acabara de entrar nos trilhos, sugeriu com cuidado:

— Agora pode forçar, exagere o rosto, exagere quanto quiser. Agora você conquistou o direito. Faça caretas para ele, quanto puder, mostre a língua... mais... mais... Agora, sem medo... Isso!

Ele falava enquanto deitava uma risada sonora, e todos ao redor caíram no riso. Assim, Konstantin Serguêevich terminou o ensaio.

— E então? Viram só? Muito bom... Percebe como é preciso ter cuidado ao tatear o papel, como é preciso cuidado para tecer as finas teias de aranha que compõem o tecido orgânico e vivo do comportamento da figura cênica? É preciso tecê-las muito cuidadosamente, ou elas se romperão. Não tente tecer com a rude corda do ofício teatral. Use teias de aranha para tecer pacientemente o tecido da elevada arte orgânica. Logo, esses fios adquirirão firmeza e espessura, e então você poderá perder o medo de que se rompam. Continue a trabalhar, não force nada, parta cuidadosamente das ações mais simples e cotidianas, orgânicas. Não pense por enquanto na figura cênica. A figura cênica virá como resultado de suas ações corretas nas circunstâncias propostas pelo papel. Você viu agora na prática como é possível abrir cuidadosamente o caminho, passando de uma pequena verdade à outra, verificando-se a si mesmo, abrindo sua fantasia e chegando a uma ação cênica vibrante e expressiva. Trabalhe assim, a partir de agora. Vocês entenderam o que é preciso fazer? – perguntou aos diretores. – Voltem para me mostrar a cena, daqui a um tempo.

Mas não conseguimos mais mostrar essa cena para Konstantin Serguêevich. Ele estava sempre ocupado com outras coisas. Uma vez, me telefonou para perguntar como andava o papel de Petker. A conversa telefônica durou quase duas horas. Eu sentia seu enorme interesse pelo papel e pelo novo ator. Para mim, era muito difícil responder, já que estava numa posição muito delicada. Se falasse apenas coisas para acalmá-lo, ele deixaria de acreditar em mim e começaria a fazer perguntas cabulosas para tentar me apanhar, como um investigador. Se falasse apenas sobre os defeitos e os fenômenos negativos na interpretação de meu parceiro, estaria "queimando" o companheiro e preocupando Konstantin Serguêevich à toa.

Tentei como pude. Respondi a pergunta que ainda o atormentava, sobre a idade de Petker, com certo esforço:

– Não, não se preocupe com isso... Petker cumpre essa tarefa maravilhosamente. É mesmo impressionante, como ele consegue fazer um velhinho doente...

– Hum!.. Hum!.. Péssimo isso, de doente... O que significa doente? Doente mental? Aí deixa de ser interessante. A ideia aqui é que Pliúshkin é tomado pela mania da acumulação. É um Tchítchikov, quando velho. Não tem flexibilidade nas articulações, não consegue levantar-se rapidamente, nem se sentar, anda e enxerga mal... mas é só. Para todo o resto ele é bem saudável e normal.

– Konstantin Serguêevich, chame-nos um dia para ensaiar. Gostaríamos de mostrar-lhe mais uma vez a nossa cena.

– Vou tentar, mas veja, estou sem tempo, tenho outras coisas... Não sei se vai dar certo. Você, por favor, me ligue para contar o que tem acontecido... Só não fique tentando esconder tudo... Conte-me tudo abertamente, certo? Faça toda a fofoca, hã?

– Certo, Konstantin Serguêevich.

– Até logo.

"Visitando Korôbotchka"

Que bênção quando se consegue entrar na esfera em que a arte se torna autêntica, quando em cena se sente a vida autêntica, em todos os seus mais sutis fenômenos, ainda que apenas por alguns minutos! O parceiro à sua frente, e você o vê: ele é um ser humano vivo. É algo real, e pela expressão de seu rosto, pelo movimento de suas pupilas, você consegue adivinhar o que ele realmente pensa. E você mesmo pensa de forma autêntica. Você se permite fazer as pausas que precisa para entender esta ou aquela posição. Sem sentir nenhuma obrigação ante o espectador, você e seu parceiro ou parceira conduzem uma luta contínua, sutil e divertida, que hoje já não é como ontem, e amanhã não será como hoje.

Stanislávski dirigia todos os seus pensamentos para isso, para limpar o ator de tudo o que o acorrentasse ao nível do simples ofício e levá-lo aos limites da criação da natureza orgânica. Ele possuía inúmeros procedimentos pedagógicos para conseguir tal objetivo, todos fundados num conhecimento sutil da natureza da arte do ator e num vasto estudo de todos os vícios dos atores, de cuja limpeza consiste toda a magia de seu método.

O papel da proprietária Korôbotchka havia sido entregue a M. P. Lílina,[1] uma das fundadoras do Teatro de Arte, atriz maravilhosa e

---

[1] Maria Petróvna Lílina (1866-1943), atriz russa e soviética, que fazia parte da primeira geração de atores do TAM (junto com Kachálov, Meyerhold, Moskvín, Knípper-Tchékhova, etc.). Esposa de Stanislávski. (N. T.)

criadora de papéis brilhantes. Naquela época, Maria Petróvna começava a tatear a possibilidade de testar um novo *emploi*, e o papel de Korôbotchka era um de seus primeiros papéis de velha; talvez por isso lhe tenha sido tão difícil. Atriz de temperamento facilmente excitável para a comédia, especialmente quando isso dizia respeito à sua própria natureza – meninas e mulheres, jovens e encantadoras –, Lílina se perdera um pouco ao tentar apropriar-se de um material que lhe era estranho – uma velha proprietária, ainda por cima uma das velhas de Gógol! Sua infalível intuição calava. Como se não bastasse, Maria Petróvna ainda tentava preencher todas as lacunas, empregando um método de trabalho que não lhe era comum: o da análise detalhada, minuciosa e exaustiva, mental em excesso, de um controle extremo e que acabava por matar sua qualidade mais preciosa, a intuição facilmente desperta, a ingenuidade e o temperamento contagiante. Algumas palavras ditas por Stanislávski para uma de nossas atrizes poderiam servir completamente para Maria Petróvna, nessa situação:

"Você não precisa entender tudo em cena, apenas um pouco. A meticulosidade é, às vezes, a morte para o ator. O ator começa a pensar, e cria um monte de objetos desnecessários entre si e o parceiro".

Perdida no vasto labirinto de todas as suas invenções e obstáculos desnecessários, a pobre Maria Petróvna, já sem forças, tinha muita dificuldade de criar a figura gogoliana. A cada novo ensaio, passo a passo, ela ia no sentido oposto do objetivo desejado. Nem mesmo a chegada de Stanislávski em seu socorro, com todo o seu gênio pedagógico, pôde salvá-la. Maria Petróvna estava tomada pelo choque, deixara de entender as coisas, e seu trabalho com Konstantin Serguêevich era como uma reprodução da cena de Tchítchikov com Korôbotchka.

Stanislávski muito astutamente dizia que a cena "Visitando Korôbotchka" era algo semelhante ao reparo de um "relógio tresloucado". O relojoeiro (Tchítchikov), conhecedor de sua arte, tentava fazer com que o mecanismo funcionasse; mas sempre no último minuto, faltando apenas dar corda para que os ponteiros se movessem, a mola fazia um barulho e misteriosamente estourava, fazendo com que tivesse de começar tudo de novo. Tchítchikov, relojoeiro experiente, recomeçava calmamente a consertar o relógio sem perder a compostura, arrumando as molas todas até o momento fatal, quando se ouvia o barulho e o equipamento desmontava inteiro. Munido de paciência, Tchítchikov mais uma vez recomeçava o trabalho, e assim por diante, até que, enfim, perdia a razão e, num ímpeto de fúria, arremessava o relógio contra a parede e... ele começava a funcionar! Esse mecanismo do "relógio tresloucado" é como funciona a cabeça de Korôbotchka, e toda a tarefa ativa de Tchítchikov consiste em penetrar o mecanismo, entender o que está quebrado e consertar tudo o que impede Korôbotchka de entender sua proposta.

Korôbotchka deseja genuinamente vender suas almas mortas. Apesar de o negócio ser-lhe vantajoso, ela tem medo de perder uma grande oportunidade de enriquecer vendendo-as muito barato, e portanto ser feita de boba. Assim, ela tenta captar em Tchítchikov não o que ele de fato diz, mas o que não diz, seu "subtexto". Dessa forma, na cena inteira Korôbotchka tem apenas uma tarefa simplíssima: não deixar-se fazer de boba, não vender as almas barato demais. Para isso, precisa decifrar Tchítchikov muito bem, precisa adivinhar suas intenções verdadeiras. Korôbotchka, claro, é uma verdadeira velhota turrona, como a chama Tchítchikov. No entanto, é impossível representar a turronice por si só. O que a expressará melhor e de forma mais vívida são precisamente as ações de Korôbotchka e a atenção interior que ela dispende na resolução de dificuldades inexistentes. Para a atriz, aqui, antes de mais nada é preciso conseguir essa atenção autêntica aos atos e ações de seu parceiro. Essa qualidade, ao que parece simplíssima, é o que M. P. Lílina não conseguia obter, apesar de todo o seu esforço e da ajuda de Stanislávski.

– Que engraçado – disse uma vez Konstantin Serguêevich – que uma atriz brilhante, capaz de criar em cena com a matéria mais sutil, não consiga agora cumprir uma tarefa cênica elementar dessas.

Stanislávski insistiu com Lílina muito e repetidas vezes, tentando por todos os meios libertá-la das correntes com que ela mesma se acorrentara por métodos de trabalho que lhe eram contraindicados. Tudo em vão. A atriz estava paralisada pelo choque, e não conseguia produzir uma ação livre e consciente sequer. Tudo o que fazia era marcado por uma antinaturalidade e por uma tensão extrema. Assim, Lílina teve de recusar o papel por um tempo para não atrasar a estreia. Dessa forma, sem precisar comprometer-se com datas, poderia continuar a trabalhar. O papel foi entregue à atriz Zúeva,[2] que o estreou.

Depois de certo tempo, quando o espetáculo *Almas Mortas* já havia sido apresentado muitas vezes no TAM, fui convidado por Konstantin Serguêevich para ensaiar com Lílina na casa dele, na travessa Leôntievski. Fui, como se diz, ligeiro e faceiro: o ensaio era para Lílina, eu estava indo apenas como parceiro, para ajudá-la. Além do mais, meu trabalho sobre meu papel já estava terminado, tinha sido apresentado muitas vezes e, claro, presenciar um ensaio com Stanislávski era sempre interessante, instrutivo e prazeroso. Mas não foi bem assim. Konstantin Serguêevich inesperadamente voltou-se contra mim. As primeiras falas de Lílina foram deixadas de lado, e eu, mal abri a boca, fui interrompido pelo grito de Stanislávski, que decidira terminar ali mesmo o meu calmo passatempo:

– O que você está fazendo?

– Secando-me da chuva.

– Em primeiro lugar, ninguém se seca assim. Depois, por que você está se secando no meio da sala, em frente à mesa posta? Que falta de educação para com a dona da casa.

– Ele não está vendo a dona da casa.

– Não acredito. Como assim, não está vendo? Como você pode não vê-la, aqui na sua frente?

– É que lá no teatro o cenário é diferente, mas nesta sala...

– Não me importa o cenário, importa-me a lógica. Se você chegou molhado, como é que agirá aqui hoje, nessa circunstância específicas? Péssimo!.. O que está fazendo?

– Eu... quero...

– Não acredito em nada disso.

---

[2] Anastasia Platônova Zúeva (1896-1986), atriz do TAM. Fez o papel de Korôbotchka até o espetáculo sair de cartaz, ou seja, por quase trinta anos. (N. T.)

Superado o começo da cena, chegamos, aos trancos e barrancos, ao diálogo:

– Quer chá, meu filho?

– Adoraria, minha senhora.

– Péssimo! Blá, blá, blá... Não consigo entender nada!..

– A-do-ra-ria, minha se-nhora.

– Siga...

– Quer o que com o chá, meu filho? Nesse frasco tem uma geleia de frutas...

– Adoraria, senhora, uma geleia de frutas com o chá...

– Ai, ai, ai! Esqueceu tudo... Você está falando as palavras, e somente as palavras... Como é que você vai se comportar à mesa? Estão lhe servindo o chá, leite, estão lhe dando atenção, responda da mesma maneira. O que significa ser servido com um chazinho numa sala aquecida depois de tomar uma chuva gelada? Não vejo nada disso. Vamos lá, comece...

Quanto mais avançávamos, mais Stanislávski se tornava insistente comigo. Ele não prestava atenção alguma em Lílina, que também, como eu pensava, não estava lá essas coisas.

Cheguei ao desespero total. Eu fazia o maior esforço para conseguir me afastar do inexorável olhar de Stanislávski, que me hipnotizava. Pensei em fazer uma última tentativa, e depois, se ele interrompesse de novo, eu largaria tudo, sairia do ensaio, e que fosse o que tivesse de ser. Mas, de repente... o que era quilo? Do nada, uma entonação quente, viva. Estendi as mãos para pegar o frasco de vidro sobre a mesa, coloquei leite num copo, olhei para Korôbotchka e vi os olhos claros e atenciosos de Lílina (até então eu a vira como em meio a um nevoeiro, embaçada), e tive vontade de conversar com ela.

– Qual o seu sobrenome?[3] – perguntei. – A senhora me desculpe... Estou tão distraído, cheguei a esta hora da noite...

O pedido de desculpas soou genuíno. Konstantin Serguêevich ficou em silêncio e, mesmo assim, eu já me esquecera dele. Interessava-me

---

[3] Pelo sobrenome podia-se conhecer mais ou menos o estrato social da pessoa. (N. T.)

apenas a velhinha que estava sentada à minha frente. Aos poucos, começamos uma conversa aprazível. Ela me contava sobre sua vida, reclamava dos seus infortúnios, e de repente tudo se tornou interessante. Tive vontade de fazer negócio com ela, de comprar todas as suas almas mortas por quinze rublos. Parecia-me uma velhinha razoável, e parecia possível fechar o negócio em dois minutos.

– Venda-as para mim, minha senhora.

– Como assim, vender?

– Assim, vendendo...

– Mas estão mortas...

– E quem disse que as quero vivas? Veja, você paga impostos por elas mesmo assim, não paga? Eu a livrarei desse incômodo e ainda pago quinze rublos por elas, entende?

– Confesso, meu filho, que é difícil entender...

Eu via os olhos vivos de Lílina. Eles ou penetravam-me sedentos ou passeavam sobre o dinheiro na mesa. Eu espero a resposta. Não precisava de palavras... pela pupila de seus olhos eu via que ela queimava em dúvida.

– Entenda, minha senhora, trata-se de dinheiro... dinheiro... que não está por aí dando em árvores... Por quanto você vendeu seu mel? Minha senhora, o pecado está apenas na sua consciência. – Eu já conseguia, sem palavras, ler todas as intenções de Lílina, tão fielmente ela vivia os pensamentos de Korôbotchka. – Sim, tudo bem, mas mel é mel... Mas aqui... Isso não é nada, e eu, por esse nada lhe dou não doze, mas quinze rublos, e não em moedas, mas em dinheiro vivo.

Começo a ver lampejos de entendimento nos olhos de Maria Petróvna, penso que agora conseguirei fechar bem o negócio, quando:

– Não, mesmo assim eu fico um pouco apreensiva de estar perdendo algo...

A mola do relógio se havia rompido. Sentei-me em frente a Maria Petróvna e passei a olhá-la em silêncio, estudando o lado pelo qual seria melhor começar a abordá-la. Inesperadamente, ouvi risos das pessoas que acompanhavam o ensaio. Sem prestar-lhes muita atenção, comecei a negociar mais uma vez com Korôbotchka. No entanto, assim que me conectei com o olhar dela e me preparei para começar, eu mesmo quase caí na risada, ao ver diante de mim Lílina completamente transformada na proprietária Korôbotchka, hilária velhinha gogoliana. Seus olhos um tanto assustados e cheios de curiosidade estavam direcionados a mim e expressavam uma idiotice gigantesca. Em todo o seu ser havia uma seriedade tão verdadeira em relação a mim, às minhas ações e pensamentos, que precisei fazer um esforço tremendo para me conter e adquirir a mesma seriedade para as negociações das almas mortas.

Em seguida, a cena entrou nos trilhos. Fazíamos perguntas um ao outro, tentávamos adivinhar os pensamentos e intenções do outro, enganar, assustar, convencer, tornar piedoso. Atacávamo-nos freneticamente, depois recuávamos, descansávamos e de novo partíamos para a briga. Em todas as nossas ações havia lógica, objetivo, convicção na importância de tudo aquilo. Nossa atenção estava direcionada apenas ao parceiro. Não pensávamos nos espectadores. Não nos preocupava se estávamos fazendo bem a cena ou não. Nos ocupávamos de nossas ações. Eu precisava, a todo custo, fazer com que aquele complexo mecanismo na cabeça de Korôbotchka funcionasse. Apenas isso me importava. Não fizemos nada de especial. Tudo era simples, sem nenhum truque cômico. Mesmo assim, os poucos espectadores, liderados por Stanislávski, caíam no chão de gargalhar. Konstantin Serguêevich começou a segurar a barriga de dor, de tanto rir. Penso que naquele momento estávamos muito próximos de Gógol. Era um tipo grotesco contra o qual nem mesmo Stanislávski podia se opor.

— O que aconteceu? — disse Stanislávski ao terminar o ensaio. — Vocês foram tomados por uma onda de intuição e fizeram a cena maravilhosamente. Isso é o mais valioso, na arte. Sem isso, não há arte. Vocês nunca mais conseguirão fazer assim. Poderão fazer pior ou melhor, mas o que houve aqui agora é irrepetível, e por isso, valiosíssimo. Tentem repetir e nada acontecerá. Isso não pode ser fixado. É possível fixar apenas os caminhos que os trouxeram a tal resultado. Eu o importunei, Vassíli Ôssipovich, na busca da sensação da verdade das ações físicas mais simples. Esse é o caminho para despertar a intuição.

Eu o empurrei para o caminho da simples sequência lógica, para o caminho da comunicação orgânica e autêntica. Ao sentir a lógica de seu comportamento, você acreditou em seus atos e passou a viver uma vida autêntica e orgânica em cena. Essa lógica está em nossas mãos, ela pode ser fixada, entendida e, ainda por cima, é o caminho para a intuição. Estude esse caminho, lembre-se apenas dele, e os resultados virão por si sós. Eu ajudei Vassíli Ôssipovich a dar apenas os primeiros passos, e em seguida ele foi por conta própria, sem nenhuma ajuda.

– E Maria Petróvna?

– Maria Petróvna começou primeiro a se interessar por nosso trabalho, pelo processo da "vivificação" paulatina de Toporkov. Ao se interessar verdadeiramente, adquiriu uma atenção autêntica para com ele. Essa atenção é a concentração total num objeto. Nós a tiramos de tudo o que a atrapalhava, de todas as ideias erradas, e a trouxemos para a comunicação viva, com um ser humano vivo. Aqui, vocês passaram a agir um sobre o outro... é como se tivesse havido uma explosão, e daí toda a qualidade.

Para mim ficou claro por que Konstantin Serguêevich implicara apenas comigo durante o ensaio, ignorando Maria Petróvna – para a qual, na verdade, o ensaio havia sido convocado. Tratava-se de um procedimento específico para a individualidade daquela atriz.

Muito tempo depois, num dos ensaios de *O Tartufo*, Konstantin Serguêevich disse:

– Muitos conhecem o sistema, mas apenas poucos sabem aplicá-lo. Eu, Stanislávski, conheço o sistema, mas ainda não consigo, ou melhor, apenas agora começo a conseguir aplicá-lo. Para dominar o sistema que eu mesmo desenvolvi, precisaria nascer uma segunda vez e, tendo vivido até os sessenta anos, começar minha carreira de ator do começo.[4]

Esse pensamento, dito por Stanislávski, dá uma resposta incontestável a todos os vulgarizadores do sistema, independentemente de o aceitarem ou renegarem.

---

[4] É importante notar que esta fala, durante os ensaios de *O Tartufo*, ocorreu em 1938, e que começou a se falar num "sistema de Stanislávski" por volta de 1912. (N. T.)

"O conselho"

Uma das cenas da peça foi batizada de cena "do conselho": nela, todos os funcionários públicos da cidade, assustados e sob intensa pressão, reúnem-se na casa do procurador para um conselho privado sobre os boatos escandalosos que rondam Tchítchikov e que têm se espalhado por toda a cidade, ameaçando a todos com consequências terríveis. Eu, como não participava desta cena a não ser com uma fala ao final, dada por detrás de uma porta, tive a oportunidade de observar toda a sutileza do trabalho de direção de Stanislávski, ao seu lado. Essa é, talvez, a melhor cena da peça toda, seu clímax. É precisamente aqui que se mostram os caracteres de todos os envolvidos no desfecho da estranha história de Tchítchikov com a venda das almas mortas. Trata-se de uma cena relativamente longa, mas muito vívida, escrita magistralmente pelo autor da adaptação. Nela, estão concentrados os pensamentos e situações mais mordazes do poema gogoliano. Se já no período inicial do trabalho sobre a peça nos inclináramos a todo tipo de exageros, nesta cena então a direção (Sakhnóvski e Telésheva) fazia enormes esforços na busca de formas grotescas exageradas para a interpretação cênica. Havia um óbvio desejo de superar o próprio Gógol. Mas não importava quanto insistissem, quanto inventassem, quanto criassem soluções inteligentes, nenhuma delas atingia o alvo, e apenas esgotava a força física dos atores. O que em Gógol soava tão convincente, verdadeiro e, ainda assim, gogolianamente crítico, na execução disso parecia apenas um tremendo exagero. A forma exterior possuía pretensões de vivacidade e requintes de inteligência. O interior, em essência, era frio, vazio e nem um pouco convincente. Os atores não acreditavam em nada do que representavam.

Começando a trabalhar sobre a cena "do conselho", Stanislávski antes de mais nada criticou abertamente, em nossa frente, os recursos do exagero exterior, acusando os atores de falta de lógica.

– Por que vocês fazem essas caretas ao entrar na sala?

– É medo... estamos muito assustados com os acontecimentos.

– Não dá para representar o medo... É preciso salvar-se dos perigos, e o perigo não está aqui, mas lá fora, de onde vocês vêm. Nessa sala todos são "seus", e vocês fingindo que têm medo... Vocês não têm lógica. Em vez de alívio, vocês se esforçam para "representar" o medo, e ainda por cima grosseiramente, com todo esse exagero. A forma exagerada pode ser encontrada apenas na lógica e na sequência de seus comportamentos. Se eu não acreditar na lógica, vocês não me convencerão de nada, ainda que para isso andem sobre suas próprias mãos, colem cinco narizes ou oito sobrancelhas. Eu uma vez vi um maravilhoso ator que, ao fazer um *vaudeville*, tirava as próprias calças e, em seguida, usava-as para dar uma surra em sua sogra. Era genial e não parecia nem um pouco forçado. Isso porque o ator conseguiu convencer o espectador de toda a lógica de seu comportamento, de que não lhe restava nada mais a fazer além de bater na sogra com as calças. Ele nos preparou passo a passo para aquilo. Querem formas exageradas? Encontrem primeiro o conteúdo adequado, emoções humanas autênticas, a sequência lógica das ações, e depois aumentem-nas paulatinamente até o tamanho necessário.

Ao trabalhar nessa cena, Konstantin Serguêevich partiu do oposto de que partíramos: sem exagero algum, sem nenhuma careta. Toda tentativa de adicionar "a maisinhos" era cortada pela raiz.

– O que você está fazendo com esse lenço?

– Enxugando meu suor.

– Para quê?

– Ele começou a suar de medo, e agora enxuga o rosto.

– Não é assim que se enxuga suor. Está forçado. Você não está enxugando nada, está, de novo, tentando representar o medo. Tente enxugar o suor de verdade.

Então, durante um longo tempo correu um *étude*, que contou com a participação de todos os atores que faziam a cena. E em seguida, implicando ora com um, ora com outro, Stanislávski detinha-se demoradamente em coisas aparentemente bobas, em ações físicas simples que, ao que parecia, não tinham sentido nenhum. Ele, no entanto, fazia questão de extrair do ator sua execução precisa. Tendo escolhido o momento ápice da peça, Konstantin Serguêevich, como que de propósito, conduzia o ensaio a exercícios sobre os elementos mais simples da técnica do ator, e era mais pedante do que nunca na aplicação de seu método.

Hoje em dia essa cena é interessante, vívida e suficientemente audaz. Que trabalho complexo e sutil teve de realizar Konstantin Serguêevich, cultivando nos intérpretes as sensações mais orgânicas em relação aos acontecimentos ali! Entra um, depois outro, em seguida o terceiro burocrata. Imaginem o tempo que Stanislávski gastou com cada entrada!

– Lembrem-se de que sobre eles paira uma ameaça... Todos estão ligados por um perigo comum... Busquem a salvação um no outro. Você... você entrou, e aqui tudo é mais confortável, todos são "seus". Perceba isso e aja da maneira que puder, sem forçar nada. Apenas entre, e veja que todos são "seus". Relaxe os músculos! E?... Não, não é isso. A entrada de cada um dos burocratas deve ser toda uma cena. É como se, para chegar ali, vocês tivessem vindo sob fogo cruzado e, ao passar o batente da porta, encontraram relativa calma. Busquem imediatamente a resposta em cada par de olhos presente, enquanto os outros buscam a salvação nos seus. Façam apenas isso e não aumentem nada. A ação transversal de cada um é buscar a saída dessa situação. Mantenham a atenção aguçada para cada uma das propostas. O que isso significa? Apenas conseguir adaptar-se rapidamente a cada um que abrir a boca, e verificar imediatamente os olhos dos outros, que também escutam... Não percam os olhos uns dos outros, mirem uns nos outros.

Foi feita uma série de "exercícios de atenção". Stanislávski ficou por muito tempo nas primeiras entradas e encontros dos personagens na sala da casa do procurador. Tentava extrair de cada um a organicidade máxima do comportamento e o aguçamento da atenção. Começando pelas ações físicas mais simples, lutava por sua extrema precisão e perfeição. Exigia que os atores partissem da lógica entendível, sem forçar nada e sem cansar o ator com tarefas impossíveis, apenas limpando o caminho à sua frente.

Aos poucos, Stanislávski conduzia à apropriação ora de um, ora de outro elemento do comportamento humano vivo. Assim, conseguiu uma atenção concentrada e autêntica dos participantes da cena, de um para com o outro. Só isso já causava efeito e agilidade muito maiores do que as paixões exageradas representadas anteriormente. Stanislávski não dizia como a cena devia ser feita, não mostrava nada aos atores. Aplicando toda a sutileza e inventividade de seu método, colocava cada um dos intérpretes não no caminho da representação teatral, mas no caminho da lógica e da fé na autenticidade de suas próprias ações, ajudando a obter o que havia de pessoal e humano no papel. A iniciativa e a qualidade ativa que daí apareciam nos intérpretes davam esperanças para o futuro crescimento e estilização da cena. Os atores aos poucos amadureciam e começavam a apreciar verdadeiramente e a entender a essência do rebuliço dos burocratas gogolianos. Já se podia acreditar que cada um dos participantes tinha uma tragédia pelas costas. Sentia-se certa atmosfera de conspiração. Os intérpretes começaram a acreditar em si mesmos, em suas ações, criou-se a verdade. Tudo era muito bom de ver, mas ainda se tratava de um *étude*. O trabalho seguiu. Stanislávski meticulosa e cuidadosamente construiu o esqueleto da cena para depois o preencher com corpos vivos.

Eis que em cena entra o policial, vindo do hotel onde Tchítchikov está hospedado. Todos caem em cima dele:

– E então? – perguntam todos.

– Ele está fazendo bochechos de leite com figos.[1]

– Péssimo! – ouve-se a voz de Stanislávski. – Você imediatamente destruiu tudo o que havia sido trabalhado até agora. Eu não entendi nada do que você disse.

– Que ele está fazendo bochechos de leite com figos.

– Percebe o acontecimento importante que você acaba de trazer? "Está fazendo bochechos de leite com figos"... Como você avalia isso, como positivo ou negativo? Vê só, nem isso você decidiu, e já sai falando. Ai, ai, ai! Bom, de onde você vem com essa notícia?

– Do hotel.

– Então conte como chegou ao hotel, como organizou tudo lá, como espiou, tudo isso...

– Bom, eu... cheguei ao hotel... perguntei onde, em que quarto estava hospedado Tchítchikov... Olhei pelo buraco da fechadura e vi Tchítchikov fazendo bochechos...

– Só isso? Meu Deus, mas que fantasia mais pobre! Vê, trata-se de todo um acontecimento: um policial persegue um criminoso, quase isso! Você deve trabalhar todo um plano, deve, por intermédio de alguém, combinar com o dono do hotel para entrar sem ser percebido, incógnito. Pense no rebuliço que pode dar, se for pego! E se ele estivesse se vestindo? O que mais poderia ser? Quanta coisa poderia acontecer! Entenda bem tudo isso, antes. Quantos imprevistos e aventuras podem ocorrer só aí. É preciso que a prova de que ele "está bochechando leite com figos" seja, para o policial, o resultado de grandes esforços, talento, inventividade e agilidade. Aí então, ao entrar com isso, você não falará por falar, como fez agora. Você agora não traz consigo para a cena o passado, você não o conhece, você não o possui. Escutem, isso é importante para todos. Cada um deve saber bem não apenas o que faz em cena, mas também muito detalhadamente o que precedeu sua entrada e o que sucederá em sua saída. Sem isso, é óbvio que vocês não poderão conhecer o que fazem em cena. Tudo é interdependente.

---

[1] Bochechar leite com figo era um costume de higienização bucal, na época. (N. T.)

Um filme ininterrupto do papel deve ser criado. Se ele não existe, vocês não poderão fazer cenas isoladas. Muito bem, agora tente contar-me como o policial agiu no hotel.

Konstantin Serguêevich submeteu cada um dos participantes da cena do "conselho" a um trabalho cuidadoso, aplicando ora uma, ora outra de suas receitas para conseguir extrair-lhes a organicidade máxima de seus comportamentos. Não se falava nada sobre qualquer "grotesco" ou exageros. Apenas a lógica e a verdade na execução das ações. Aos poucos, os acontecimentos na sala do procurador foram "tomando vida".

Confusos e extremamente assustados, os burocratas andavam de um lado para o outro do aposento como loucos. Ora aderiam a uma proposta, ora mudavam de ideia, aderiam a outra e abandonavam a primeira. Tinham medo do menor ruído, barulho, grito de papagaio. Nesse estado de pânico, encontravam-se prontos para acreditar em qualquer versão que fosse sobre os mistérios que rondavam Tchítchikov, apenas que lhes dessem alguma coisa como verdade, para terem a possibilidade de se proteger da tragédia galopante.

A seriedade que Stanislávski conseguia dos atores na execução dessa cena era sua qualidade mais preciosa. Nela residia todo o humor da cena, em nome do qual haviam sido feitos todos os *études* preparatórios, os exercícios e todo o meticuloso e tormentoso trabalho de lapidação dos atores. Mas os resultados eram excepcionais. Que maravilhoso fundo para a cena seguinte, quando Nôzdrev tripudia sobre todos! Eis que Nôzdrev entra na sala, feliz e um pouco bêbado, e percebe a assembleia de burocratas amedrontados. Completamente alheio ao que se passa, ele não encontra a usual desconfiança com que todos o tratam; ao contrário, os burocratas começam eles mesmos a instigá-lo a falar, a mentir. Os burocratas o observam com atenção, tentam sedentamente fisgar cada uma de suas palavras. Como não tripudiar, nessas condições? A profunda seriedade com que os atores executavam tudo isso criava um maravilhoso contraste com a primeira cena ("a festa na casa do governador") em que todos desviavam, evitavam e tentavam fugir de todo e qualquer contato com Nôzdrev!

Aqui, tudo era diferente: Nôzdrev falava, todos o ouviam, e até mesmo sugeriam-lhe temas para que continuasse fazendo troça.

– Verdade que ele falsifica dinheiro?

– Falsifica.

– Não é verdade que é um espião?

– Espião.

– É até terrível pensar isso, mas ouvi uns boatos pela cidade de que Tchítchikov é Napoleão!

– Sim, Napoleão.[2]

Que largo campo para Nôzdrev, e como ele começa a deitar e rolar nessa atmosfera de atenção e fé em suas mentiras, coisa que nunca antes presenciara com aqueles burocratas. E como era leve para Moskvín, que se apoiava nessa atenção realmente autêntica, e jogava as maravilhosas frases de Gógol para os burocratas. A completa seriedade e a atenção destes criavam, por sua vez, a mesma atenção aguçada do lado da plateia para com o que se passava em cena.

E quão maravilhosamente bem Stanislávski fez, ao trabalhar com Moskvín, alguns trechos do papel de Nôzdrev!

Aqui, para o intérprete de Nôzdrev o importante é não tentar "representar" nada, já que os outros fazem quase tudo por ele. Também não é necessário estar completamente bêbado, o que deixaria tudo menos interessante. Estar bêbado pode ser desculpa para qualquer coisa. Não seria surpreendente. Nôzdrev se embebeda com a atmosfera de atenção e de confiança para com ele, e faz seu jogo.

E toda essa atmosfera havia sido criada pela incrível mestria de Stanislávski.

---

[2] A derrota de Napoleão na campanha da Rússia dera-se em 1812. Por muito tempo, no entanto, correu, entre a gente mais simples das províncias, a lenda de que Napoleão Bonaparte assumia as mais diversas formas e vagava pelas cidades da Rússia, preparando um novo ataque. (N. T.)

"Baile e jantar do governador"

Ao trabalhar sobre a cena do baile de gala ("Baile e jantar do governador"), Konstantin Serguêevich decidiu-se por uma acentuação ainda maior da linha da ação transversal do protagonista da peça.

O baile e o jantar na casa do governador ocupam um ato inteiro da adaptação cênica e são descritos quase que em forma de pantomima. Quase não há texto. Nesse ato, havia a possibilidade de uma grande ousadia da direção, pela criação de um quadro vívido e característico de um baile provinciano, exuberante e majestoso. Mas Konstantin Serguêevich recusou essa solução. Fazendo o ato inteiro bem modesto, decidiu não tirar a atenção do espectador sobre o protagonista Pável Ivánovich Tchítchikov, que poderia perder-se numa diversidade de cores e caracteres. Stanislávski precisava de todo o baile do jantar apenas como pano de fundo para acentuar a ação do protagonista, que, ao atingir o auge de sua glória, cai humilhado diante de toda a alta sociedade. E como tudo foi magistralmente realizado! Tchítchikov, que durante todo o ato pronuncia apenas cinco ou seis frases, ficava o tempo todo no centro da atenção da plateia. Quando abriam-se as cortinas, o público via a sala da casa do governador com suas colunas gregas. Tocam uma música. Os convidados mais velhos, homens e mulheres, estão sentados em poltronas e sofás no primeiro plano, e ao fundo os mais jovens dançam. O baile ainda não começou a esquentar, mas aos poucos percebemos que algo começa a inquietar os diferentes grupos de convidados. Aos poucos, a agitação vai aumentando, aqui e ali. Torna-se óbvio que alguma novidade corre o salão e, por fim, dos diferentes cantos, podemos ouvir exclamações empolgadas: "É Tchítchikov! É Tchítchikov!".

Aos poucos, os olhares de todos começavam a se concentrar num ponto fixo da sala, a porta de entrada. Dali, para a alegria de todos, aparecia o grande Tchítchikov, vestindo um refinadíssimo fraque e luvas brancas. Começa a passar de um grupo a outro para os cumprimentos, e encontrava em todos os lugares as mais calorosas boas-vindas, etc. Em uma palavra, cada passo de Tchítchikov era acentuado e avaliado pelos convidados do baile. Cada uma das damas se apressava em colocar-lhe imperceptivelmente um broche.[1] Tchítchikov estava entretido numa conversa com a filha do governador, e quando ele a deixa para ir até o bufê, percebemos que todo o seu fraque está coberto de brochinhos brilhantes. Mesmo com o espaço gigantesco do salão de baile, a rica mesa do bufê, e em meio a toda a multiplicidade de cores dos convidados, Tchítchikov não saía da atenção do espectador por um segundo sequer. Ainda que ele, de fato, não estivesse fazendo nada, os outros "faziam". O brilho do baile, a suntuosidade do jantar, as mulheres arrumadas e os elegantes cavalheiros – tudo era secundário. Tchítchikov era quem estava sempre no primeiro plano, e por isso o baile e o jantar continuavam o desenvolvimento da intriga da peça e mantinham a atenção do espectador em sua linha essencial.

O começo do trabalho sobre esse ato foi um tanto incomum. Stanislávski partiu do trabalho sobre o ritmo geral do comportamento dos convidados. Como um maestro, ele regia, propondo aos atores que subordinassem seus comportamentos aos mais variados ritmos. Para isso, definiu unidades de ritmo, que iam do zero, imóvel, até a atividade máxima. Uns vinte atores faziam a cena sentados na mesa

---

[1] Tratava-se do código dos bailes da aristocracia. As damas pregavam broches nas vestimentas dos cavalheiros como forma de "reservá-los" para as danças da noite. Esse costume é retratado de forma interessantíssima em *Anna Karênina*, de Liév Tolstói. (N. T.)

do banquete, conversando calmamente. Entre eles, metade falava e metade ouvia. As vozes soavam baixo, aveludadas. Esse era o ritmo 1. O ritmo 2 era quase o mesmo, apenas as vozes soavam um pouco mais altas. No ritmo 3, as vozes soavam ainda mais altas, e o tempo era um pouco mais rápido. Aqui, o ouvinte já possuía a tendência de interromper o falante. No ritmo 5 as vozes soavam ainda mais altas, e o tempo não apenas era mais veloz como também entrecortado. O ouvinte não ouvia mais, apenas procurava a possibilidade de interromper o falante. No ritmo 6 já falavam os dois juntos, sem que um ouvisse o outro, em volume muito alto. O tempo da fala era aceleradíssimo, chegava-se às síncopes. O ritmo 7 era o mais alto de todos, e o volume ia ao máximo, as síncopes atingiam o clímax e ninguém ouvia mais ninguém, cada um queria apenas fazer com que o outro ouvisse, etc., etc. A verdade é que se parecia mais com uma aula de música que com um ensaio de teatro. Era magnífico, encantador. Ninguém conseguia permanecer inerte, todos involuntariamente acabavam entrando no ritmo geral e rendendo-se à sua sedução, terminando por justificá-lo.

Naquela época eu já tinha algum entendimento sobre o ritmo, mas apenas naquele dia, pela primeira vez, pude senti-lo com tamanha clareza e concretude. Aquilo era novo para mim. Eu estava surpreso de ver como um exercício que parecia puramente mecânico gerava como resultado uma linha do comportamento humano tão viva, orgânica, refinada e colorida. Certamente, seria um erro pensar que chegar a tal resultado é simples e fácil e que para isso, oras, bastava fazer uma escala rítmica começar a se mexer. Muitas vezes, no futuro, eu teria a oportunidade de ver peças em que os momentos de tensão eram representados apenas pelo recurso do ritmo puramente exterior. E nenhuma delas causava a impressão necessária, quando o ritmo permanecia apenas exterior. A capacidade de conduzir o ator a justificar internamente o ritmo, a criar uma tensão autêntica, uma qualidade ativa viva e orgânica, é uma das partes mais complexas do trabalho de direção e, por isso, na prática, é frequentemente substituída pelo convencionamento.

Dando sequência aos trabalhos sobre a montagem do baile do governador, Konstantin Serguêevich exigia cada vez mais precisão nos detalhes, e ia distribuindo os atores em seus lugares no palco. Guardava muito tempo e um trabalho cansativo para a lapidação de procedimentos puramente exteriores, que diziam respeito ao comportamento dos convidados do baile: como os criados deveriam servir a comida, para que os convidados começassem a comer; como um convidado oferece comida a uma dama; como um cavalheiro convida uma dama para dançar; como colocar uma cadeira, como chegar à mesa, como comer, beber, brindar, como segurar as facas, os garfos, etc. Às vezes, Stanislávski passava horas trabalhando em uma dessas coisas que pareciam bobagens. Exigia do ator precisão, agilidade e objetividade na execução dessas ações. Não se acalmava até que as maneiras do personagem tivessem atingido a perfeição, correspondendo ao estilo da época e à característica do personagem. Trabalhando dessa maneira, treinando os atores ora em uma, ora em outra direção, Stanislávski os unificava numa só tarefa; ele pôde, dessa forma, criar um maravilhoso e refinadíssimo desenho de cena, dentro do qual os atores faziam suas maravilhosas improvisações, mantendo a vivacidade e o frescor depois de tantos anos.

***

Numa conversa com os atores antes da estreia do espetáculo, Konstantin Serguêevich disse:

— Estamos estreando este espetáculo, mas ele ainda não está pronto... Ainda não é *Almas Mortas*, ainda não é Gógol. No entanto, vejo no trabalho de vocês raízes vivas de um futuro espetáculo em que ele possa vir a aparecer. Continuem por esse caminho, e conseguirão Gógol. Mas isso não será tão rápido.

Em particular, ele me disse:

— Só agora você se curou da doença que o acometia, aprendeu a andar e aprendeu a agir um pouco. Fortaleça essa linha de ação que ainda está fraca, mas já está viva. Dentro de cinco a dez anos você conseguirá interpretar Tchítchikov, e em vinte anos entenderá o que é Gógol.

A crítica foi muito dura com o nosso espetáculo. Claro, na estreia não mostramos o poema imortal da forma como ele merecia. Mas a grande questão era: quem seria capaz disso! Porém os críticos estetas nos comparavam a outro teatro, de tendência formalista linha-dura, um daqueles dos quais falei, e afirmavam que apenas aquele teatro conseguiria resolver brilhantemente essa tarefa complexa, com todo o seu arsenal de recursos.

A vida mostrou o erro de tais concepções. Os teatros formalistas já há muito encerraram sua existência. No entanto, como previsto por Stanislávski, nosso espetáculo *Almas Mortas*, em que as raízes vivas da arte genuína e profunda foram cultivadas pelas mãos de um grande mestre, continua a crescer corretamente, e não deixou o repertório do teatro nos últimos quinze anos. Continua a gozar de sucesso absoluto junto ao espectador soviético. Inclusive, em dias de apresentação especialmente bons, em algumas cenas os intérpretes alcançam uma intensidade de interpretação em que se pode sentir o autêntico Gógol.

***

A preocupação de Stanislávski com os atores ia muito além das paredes do teatro. Compreendendo perfeitamente como era importante a influência das coisas mais variadas no sentir-a-si-mesmo do ator, em sua criação, Konstantin Serguêevich seguia atentamente tudo o que circundava o ator do lado de fora das paredes do teatro, tudo o que exercia sobre ele influências boas ou más. Sempre preocupado em como ajudar os atores nas horas difíceis, ele nunca deixava passar a oportunidade de tirar algum ator de uma má situação. E isso não dizia respeito apenas aos mais experientes e consagrados, não. Dizia respeito principalmente à juventude.

Quando ocupei por um tempo o posto de "encarregado da trupe",[2] pude algumas vezes conversar com Konstantin Serguêevich a

---

[2] Na estrutura do teatro de repertório russo e soviético, sempre um dos atores é nomeado "encarregado da trupe" [*zaveduiushii truppa*], que é o responsável por fazer a comunicação da trupe com o diretor e a administração do teatro. (N. T.)

respeito dos nossos atores. Frequentemente, eram conversas ao telefone. Entendendo perfeitamente quem, como e de que maneira podia ser útil ao teatro, Stanislávski tentava, em nossas conversas, transmitir-me esse conhecimento.

– Para criar a arte elevada é preciso de cores dos mais variados matizes. Pode ser que precisemos de algumas apenas raramente, mas é necessário tê-las e mantê-las perto de si. O Teatro de Arte tem direito a isso. Nossa paleta é a trupe. Cada ator é valioso como uma cor especial, raríssima. É preciso saber dar valor a eles, não importa a posição que ocupe. É muito difícil encontrar substitutos. Ele foi cultivado dentro das paredes do teatro, ele foi alimentado por esse espírito.

Entre suas responsabilidades está a preocupação em manter aquilo de mais valioso que existe no teatro e aquilo sem o que o teatro não pode existir – o ator. Essa preocupação deve expressar-se não apenas nas questões grandes e importantes, mas também nos detalhes que dizem respeito ao cotidiano do ator. Você percebe a responsabilidade que está sobre seus ombros?

O TARTUFO

THEATRE THEATRE

Conversa inicial e começo dos trabalhos práticos

O último e inconcluso trabalho de Stanislávski no Teatro de Arte foi com a peça *O Tartufo*, de Molière. Inciado pelo próprio Konstantin Serguêevich um pouco antes de sua morte, esse trabalho foi realizado com um pequeno grupo de atores, servindo a fins estritamente pedagógicos. Por isso, o mais correto não seria chamá-lo de trabalho para produzir uma peça, mas de trabalho dirigido ao aperfeiçoamento da técnica dos atores que faziam parte daquele coletivo.

Como sabido, a busca de métodos cada vez mais novos e mais acabados de trabalho sobre si mesmo e sobre o papel foi uma das preocupações principais de Stanislávski durante toda a sua vida. Ele pensava que o movimento progressivo do teatro, por menor que fosse, poderia ocorrer apenas se ligado à técnica de preparo do ator para a execução das grandes tarefas cênicas.

Stanislávski recusava categoricamente as encenações que, por mais que possuíssem uma concepção corajosa, não fossem justificadas pelo trabalho do ator, por sua arte, que não fossem apropriadas ou vividas pelo ator. Melhor algo menor, mais simples, mas dentro das possibilidades do ator, do que uma explosão estéril que ficasse para além de suas capacidades.

Para ele, um plano de encenação que não levasse em consideração as possibilidades do ator jamais passaria de um plano, nunca conseguiria se tornar espetáculo. Ainda que fôssemos capazes, num espetáculo assim, de reconhecer a imaginação do diretor, a obra jamais chegaria ao coração dos espectadores, logo, permaneceria inútil.

Stanislávski tentou realizar a obra imortal de Molière com a ajuda de uma nova técnica do ator, mais aperfeiçoada e mais convincente.

Considerava muito atual a necessidade da apropriação dos clássicos pelo teatro soviético. Mas a maneira como se montava *O Tartufo* tradicionalmente e os procedimentos-clichê da técnica do ator geralmente nela empregados não poderiam nunca satisfazer a natureza criativa sempre ativa do grande mestre da cena.

Descontente com o nível em que se encontrava a técnica do ator e dedicando-se cada vez mais a resolver esse problema, Stanislávski estava profundamente preocupado com o futuro do Teatro de Arte. Assim, utilizava-se de cada encontro com os atores e diretores para propagandear suas novas ideias. Cada ensaio se transformava num laboratório experimental de pesquisa sobre a natureza da criação do ator. Todos os seus esforços eram direcionados para que não apenas os atores entendessem e se apropriassem do método que propagandeava, mas para que os diretores também o compreendessem completamente. Entender, segundo Stanislávski, significava ser capaz de fazer. Para que os diretores fossem capazes de aplicar o método, era necessário que se colocassem na pele dos atores. Dessa forma, surgiu a ideia de um espetáculo em que atuassem apenas diretores. Passou-se à concretização dessa ideia. Fui testemunha do primeiro ensaio daquele suposto "espetáculo de diretores".

Cerca de dez diretores, entre eles V. G. Sakhnóvski, E. S. Telésheva e N. M. Gortchakov[1] reuniram-se na sala de ensaios da casa de Stanislávski, na travessa Leôntievski. Havia também alguns observadores que não participariam do espetáculo, entre os quais N. V. Egorov,

---

[1] Nikolái Mikháilovich Gortchakov (1898-1958), diretor e pedagogo teatral, iniciou seus estudos no Terceiro Estúdio do TAM, sob a direção de E. Vakhtângov. Em 1939 foi nomeado chefe de departamento do curso de direção do Instituto Estatal de Artes Cênicas (GITIS, pela sigla em russo) e ganhou, em 1952, um prêmio estatal pelo livro *As Lições de Direção de K. S. Stanislávski* [Rezhisserskie urôki K. S. Stanislávskogo]. (N. T.)

diretor comercial do teatro, R. K. Tamántseva, secretária de Konstantin Serguêevich, e mais alguns atores e atrizes do teatro.

Toda a companhia, sentada em torno de uma grande mesa, esperava com ansiedade a chegada de Stanislávski. Isso foi, se não me engano, na primavera de 1938, ou seja, apenas alguns meses antes de sua morte. Stanislávski se sentia mal, suas forças já o abandonavam, e naquele momento acabara de passar por uma gripe, que deixara sequelas em suas pernas. Os olhares de todos se focavam nas portas de entrada, por onde deveria aparecer Stanislávski. Já era um tanto tarde, e a sala estava escura. E eis que da escuridão aparece, de repente, uma comitiva um pouco estranha: primeiro, vemos surgir uma enfermeira de branco. Em seguida, a figura alta e curvada de Stanislávski, os cabelos brancos como um tufo de algodão. A enfermeira o conduzia pelo braço. Com dificuldade para andar, Stanislávski dirigiu-se à mesa, cumprimentou a todos com uma reverência e sentou-se em seu lugar.

– Bom, e que peça vocês querem fazer? – perguntou aos diretores, depois das conversas inicias sobre temas mais gerais.

– Ah, queríamos tentar *O Casamento*,[2] de Gógol.

– *O Casamento*? Ai, ai, ai! Para que pegar uma peça tão difícil? Bom, mas tanto faz... Vamos lá...

Tive a oportunidade de ler o romance satírico, inacabado e não publicado, de um dramaturgo soviético muito talentoso, hoje já falecido.[3] Na história, um jovem escritor narra seus tormentos ao montar sua primeira peça num certo Teatro Independente (ou seja, no Teatro de Arte).

Num dos fragmentos satíricos, o autor descreve um diretor, no qual não é difícil reconhecer o arquétipo de Stanislávski. No capítulo a que me refiro, ele descreve o momento da apresentação do esboço de

---

[2] *O Casamento* [Zhenitba], peça de Nikolái Gógol publicada em 1842. No Brasil, foi publicada com tradução de Arlete Cavaliere no volume *Teatro Completo*, de Gógol. (N. T.)

[3] Toporkov refere-se ao *Romance Teatral* [Teatrálni román], de Mikhail Bulgákov (falecido em 1940), obra inacabada e publicada na URSS apenas em 1965. No romance, Bulgákov explora, com humor, sua relação com o teatro e com o Teatro de Arte de Moscou e Stanislávski, particularmente. (N. T.)

uma cena ensaiada ao diretor (ou seja, para Stanislávski). A cena é de amor, e o jovem dramaturgo gosta muito da maneira como os atores a interpretam. Como uma cena maravilhosa daquelas podia desagradar completamente ao diretor, que ao assisti-la diz, aproximadamente:

– Péssimo!.. Isso é uma cena de amor! Você não ama sua dama... Você sabe o que é o amor? Amor significa tudo para ela... Entende? Sentar para ela, andar para ela. O que quer que eu faça, faço para ela. Entende?

E de repente:

– Contrarregra!!!

Entram apavorados os contrarregras.

– Tragam uma bicicleta.

O pedido inesperado deixa dramaturgo e atores boquiabertos. Quando a bicicleta é trazida, Stanislávski propõe ao pobre e emudecido ator que pedale a bicicleta em volta de sua amada.

– Você tem que fazer isso para ela, entende? Apenas para ela...

– Mas... eu... não sei... andar de bicicleta, não sei mesmo...

– Mas para ela você tem que aprender. Vamos lá, por favor...

Obviamente, o autor do romance pensava que com isso fazia um deboche mordaz e maldoso dos princípios de trabalho de Stanislávski. Na verdade, tirando alguns exageros que dão ao capítulo um tom humorístico, aquele princípio de trabalho era típico de Stanislávski, conhecido por nós todos, e não causava o riso que o autor do romance claramente desejava.

Algo parecido com o descrito no romance aconteceu durante os ensaios do espetáculo dos diretores. Stanislávski propôs a todos os que atuariam no espetáculo *O Casamento* que fizessem um exercício simples.

– Por favor... Cada um agora deverá escrever uma carta. Para isso, utilizem apenas objetos imaginários, mas façam tudo em detalhe: como pegam a pena, como abrem o tinteiro, como verificam se há tinta suficiente, como pegam o papel, etc. Quanto mais detalhes, melhor. Não se apressem, mergulhem na tarefa, façam tudo apenas para si, e não para me mostrar...

Konstantin Serguêevich acompanhava atentamente a execução do exercício, fazendo com que todos os presentes o realizassem, e não apenas os futuros intérpretes do espetáculo. Implicava com os detalhes, e fez com que recomeçássemos várias vezes. Por algum motivo, toda a sua atenção e reprovações eram dirigidas ao diretor comercial do teatro, que já lamentava ter decidido fazer o exercício por pura curiosidade.[4]

No entanto, não podemos supor de que maneira se desenvolveria e nem qual seria a próxima etapa do processo de trabalho para aquela peça de Gógol, que começara com aquele exercício sobre uma ação física simples, que não possuía nenhuma relação com o enredo da peça. Aquele foi o primeiro e único ensaio. O estado de saúde de Stanislávski, entre outros motivos, não permitiram que Konstantin Serguêevich continuasse o trabalho, que incluía indubitavelmente a aplicação de novos procedimentos experimentais, especialmente se considerarmos a especificidade dos objetivos que Stanislávski dava a si mesmo.

Mesmo assim, a prática com o grupo de diretores vez ou outra despontava dentro dos ensaios de um trabalho fundamental, que já vinha sendo há muito ensaiado por Stanislávski com um grupo de atores, conduzido pelo diretor M. N. Kédrov: O *Tartufo*, de Molière.

Para garantir a possibilidade de um trabalho mais produtivo e que concretizasse suas concepções de encenação da melhor forma possível, Stanislávski pediu que o grupo de atores selecionados para O *Tartufo* fosse liberado de suas obrigações na estrutura produtiva do teatro, com exceção da participação nos espetáculos que estivessem em cartaz.

Penso que o primeiro motivo da escolha dessa peça é o número de personagens participantes, que não são muitos. Assim, o teatro

---

[4] Curiosamente, um episódio muito parecido abre a segunda parte (inacabada) do *Romance Teatral*, de Bulgákov. Nela, o diretor Ivan Vassílievich (ou seja, Stanislávski) começa a insistir com um jovem que faça o exercício de escrever com objetos imaginários, até que um dos atores o convence de que se trata do contrarregra, que estava apenas de passagem. (N. T.)

poderia calmamente pôr o pequeno grupo de atores à completa disposição de Stanislávski, liberando-o de outras responsabilidades.

O segundo motivo era o desejo de Stanislávski de exemplificar na prática a universalidade de seu método, provando que era aplicável não apenas ao repertório típico do TAM (Tchékhov), como costumava-se pensar.

Além disso, claro, a peça agradava muito a Stanislávski. Era sabido que uma vez ele começara a trabalhar em uma montagem, mas por algum motivo desconhecido não chegou a finalizá-la.

No grupo de intérpretes estavam: Kédrov (diretor, responsável pelo coletivo e intérprete do papel de Tartufo), Knípper-Tchékhova e Bogoiávlenskaia (Sra. Pernelle), Korêneva (Elmira), Geiroth (Cleanto), Bendina (Dorina), Bordukóv (Damis), Mikhêeva (Mariana), Kisliakóv (Valério) e eu, que fazia o papel de Orgon.

Durante o processo de trabalho ocorreram pequenas mudanças no elenco: por força de determinadas circunstâncias, Olga Knípper-Tchékhova não pôde participar ativamente do trabalho, e o papel da Senhora Pernelle passou inteiramente a Bogoiávlenskaia. Apenas depois, quando *O Tartufo* já correra muitas vezes no palco do TAM, Knípper foi introduzida na montagem e interpretou o papel algumas vezes.

Bordukóv saiu do grupo e foi substituído por A. M. Komissárov. Isso, no entanto, aconteceu apenas muito depois da morte de Stanislávski, quando o trabalho, na preparação final da montagem para a estreia, já passara completamente às mãos de Kédrov. Este também introduziu intérpretes para os papéis episódicos: Voinova (criada da Sra. Pernelle), Kurôtchkin (Sr. Leal) e Kirílin (oficial).

Eu e Bogoiávlenskaia, além de atores, fazíamos parte da equipe de direção. Bogoiávlenskaia cumpria diferentes tarefas para Kédrov nas cenas com os mais jovens, e eu corrigia as cenas em que Kédrov participava como ator.

Na primeira conversa acerca do trabalho, Konstantin Serguêevich tentou fazer com que todos concordássemos sobre o caráter do trabalho e sobre as relações que nos regeriam. Exigia sinceridade e honestidade.

— Se o que lhes interessa aqui é apenas a possibilidade de fazer mais um papel, com uma técnica um pouco diferente, sinto muito desapontá-los. Não estou me propondo a montar espetáculo algum, pois os louros da direção não me interessam mais. Qual a diferença de montar um espetáculo a mais ou um a menos? Nenhuma. Para mim, é importante transmitir-lhes o que acumulei durante toda a minha vida. Não quero ensinar-lhes a fazer um papel, mas a fazer papéis. Peço que pensem. O ator deve trabalhar o tempo todo sobre si mesmo, na elevação de sua qualificação. Deve aspirar a tornar-se um mestre o mais rápido possível, um mestre em todos os papéis, e não apenas no papel atual.

Peço que me digam honestamente: vocês estão dispostos a estudar? Apenas sejam sinceros. Não há nada de mal nisso: todos já são adultos, cada um já possui um nome e é reconhecido como ator. Cada um de vocês já conquistou o direito de considerar-se um mestre completo, e podem, com seu ofício, viver até o fim de seus dias. Pode interessar-lhes muito mais a execução de dois ou três papéis brilhantes do que um estudo longo e maçante. Entendo isso muito bem. Tenham coragem para admiti-lo. Tenho muito mais respeito por uma recusa honesta, do que por uma aceitação mentirosa... Mas também devo avisá-los honestamente que, sem esse estudo, vocês chegarão necessariamente à crise de criação.

A arte do Teatro de Arte é tal que requer a renovação constante, o trabalho constante sobre si mesmo. Foi construída sobre a reprodução e a transmissão da vida viva e orgânica, e não suporta formas e tradições engessadas, por mais belas que sejam. Nossa arte é viva, e como tudo o que vive, encontra-se em movimento e desenvolvimento. Algo que ontem foi bom, hoje já não serve mais. Um mesmo espetáculo amanhã não será o mesmo de hoje. Essa arte requer uma técnica especial, que não é a técnica do estudo de procedimentos e recursos teatrais específicos. É a técnica de domínio das leis da natureza criativa do ser humano, a capacidade de agir sobre essa natureza, conduzi-la, a capacidade de descobrir, a cada espetáculo, suas possibilidades criativas, sua intuição. Trata-se de uma técnica artística, ou, como a chamamos, psicotécnica. As qualidades geradas por essa técnica devem ser postas na base de nosso teatro, devem diferenciá-lo dos outros teatros. Essa arte é bela. Repito: essa arte requer trabalho constante e árduo sobre si mesmo. Do contrário, rapidamente se deforma e, muito mais rápido do que vocês pensam, transforma-se num nada, e o nível de nosso teatro desce abaixo do nível de um simples teatro tradicional. Muito abaixo, já que ali existem procedimentos do ofício fortemente apropriados e estudados, uma tradição instaurada, passada de geração em geração. Isso é suficiente para que esses teatros se mantenham com a qualidade e o nível que conhecemos. Nossa arte é muito frágil, e se seus criadores não se preocupam constantemente com ela, não a movem adiante, não a desenvolvem, não a aperfeiçoam, ela rapidamente perece.

O domínio da técnica deve ocupar toda a trupe de nosso teatro, todos os atores e diretores. Nossa arte é coletiva. Intérpretes isoladamente bons num espetáculo não nos agradam. É preciso pensar o espetáculo como uma combinação harmônica única de todos os elementos, como uma obra de arte inteira, completa.

Antes de morrer, quero transmitir-lhes os fundamentos dessa técnica. Não é possível transmiti-los com palavras, ou de forma escrita. Esses fundamentos devem ser estudados no trabalho prático. Se conseguirmos bons resultados e vocês entenderem a técnica, então poderão espalhá-la e imediatamente irão desenvolvê-la ainda mais.

Quero dar-lhes o modelo. Vejam que, em essência, o "sistema" tem de cinco a dez ensinamentos que permitem que vocês abordem seus papéis da maneira correta pelo resto da vida.

Lembrem-se: cada ator, por melhor e mais exigente que seja, deve voltar a estudar depois de certo tempo (de quatro a cinco anos). É preciso treinar a voz (que, com o tempo, perde o trabalho acumulado) e limpar seu eu criativo de toda a sujeira acumulada, como, por exemplo, a mania de seduzir, o narcisismo, etc. É necessário acompanhar diariamente a elevação de sua própria cultura como artista e, de cinco em cinco anos, mais ou menos, voltar a estudar por meio ano ou mais.

Entendem agora a tarefa que está posta diante de vocês? Insisto, mais uma vez: não pensem em nenhum espetáculo, apenas estudo e mais estudo. Se concordam em estudar, então vamos começar. Se não, nos separamos sem ressentimento algum para as partes. Vocês vão para o teatro continuar o seu negócio, e eu escolho outro grupo e faço aquilo que considero meu dever perante a arte.

* * *

Em seguida, começaram os trabalhos práticos. M. N. Kédrov os realizava sob supervisão direta de K. S. Stanislávski, e esses trabalhos possuíam um caráter muito específico. Mas depois voltarei a eles.

Todos sabem que Stanislávski via o caminho do teatro no desenvolvimento e fortalecimento de seus princípios realistas. Apenas uma arte realista conceitualmente direcionada, que refletisse real e autenticamente a "vida do espírito humano", poderia tornar-se o meio que melhor agiria sobre o espectador, educando-o. Stanislávski buscava sempre dotar suas concepções de um corpo vivo, autêntico e orgânico, sempre de uma maneira profundamente realista. Para que isso fosse possível, ele precisava, antes de mais nada, fazer voltar o ator à vida. Precisava limpá-lo de toda a sorte de procedimentos da rotina do ofício teatral, dos clichês que escondiam sua viva alma humana do espectador.

– No trabalho – dizia Konstantin Serguêevich –, é preciso sempre partir de nós mesmos, de nossas qualidades naturais. Em segundo, das leis da criação artística, e, em terceiro, é preciso submeter-se a uma lógica alheia, ou seja, à lógica do ser humano-papel. Eu não posso fazer nenhum papel sem ter realizado uma limpeza geral em minha alma criativa, sem ter me livrado de meus velhos clichês.

K. S. Stanislávski buscava nos atores uma forma de interpretação realista elevada, que fosse o desenvolvimento lógico das tradições do teatro russo, porém mais contemporânea, progressista e convincente.

Ao trabalhar, Stanislávski recomendava partir de si, de nossas próprias qualidades naturais, submetendo-nos então à lógica de outro ser humano. Ao se apropriar e dar corpo a uma lógica em cena, o ator passa a agir autenticamente e, ao mesmo tempo, a viver suas próprias emoções: tateia, cheira, ouve e vê com toda a sutileza de seus próprios órgãos, nervos, utilizando-os para agir autenticamente e não para imitar a ação.

– A arte começa – diz Konstantin Serguêevich – quando ainda não há papel, apenas o "eu" nas circunstâncias propostas da peça. Perder o "eu" nas circunstâncias propostas significa perder-se no papel, ou seja, olhar para o papel "de fora", copiá-lo. Ao trabalhar com o sistema, vocês agirão certo e bem, ou certo e mal, mas não vão representar bem nada, como faz, digamos, Coquelin.[5]

Representar bem é uma arte muito difícil. Requer muito tempo, esforço, paciência e precisão, coisas que não podemos e não gostamos de fazer. Pode ser muito bom também, por favor, mas a arte de Coquelin impressiona apenas enquanto se a está assistindo, e a arte de Ermôlova entra na vida, na alma.

Stanislávski ensinava, induzindo nos atores a capacidade de perceber os acontecimentos cênicos sempre de maneira direta, cada vez como se fosse a primeira.

– Meu método é a capacidade de fisgar em si a sensação do hoje. Hoje eu estou aqui, daqui a pouco vou agir. Vou, por exemplo, difamar Tchítchikov, prendê-lo, etc. Se vocês foram elogiados por um pedaço do papel, por um gesto ou por uma entonação, não se apeguem. Troquem-nos por algo mais interessante, para fugir do clichê. Peguem uma esponja e esfreguem.

Seria errado dizer que Stanislávski introduziu, em seus últimos ensaios conosco, algo completamente novo e contrário a todas as posições anteriores de seu sistema, e isso ficará claro pela descrição dos ensaios de *O Tartufo*. Aqui, no entanto, o método de Stanislávski adquiriu sua forma mais completa, concreta, e ganhou expressão por sua formulação como "método das ações físicas".

---

[5] Benoît-Constant Coquelin (1841-1909), célebre ator francês, autor do livro *A Arte e o Ator*, no qual propagandeava uma abordagem técnica e racional do trabalho do ator, no espírito da tradição da Comédie Française. (N. T.)

Sabemos que durante toda a sua vida, Stanislávski buscou em seu sistema diferentes pontos de apoio. Enfatizava ora uma, ora outra qualidade: por vezes o ritmo, o pensamento, a tarefa, etc.

Agora, toda a base do sistema passava a ser constituída pela ação física, e ele tentava limpar-se de tudo o que pudesse obscurecer, enfraquecer esse conceito. Uma vez, algum de nós lembrou-o de um procedimento mais antigo, e ele apenas fingiu ingenuamente que não sabia do que se tratava. Perguntaram-lhe:

– Qual é a natureza do estado dessa cena?

Konstantin Serguêevich fez um rosto de surpresa e disse:

– Como assim, natureza do estado? Ah... o que é isso? Eu nunca ouvi falar disso...

Não era verdade. A seu tempo, o termo havia sido posto em circulação pelo próprio Stanislávski. No entanto, naquele caso o termo nos atrapalhava em nossa tarefa de concentrar a atenção e direcioná-la para o lugar certo. Stanislávski temia qualquer olhada para trás que pudesse interromper o movimento em direção a seu objetivo.

Quando uma das atrizes disse que tinha guardado por anos anotações detalhadas de todos os seus ensaios nos quais ela estivera presente, e que agora não sabia o que fazer com tamanho tesouro, Stanislávski respondeu:

– Queime tudo.

A qualidade vital mais convincente de nossa arte é a sinceridade. Tudo o que for sinceramente dito ou feito jamais levantará dúvidas. Uma risada sincera é sempre contagiante, enquanto um riso forçado é sempre desagradável. Lágrimas sinceras sempre nos tocam, mas nunca acreditamos numa tristeza forçada ou em lágrimas falsas. A sinceridade é a capacidade que uma pessoa tem de exercer fascinação. Um ator que é capaz de ser sincero em cena não tem como não ser fascinante. Eis por que não podemos separar a fascinação cênica da arte do ator. Um mesmo ator pode ser fascinante num papel bem-sucedido, em que conseguiu a sinceridade, e, ao contrário, completamente insuportável num papel em que falhou em consegui-la. Conhecemos muitos atores que, no dia a dia, são fascinantes, possuem maravilhosos atributos físicos, bela voz, mas não têm talento cênico. E toda sua fascinação evapora, assim que pisam no palco.

A capacidade de ser sincero nas condições da cena é o que chamamos de talento cênico.

Que qualidade em comum une todos os nossos grandes atores? A sinceridade de seu comportamento cênico. Em que consistia a grandeza de K. A. Varlámov,[6] por exemplo? Em que consistia seu humor, inimitável? Em sua barriga, em suas pernas gordas, em sua figura grotesca ou em sua voz, por acaso? Nada disso. Quantos atores não deixavam-lhe nada a dever, em termos de atributos físicos? No entanto, em toda a história do teatro, Varlámov era único. Era Varlámov porque era Varlámov, um talento insuperável. Além do mais, a qualidade desse talento levava-o ao principal: à capacidade de entregar-se completamente à concepção do espetáculo e agir organicamente em cena. As mesmas qualidades possuía a atriz V. V. Strélskaia.[7] Quando estes dois grandes atores encontravam-se em cena, milagres aconteciam. Juntos, apagavam as linhas divisórias entre a cena e a vida. Ainda que atuassem frequentemente nas comédias e *vaudevilles* mais vazios e bobos, os dois deixavam o espectador prostrado, tamanha sinceridade e veracidade havia em suas interpretações. E essa qualidade ou, melhor dizendo, esse talento cênico, era esmerado num refinamento tal e com tamanha generosidade, que permitiram a Varlámov terminar sua carreira como um grande ator sem jamais ter trabalhado sobre si mesmo. Indubitavelmente, ele teria sido um ator ainda maior se dominasse outras qualidades, imprescindíveis para um artista. V. N. Davídov disse uma vez: "Deem-me o talento de Varlámov e eu ponho o mundo a meus pés". Mesmo assim, o que Varlámov possuía era tão valioso que permitiu-lhe obter essa importante glória em vida.

Stanislávski exigia dos atores a sensação de verdade e a capacidade de entregar-se facilmente aos acontecimentos da peça com fé e

---

[6] Konstantin Aleksándrovich Varlámov (1848-1915), grande ator cômico do Teatro Alexandrínski, em São Petersburgo. (N. T.)

[7] Varvára Vassílievna Strélskaia (1838-1915), uma das atrizes principais do Teatro Alexandrínski. (N. T.)

completa sinceridade. Exigia a capacidade de conduzir ininterruptamente a linha lógica das ações, de acreditar sinceramente na lógica de outro como se fosse a sua própria. Eis o que queria extrair de nós, intérpretes de O Tartufo. Essas qualidades, que eram facilmente despertas pela intuição num Varlámov, também podem ser conseguidas, em certa medida, por trabalho árduo. Essa era a opinião de Stanislávski.

A questão de como precisamente trabalhar para alcançar esse objetivo é extremamente complexa. Para estudá-la, havíamos sido convocados por Stanislávski.

K. S. Stanislávski nos advertia repetidamente sobre os perigos de uma abordagem criativa racional, fria. Exigia de nós a ação e não a razão.

– Quando um ator tem medo de mostrar sua força de vontade, quando não quer criar, entrega-se à racionalização. Então, é como se fosse um cavalo que bate as patas em desespero, sem conseguir sair do lugar ao tentar puxar uma carroça pesada demais. Para agir corajosamente é preciso parar de bater as patas no mesmo lugar, e educar em si mesmo a capacidade de apaixonar-se pela ação. Desejo fazer e faço, com coragem. A ação é volitiva, intuitiva. A razão, cerebral. Meu sistema é necessário apenas para abrir as portas da natureza orgânica do ator para a criatividade. É necessário nos casos em que se tem dificuldades.

Ao definir a natureza orgânica como força motriz da arte do ator, Stanislávski criou um sistema para acessá-la. Elementos do comportamento físico do ator no processo de criação do personagem jamais foram ignorados por Stanislávski. Lembro-me de como, já no trabalho em Os Esbanjadores, ele chamava a atenção dos atores para a importância essencial do controle sobre a limpeza e a precisão de toda e qualquer ação física, mesmo das mais insignificantes. No trabalho em Almas Mortas isso era ainda mais claro. E tudo isso muito antes dos eventos que estou prestes a descrever. No entanto, no último período de sua vida, ou seja, logo antes do trabalho com O Tartufo, Stanislávski conferia primeira importância ao elemento da ação física.

Mesmo assim, não se deve pensar que as ações físicas e outros procedimentos de encenação utilizados por Stanislávski representassem, para ele, um fim em si mesmos. Hoje em dia, essa é uma opinião muito comum na boca de alguns discípulos inconsequentes. Todos os procedimentos técnicos pedagógicos de encenação desempenhavam um papel apenas secundário na conquista do objetivo principal – *a corporificação mais completa do sentido conceitual da figura cênica*. A própria escolha das ações físicas, das circunstâncias propostas, etc. sempre deveria ser condicionada por essas intenções finais.

Da mesma maneira, seria um erro analisar a ação física tão só como um movimento plástico que representa a ação. Não, a ação física é uma ação autêntica e objetiva, diretamente voltada a um objetivo determinado que, no momento de sua realização, transforma-se em psicofísica.

Ao trabalhar conosco, Stanislávski começava todas as suas indicações com:

– Bom, e o que temos aqui, de acordo com a linha física?

Ou seja, queria que traduzíssemos a cena para a linguagem das ações físicas, sendo que, quanto mais simples a ação, melhor. Assim, por exemplo, a enorme cena em que Tartufo se declara a Elmira, com seus monólogos longuíssimos, foi reduzida à ação física mais simples: com elogios quase imperceptíveis, Elmira fazia com que Tartufo desse um passo em falso e caísse em sua armadilha.

– Como farão isso? Não preciso do texto, aqui. Criem o esquema das ações físicas: como você "arma sua rede" para pegar Tartufo, como fará para neutralizar todas as investidas dele? Você, por sua vez – disse, voltando-se a Kédrov, intérprete do papel de Tartufo –, coloque seu comportamento em dependência daquilo que pode se permitir hoje, aqui e agora, em relação a Elmira, dona dessa casa e senhora fidalga.

Ou peguemos outra cena, quando Orgon procura Mariana para fazer com que ela assine o termo de casamento, e Elmira, Cleanto e Dorina reagem. Qual é, nessa cena, a ação física?

– Não me venham com emoções, pois é impossível fixá-las. Pode-se fixar e recordar apenas as ações físicas. Nesse caso, a ação pode ser definida pela palavra "esconder". Vocês precisam esconder Mariana do pai severo. Façam isso. Como o farão? Como seria o clichê, o lugar-comum dessa cena? Vocês provavelmente a esconderiam em algum lugar e esperariam Orgon com as mãos para trás, fazendo-se de inocentes, com olhares inquietos, etc. Mas do ponto de vista da criação, não faço ideia de como sairá a ação de esconder. O mais importante é que é preciso "esconder".

Ele proibia categoricamente que decorássemos o texto. Essa a condição principal para continuar o trabalho. Se durante o ensaio alguém de repente começasse a declamar os versos de Molière, Stanislávski interrompia os trabalhos imediatamente. Decorar o texto era considerado sinal de impotência. Mostrava a incapacidade do ator, que se agarrava ao texto, às palavras, e ainda mais às palavras precisas do autor. Considerava-se a maior vitória quando um ator, com uma quantidade mínima das palavras mais imprescindíveis, conseguia mostrar um esquema claro das ações físicas, sobre o qual estava construída uma ou outra cena. As palavras deveriam ter aqui um papel secundário, apenas.

Stanislávski proibia categoricamente que usássemos os métodos de trabalho empregados em outros teatros. Não podíamos bater o texto, marcar a cena, nada disso tinha lugar em nossos ensaios. O texto era lido apenas com o objetivo de definir qual a ação física por detrás de uma ou outra cena.

– Sem texto, sem marcações, conhecendo apenas o conteúdo de cada uma de suas cenas, executem-nas pelo esquema das ações físicas, e seu papel estará 35% feito. Em primeiro lugar, é preciso estabelecer a sequência lógica de suas ações físicas. É assim que se deve preparar um papel.

De que precisa um pintor, antes de passar à concretização dos momentos psicológicos mais sutis e complexos de seu quadro? Fazer com que a figura a ser representada "sente-se", "fique em pé", ou "se deite", dependendo de sua concepção. Isso é necessário para que seja realmente crível que ela está "sentada", "de pé" ou "deitada". Esse é o esquema do quadro a ser pintado. Não importa que sutilezas o pintor possa depois introduzir: se na própria pose ele já destrói as leis da física, se ali não há verdade, se a representação da figura "que senta" não "se senta" efetivamente, então nenhuma das outras sutilezas vai atingir o objetivo a que se propôs.

O mesmo significado possui a linha das ações físicas do papel na arte do ator. O ator, como o pintor, deve "sentar", "pôr em pé" ou "deitar" sua figura. Mas em nosso caso isso é um tanto mais difícil, já que somos tanto o pintor como a figura a ser representada, e precisamos encontrar não uma pose estática, mas um ser humano que aja organicamente nas mais diversas situações. Enquanto esse esquema não for encontrado e delineado, enquanto o ator não acreditar na verdade de seu comportamento físico dentro desse esquema, não deve permitir-se pensar em nada mais.

No último período de suas buscas, Stanislávski conferia a importância maior a esse trabalho sobre a criação do esquema das ações físicas do papel.

– Ao trabalhar sobre um papel – dizia –, é preciso, em primeiro lugar, fixar a linha das ações físicas. Uma coisa muito útil, inclusive, é anotá-las. Em segundo lugar, é preciso verificar a natureza dessas ações, e, por fim, em terceiro, começar a agir, audaciosamente, sem usar demais a razão. Assim que se começa a agir, sente-se de imediato a necessidade de justificar essas ações.

Esse é o caminho pelo qual o ator pode mais correta e verdadeiramente aproximar-se do tipo de interpretação que Stanislávski chamava de arte da experiência do vivo, em contraposição à arte da representação. Um comportamento orgânico e autêntico, a sinceridade da vivência, a fé na ficção são as qualidades que realmente convencem no teatro, conquistam o espectador, agem em sua alma. Essas qualidades da arte, próprias dos grandes mestres do teatro, hoje nos servem de modelo.

– Não é possível dominar o papel todo de uma só vez – ensinava-nos Stanislávski. – Cada papel tem coisas muito obscuras, quase ininteligíveis, de difícil superação. Por isso, comecem do que é mais fácil, mais acessível, mais facilmente fixável. Procurem a verdade das ações físicas mais simples, aquelas que para vocês são óbvias. A verdade das ações físicas os levará à fé, e tudo o que seguirá conduzirá ao "eu sou",[8] que em seguida se expressará em ação, em criação. O que eu faço é apenas aproximá-los da criação.

O método das ações físicas é um método segundo o qual o ator adquire fé, penetra na esfera das emoções autênticas, das experiências profundas do vivo e chega pelo caminho mais curto à criação da figura cênica. Ao mesmo tempo, é um método que ajuda e assegura a existência posterior e o desenvolvimento da figura criada.

– Se a linha das ações físicas está bem firme sobre a base de suas circunstâncias propostas pessoais e vivas, se foi bem delineada – continuava ele –, então não haverá problemas se as emoções secarem; voltem às ações físicas, e essas ações físicas lhes trarão de volta as emoções perdidas.

Mas as ações físicas não apenas põem o ator no caminho correto de seu processo de trabalho sobre o papel. Elas também são o instrumento principal para a expressividade do ator. Não é por acaso que Stanislávski define o ator como um mestre das ações físicas.

Nada transmite de maneira tão vívida e tão convincente o estado da alma de uma pessoa do que seu comportamento físico, ou seja, toda uma série de ações físicas. Não por acaso, os mais notáveis mestres da cena frequentemente recorriam a esse recurso e, quando nos lembramos de obras-primas criadas por Ermôlova, Savina, Davídov e Dalmátov, na grande maioria dos casos, dizemos:

"Lembra de como ela arrancava as luvas nervosamente, as atirava sobre o sofá e ia até a mesa, quando fulano chegava e dizia alguma coisa em seus ouvidos?".

Ou:

"Lembra de como ela trocou rapidamente os cinzeiros, quando o marido quis bater as cinzas no cinzeiro onde estava o charuto do amante?".

---

[8] "Eu sou" (*iá esm*) é um conceito fundamental do sistema de Stanislávski. Trata-se do resultado, da fusão completa entre o eu e o outro, ator e personagem. (N. T.)

"Lembra do jogo que Duse fazia com os espelhos, no último ato de *A Dama das Camélias*?"

Há uma quantidade enorme de exemplos como esses. Mesmo Davídov, grande mestre da palavra, que dominava a arte do diálogo e do monólogo com um virtuosismo impressionante, coroava o auge de cada um de seus papéis com uma "pausa de mestre". Nessa pausa, com uma quantidade ínfima de palavras, ou até mesmo sem nenhuma, expressava de maneira estonteante as emoções mais íntimas de sua figura, apenas por uma série de ações físicas cuidadosamente pensadas e escolhidas. Só nesse momento descobria finalmente para o espectador a totalidade de sua essência.

– Todos os nossos cinco sentidos podem ser decompostos em ações físicas minúsculas e anotados num papelzinho, como uma "cola" – disse Stanislávski num dos ensaios de *O Tartufo*.

Reconhecendo as ações físicas como o elemento principal da expressividade cênica, Stanislávski era extremamente exigente com os atores quando se tratava disso. Exigia limpeza, habilidade em sua execução. Demandava dos atores, se é que se pode dizer assim, uma boa "dicção" das ações físicas. Para isso, recomendava voltar a atenção aos exercícios com objetos imaginários, que deveriam entrar para a toalete diária do ator.[9] Exercícios de ação com objetos imaginários desenvolvem no ator a concentração, qualidade imprescindível de nossa arte. Ao fazê-los, o ator vai tornando-os mais complexos, separa-os em fragmentos cada vez mais detalhados, e com isso, exercita sua "dicção" das ações físicas.

Talvez escrever num papel não passe de uma única ação, simples. Para o ator-artista, no entanto, pode ser cento e uma ações, dependendo das diferentes circunstâncias. O ato de escrever em um papel, em si, às vezes não tem importância alguma, e um detalhamento exacerbado dessa simples ação pode levar apenas ao tédio. Por outro lado, transformar o "escrever num papel" no momento

---

[9] Stanislávski frequentemente referia-se ao conjunto de exercícios diários do treinamento do ator como a toalete do ator. Dizia, frequentemente, que a série de exercícios deveria ser tão natural e imprescindível ao ator como levantar-se da cama e fazer a toalete matinal. (N. T.)

mais interessante de um papel fará com que o ator precise de todas as sutilezas e nuances possíveis para conseguir executar essa ação, que em essência é tão simples.

Repito: Stanislávski, em seus últimos trabalhos com atores, apoiava-se principalmente nesse método, que ele mesmo definiu como o método das ações físicas.

– Essa técnica, que estou desenvolvendo, ainda não é conhecida por ninguém. Mas é preciso que todos aspiremos a ela – dizia, durante os ensaios.

***

Stanislávski trabalhava sobre O *Tartufo* com objetivos estritamente pedagógicos, e conduzia-nos com rigor e pureza de método. Não se faziam concessões às tradições estabelecidas ou à maneira usual do trabalho de ensaios. Tampouco era sábio tentar aplicá-las, nas condições incomuns que Stanislávski ou Kédrov nos propunham a cada dia. A primeira etapa de nosso trabalho, que poderia ser chamada de "investigativa", consistia no reconhecimento mental tanto de cenas isoladas como da peça como um todo. Kédrov, ao conduzir os ensaios, tentava fazer com que cada um de nós expusesse o mais clara e precisamente o conteúdo ou a linha do enredo da peça em toda a sua pureza. Não eram permitidos devaneios sem sentido. Era preciso apenas responder à pergunta: o que aconteceu?

A simplicidade dessa exposição da linha do enredo e a ausência de qualquer artifício em sua execução deveriam torná-la similar à exposição de uma criança de dez anos que tivesse acabado de ver a peça. Num primeiro momento, recomendava-se inclusive escrever um protocolo sobre a exposição dos acontecimentos da peça.

"Um famoso bandido disfarçado de beato consegue entrar na casa do rico burguês Orgon", etc., etc.

O caráter da exposição mudava com o caráter das perguntas feitas pelo diretor e da individualidade de quem expunha. De um jeito ou de outro, tendia à futura resolução das tarefas físicas ativas e carregava em si a semente da criação. Considerava-se um sucesso quando alguém conseguia, por meio de um verbo preciso e justo, designar esta ou aquela etapa da luta na casa de Orgon. O objetivo final dessa exposição do enredo era estabelecer ação e contra-ação transversais da peça. Em seguida, naturalmente, delimitavam-se os lados em conflito e a cada intérprete fazia-se a pergunta:

"Se a luta ocorresse dessa maneira, qual dos lados você tomaria? Qual a sua posição, sua estratégia, sua lógica de comportamento?".

Assim, entrávamos num momento mais difícil e complexo dos ensaios, que exigia mais responsabilidade do ator, mais consciência, fantasia e a capacidade de localizar-se analiticamente no material do papel. Eram as primeiras tentativas de esboçar os contornos do futuro desenho de cena, da lógica dos comportamentos, da luta. A exposição das peripécias, sucessos e fracassos dos heróis deveria ser feita agora a partir de um observador "de fora". Os acontecimentos deveriam ser expostos a partir de um terceiro, mas que estivesse ardentemente interessado nos acontecimentos presentes, ou seja, nós mesmos. Em outras palavras, a própria pessoa que experienciava os acontecimentos era quem deveria expor, e deveria também procurar interessar os ouvintes com seus curiosos desdobramentos. E mais uma vez, além das exposições verbais, faziam-se tentativas de exposições escritas. Nessas exposições, apreciavam-se as qualidades literárias, já que em busca da forma mais precisa da exposição literária o ator imperceptivelmente se aprofunda na análise dos acontecimentos que descreve. Não há necessidade de que o ator atinja resultados excelentes nesse quesito. O mais importante são as tentativas (e certamente nenhuma tentativa errada em nosso trabalho é em vão, seus resultados podem vir mais tarde, quando o ator menos espera).

É impossível obter a completa clareza de entendimento do futuro desenho do papel apenas sentado à mesa. Aquilo, no entanto, eram apenas as primeiras investigações, a partir das quais se podia começar o trabalho, que poderia ser livremente modificado durante o processo de corporificação. Tratava-se, ainda, de um trabalho mental, cujo colossal significado eu só pude apreciar no final do trabalho sobre

O *Tartufo*, e em toda a minha prática futura como ator. Para muitos, pode parecer extremamente ingênuo:

"Sim, mas o que há de mais aqui? É claro que é preciso começar conhecendo o enredo da peça, determinar as movimentações do personagem e depois ensaiar. O que há de novo nisso?".

O novo aqui estava na própria qualidade do trabalho, em sua meticulosidade. Nosso "período investigativo" era muito maior que de costume. E não era tempo perdido, jogado fora. Cada encontro trazia novos resultados. Nós nunca havíamos sentido uma preparação dos atores tão grande para etapas seguintes do trabalho. A história da família Orgon era clara para cada um de nós, em todos os seus detalhes. Começávamos a acreditar nela como algo real, e amadurecia em nós o desejo de tentar dar corpo a ela. Isso tudo graças ao método específico com que a direção conduzia a parte "investigativa" do trabalho junto aos atores.

Nela, revelávamos perspicácia, teimosia e a capacidade de interessar, de acordar a imaginação para a avaliação e escolha corretas dos acontecimentos, que pudessem fornecer aos atores material ativo, que permitiria descobrir, com maior clareza e intensidade, todos os traços característicos do futuro personagem, para que pudéssemos penetrar profundamente nas ideias do autor.

O período seguinte de trabalho destacava-se por uma qualidade característica – a contenção dos ímpetos dos atores, de seu temperamento e de sua necessidade de atingir rapidamente um resultado. Afinal, sentíamos que já sabíamos tudo: conhecíamos a peça, as linhas de ação de todos os papéis, e inclusive alguns personagens já começavam a aparecer.

"Vamos começar a ensaiar logo, pelo menos algumas ceninhas."

Pensávamos que já estávamos prontos, mas não. Fomos interrompidos de novo. Dessa vez, diga-se a verdade, fora-nos proposto não um trabalho de mesa a mais, mas algo que já se parecia mais ou menos com um ensaio, ainda que carregasse um caráter bastante estranho para todos nós. Ensaiaríamos não numa sala ou em algum dos palcos do teatro, mas em dois andares inteiros dos camarins do teatro.

Os camarins deveriam fazer o papel da mansão do rico burguês Orgon, com uma quantidade imensa de aposentos. Foi proposto que tomássemos conhecimento da distribuição dos aposentos na casa e que nos ocupássemos de sua divisão entre os membros da família. Deveríamos fazê-lo, no entanto, com máxima seriedade e cuidado. A divisão dos quartos não deveria tornar-se a representação de mais um episódio cotidiano daquela família, mas sim a decisão real da questão fundamental: como distribuir uma família de dez pessoas (de diferentes idades, posições e caracteres) em uma casa de vinte cômodos, sendo todos de tamanhos diferentes? Também deveríamos decidir onde ficavam a sala de jantar, a cozinha, a sala de estar, etc. Tudo tinha de estar confortável e objetivamente distribuído. Propunha-se que cada um de nós brigasse com fervor por seus interesses, e que não fizéssemos concessão alguma aos outros. Ainda mais, todas as disputas deveriam acontecer de acordo com as relações estabelecidas entre os membros da família. Aquilo era extremamente interessante. Confabulamos longamente, andamos "em família", para lá e para cá, pelos corredores, medimos os quartos, desenhamos plantas baixas, brigamos, fizemos todo tipo de proposições: "E se a senhora Elmira adoecer? Será que tudo bem ela ficar no quarto que escolhemos? Será que não é muito barulhento, por tais e tais motivos?", etc. Transferia-se então o quarto para outro lugar, e, consequentemente, todo o resto mudava. Depois de certo número de ensaios, já havíamos nos distribuído confortavelmente pelos quartos e começamos a tentar "vivificá-los". Quando soava um gongo, todos saíam de seus aposentos e iam até a sala de jantar. Dorina servia os comensais, subindo e descendo pelas escadas. A vida corria calma, tranquila. Tudo isso antes da intromissão de Tartufo.

Da mesma maneira, construíamos acontecimentos familiares. Uma vez, por exemplo, fizemos a dona da casa, Elmira, ficar doente. Assim, o comportamento de todos os habitantes da casa deveria se submeter a esse fato. Continuávamos nos reunindo para o almoço e voltávamos aos quartos ou saíamos para passear depois da refeição, mas tudo levando em conta a circunstância de que em casa havia alguém gravemente doente, alguém amado por todos.

Em seguida, tentávamos dificultar as coisas, adicionando uma ou outra circunstância, como, por exemplo, "A primeira aparição de Tartufo na casa". Ninguém ainda conhecia sua verdadeira face, e por isso todos o tomavam por um beato verdadeiro, um santo. Num primeiro momento, o comportamento de Tartufo não causava suspeitas a ninguém. Todos o tinham como um modelo de abnegação e entrega. Da mesma forma, a relação de todos para com Tartufo era completamente amável e gentil. Com essas circunstâncias servindo de pano de fundo, realizamos uma série de *études* bem interessantes, que iam, por exemplo, de "Tartufo enlouquece" até "Orgon perde a cabeça". O jogo deveria correr da maneira inocente e sincera como brincam as crianças. Nós gostávamos disso. Chegávamos entusiasmados para ensaiar e brincávamos durante os ensaios, ora de uma coisa, ora de outra. Por vezes algo funcionava, e ficávamos satisfeitos. Por outras, nada dava certo e atingiam-nos momentos de decepção e lágrimas: "mas que coisa, somos todos pessoas adultas e ficamos aqui, brincando como crianças".

Pelo teatro, corriam boatos verdadeiros e falsos a respeito do nosso trabalho. Éramos motivo de chacota. Nossos próprios atores, ainda que continuassem a ensaiar com grande entusiasmo, também não estavam completamente confiantes na finalidade daqueles ensaios. No entanto, as tarefas que nos dávamos e que os diretores tentavam resolver eram artísticas, claro, e ao resolvê-las, seguíamos por um caminho mais ou menos convicto em direção a nosso objetivo. Mas isso fomos entender apenas muito depois.

Stanislávski disse, uma vez:

– Suponham que estejam fazendo um cruzeiro, num grupo grande. Vocês passeiam pelo convés e almoçam: comem, bebem, conversam, cuidam de suas senhoras. Tudo isso, vocês fazem muito bem. Mas seria isso arte? Não, isso é a vida. Agora imaginem outra situação. Vocês chegam ao teatro para ensaiar. No palco, há o convés de um navio, uma mesa posta, vocês entram em cena e falam para si mesmos: "Se estivéssemos em um cruzeiro num grande grupo e tivéssemos que almoçar, o que faríamos?". Nesse momento, começa a criação artística.

Em seguida, nossas brincadeiras sobre a casa de Orgon começaram a ganhar temas mais próximos e aparentados aos acontecimentos da peça de Molière: "A enfurecida senhora Pernelle, mãe do senhor, deixa a casa num ímpeto de fúria, e os assustados membros da família tentam fazer com que ela não se vá".

Ou: "Orgon tenta convencer a filha a assinar o termo de casamento, e os outros membros da família imploram para que não o faça".

– A única coisa que peço, pelo amor de deus, é que tudo isso seja feito sem nada do texto de Molière, sem nenhuma marcação de cena – dizia-nos Konstantin Serguêevich.

Tendo trabalhado dessa maneira por algum tempo nas cenas, decidimos mostrar a Stanislávski os resultados de nossos esforços. Começamos da cena do enfurecimento da senhora Pernelle, que deixa a casa, ou seja, do início da peça. Os intérpretes, guiados pelo sentido geral da cena, falavam o texto com suas próprias palavras. Não conseguimos ficar em cena por muito tempo. Stanislávski rapidamente nos interrompeu:

– Vocês não estão agindo. Estão apenas falando palavras. Sim, verdade, não são as palavras do autor, mas vocês já se acostumaram com elas a tal ponto que se tornaram texto, e agora soam como se tivessem sido decoradas. Só que não atingem o mesmo grau de perfeição de Molière. Para mim, o importante aqui não são as palavras, mas o comportamento físico. O que acontece aqui, pela linha física? Sentem-se, por favor, todos. Escutem com atenção. A situação na casa da família de Orgon é extremamente tensa. O patrão, o dono da casa, foi viajar e deixou sua mãe cuidando de Tartufo. A mãe de Orgon idolatra o "santo homem", e o que aconteceria quando Orgon voltasse, se descobrisse que ela decidiu ir embora e deixar Tartufo sozinho, naquele meio hostil? Imaginem o escândalo que estaria prestes a ocorrer, e como o único vitorioso aqui seria Tartufo, o que tornaria bem mais difícil a batalha contra ele, a partir de então! Vocês precisam fazer tudo o que for possível para segurá-la em casa, implorar para que a velhota enraivecida fique. Ela, por sua vez, não pode apenas não se entregar e ficar, mas não deve permitir que ninguém ouse abrir a boca. Quando um dos familiares tenta entrar numa discussão com ela, ela deve rapidamente destruir o oponente, ofendê-lo e deixá-lo sem nenhuma vontade de continuar a discussão. Isso é Molière, não Tchékhov. Aqui, se é um escândalo, é um escândalo, se é luta, é luta. Não é um jogo de xadrez, mas uma partida de boxe. Bem, portanto, o que temos aqui, na linha física? Definam seus comportamentos. O que pode atraí-los?

Imaginem um domador numa jaula cheia de tigres famintos, dispostos a rasgá-lo em mil pedaços a qualquer momento. Ele os controla apenas com o olhar, que não desvia de nenhum dos tigres. Pelo olhar, o domador lê as intenções de cada uma das feras e as poda pela raiz, não deixando que se transformem em ação. Se algum dos tigres tenta atacá-lo, desfere uma chicotada que faça com que o bicho se retraia, com o rabo entre as pernas. Tenham em conta que não há apenas um tigre na jaula, mas uns cinco ou seis, e cada um se prepara para um bote desesperado assim que o domador baixar o olhar por um ínfimo instante. Certo, e como vocês agirão? Tentem, tentem... Não, nenhum de vocês está no ritmo certo! Procurem o ritmo certo. Você, querido, por exemplo... Você percebe que se sentou para ler um jornal, e não para uma briga? (O ator se levanta.) Não, não se levante, é possível preparar o bote sentado mesmo. Vá, aja. Não, não é isso... Peço a cada um de vocês que, sentados aí onde estão, encontrem o ritmo correto... Um ritmo alucinado. Ele deve se expressar em ações muito pequenas. Não, não... não é nada disso... Será que vocês não são capazes de fazer algo tão simples? Onde está a técnica? Assim que tiram de vocês o texto "muleta" vocês perdem tudo? Não, eu quero que vocês aprendam a agir, antes de mais nada, a agir fisicamente. As palavras e pensamentos lhes serão necessários no futuro apenas para fortalecer e desenvolver essas ações. Mas agora eu estou pedindo apenas que se preparem para a briga. Será que é tão difícil?

Mas era realmente muito difícil. Não conseguíamos de maneira nenhuma encontrar o que ele exigia de nós. E não importa quanto tentasse Stanislávski, nada trazia resultados.

— Ai, ai, ai!.. Mas que falta de força de vontade... Péssimo! Assim não se pode trabalhar.

Começamos a tentar convencê-lo de que tínhamos força de vontade e de que estávamos repletos de desejo de cumprir aquela tarefa, mas que nada funcionava porque tudo aquilo era realmente muito novo para nós. Não conseguíamos começar a agir sentados na cadeira, ainda mais num ritmo alucinado daqueles. Ficava falso, não acreditávamos em nós mesmos, nos confundíamos. Chegamos a pensar que era impossível.

— Que bobagem ridícula! O ritmo deve ser sentido nos olhos, nos pequenos movimentos. São coisas elementares. Eu estou pedindo que fiquem sentados num ritmo determinado... que mudem o ritmo de seu comportamento. Isso é coisa que até uma criança da terceira série consegue fazer.

Um dos atores, obviamente perdendo a paciência, perguntou:

— E você, Konstantin Serguêevich? Consegue fazer?

Congelamos. Esperamos pela explosão, mas Stanislávski imediatamente respondeu, quase sem pausas e muito calmo:

— Presume-se. Querem um ritmo alucinado? Por favor.

E imediatamente, ali, sentado no sofá, Stanislávski se transformou. Diante de nós estava uma pessoa extremamente nervosa, sentada como que sobre um formigueiro. Por vezes, tirava um relógio e, quase sem olhar para os ponteiros, punha-o de novo no bolso. Depois, preparava-se para se levantar, mas mudava de ideia e se sentava de novo. Ora congelava completamente, e a cada segundo se preparava para dar um bote desesperado. Realizava um sem-fim de ações muito rápidas. Cada uma delas era justificada internamente e parecia muitíssimo convincente. Era um espetáculo maravilhoso, e todos nós ficamos embasbacados. Stanislávski, como se não tivesse acontecido nada, continuava seu exercício. Depois de certo tempo, perguntou calmamente:

— Querem que eu continue em outro ritmo?

E começou a fazer o mesmo, mas agora surgia diante de nós uma pessoa completamente calma e equilibrada, que tentava se preparar para dormir, mas dilatava o momento antes de deitar. Foi muito convincente.

– Mas como podemos chegar a isso?

– Apenas por meio de exercícios diários. Tudo o que vocês fazem agora é muito bom, mas adicionem ainda treinamentos de ritmo. Vocês não conseguirão dominar o método das ações físicas se não dominarem o ritmo. Vejam, cada ação física está inseparavelmente ligada a um ritmo e é por ele caracterizada. Se vocês sempre fizerem tudo no ritmo que já lhes é habitual, então de que maneira chegarão à metamorfose?

– Sim, mas e se realmente, como você está dizendo, me é próprio um ritmo mais lento – disse, mais uma vez, o mesmo ator corajoso. – Nós temos que partir de nós mesmos, de nossas próprias qualidades? Ou então como fazer, se o ritmo alucinado me é alheio?

– Pense... é como quando alguém pisa-lhe o pé com um salto alto. Você continuaria no mesmo ritmo lento?

– Não, mas aqui...

– Seu ritmo vai continuar lento até que você seja afetado de verdade. Na peça, desenrolam-se acontecimentos que talvez não o afetem de verdade, como é preciso. Mas bem, e se fossem outros acontecimentos? Comporte-se como você se comportaria, você mesmo, não outra pessoa, mas se tivesse sido afetado de fato.

Depois de estabelecidas as ações físicas, exercitem primeiro os impulsos dos quais brotam as novas ações. No entanto, não deixem que essas ações, que existem apenas em impulso, se realizem. Apenas constatem: essa eu consigo, essa ainda não consigo. Seguindo a lógica, a sequência das ações, exercitem o papel, não com as palavras do autor, mas com as suas próprias, e mesmo quando estudarem o texto evitem pronunciar as palavras em voz alta. Trabalhem calmamente, com coragem. Não deixem que a crítica os interrompa: "Droga, não está funcionando!".

O que é a fé, em cena? É preciso começar a fazer as coisas com audácia e precisão, ou seja, clara, logicamente. O espectador vai acompanhar as suas ações. Seguindo adiante calmamente, vocês se entusiasmarão com o processo de trabalho, e isso já é metade da fé. Para conquistar o espectador, é preciso apenas pegar essa metade e completá-la.

Nisso, terminou o ensaio. Stanislávski nos liberou, voltando nossa atenção mais uma vez para a grande importância do treinamento de ritmo. Ele ficara ainda um pouco descontente com o resultado de nosso trabalho. Numa conversa com Kédrov, falou sobre a ausência de força de vontade dos atores e chegou a indagar-se se alguns ali tinham mesmo o desejo de continuar aquele trabalho. Disse que era preciso perguntar a todos mais uma vez, e realizar uma limpeza no elenco.

***

Para a apresentação seguinte, nos preparamos já levando em conta o que acontecera da última vez que havíamos mostrado a cena para Stanislávski. Exercitávamos diariamente o ritmo e chegamos inclusive a obter algum resultado, que passamos a buscar na cena que preparávamos para a apresentação. Propositalmente, escolhemos outra cena ("Orgon com o contrato de casamento"). A cena começa com os familiares nervosos, que protegem consigo a infeliz Mariana, e discutem a questão de como não deixar que Orgon una sua própria filha com Tartufo, num casamento monstruoso. Durante a tempestuosa assembleia, Orgon irrompe no quarto com o contrato em mãos.

Tínhamos destacado as palavras: "familiares *nervosos*", "durante a *tempestuosa* assembleia" e "Orgon *irrompe* no quarto", para que servissem de indicadores dos ritmos nos quais deveríamos agir durante a cena.

Antes de começar a apresentação, contamos longa e detalhadamente para Stanislávski o que queríamos fazer, como pretendíamos fazer a assembleia *tempestuosa*, como Orgon *irromperia* no quarto, como os familiares iriam resistir, etc., etc.

Konstantin Serguêevich cortou nossa explicação.

– Quando atores começam a explicar demais: nós resistimos, faremos isso e aquilo, e assim por diante, essas explicações acabam enfraquecendo a força de vontade. Não expliquem, resistam. Bem, e como vão agir?

Começamos a fazer a cena, e a fazíamos até que bem.

– O que é isso que estão fazendo? Uma assembleia tempestuosa? Imaginem que pela casa corre um louco com uma faca, procurando a filha para dilacerá-la... Mas vocês, enquanto isso, estão numa "assembleia tempestuosa"! Vocês devem salvá-la, e não entrar em assembleia... Isso é tudo clichê de teatro. O que temos aqui, segundo a linha física? Decidam isso, antes de mais nada. De onde pode aparecer o louco? Mantenham toda a atenção dirigida a essa porta; não, melhor ainda, à maçaneta. Enquanto isso, pensem onde esconder Mariana, briguem, xinguem-se, mas em momento algum percam o objeto principal, o louco que corre pela casa com uma faca na mão. Se ele abrir a porta, já será tarde. O menor movimento da maçaneta, e Mariana já deve estar escondida. Orgon não pode suspeitar que ela está por aqui. Como vocês agirão, então?

Como em todas as indicações de Stanislávski, tudo parecia muito simples, e não precisava de mais explicações. Mas bastava que nos puséssemos a fazer, sentíamos quão longe estávamos da perfeição, e que mesmo na melhor das tentativas não conseguiríamos atingir um centésimo do que nos era exigido. Tudo terminava com a repetição de clichês teatrais mais ou menos críveis, mas, ainda assim, clichês.

– Tudo bem, esqueçam a peça... Não há nada... Nem Orgon, nem Mariana, nem ninguém. Há apenas vocês, vocês mesmos, e vamos fazer um jogo. Toporkov sairá do quarto e ficará no corredor, bem longe da porta. Vocês todos, pelo contrário, fiquem aqui dentro, e tentem perceber onde está Toporkov. O jogo é o seguinte: nenhum de vocês pode se mexer enquanto a maçaneta não se movimentar, e assim que isso acontecer, escondam Mariana. Escondam-na onde quiserem, mas vocês devem conseguir fazê-lo antes que a porta se abra por completo e Toporkov entre no quarto. Em uma palavra, ele não deve ver onde vocês a escondem. Toporkov, ao entrar, deve dizer imediatamente onde foi escondida. Se ele adivinhar, ganha. Se não adivinhar, ganham vocês. Muito bem, por favor, vão começando o jogo, que eu preciso falar com os diretores.

Depois dessas palavras, Konstantin Serguêevich tirou o *pince-nez*, em sinal de que realmente não estava nos observando. Depois, tirou da bolsa algumas anotações e começou a conversar com os diretores.

Começamos o jogo. Num primeiro momento, não funcionava para eles. Esconder Mariana num tempo tão curto era impossível. Eu irrompia no quarto quando ainda mal haviam conseguido pegá-la, e, se tivessem conseguido escondê-la, eu teria visto o local. Mas aos poucos, de tentativa em tentativa, os perdedores começaram a ser arrebatados pelo entusiasmo. Começaram a acusar-se mutuamente, culpando uns aos outros pela falta de agilidade. Surgiram alguns insultos e, com isso, apareceu um desejo de ganhar a partida a qualquer custo. Mas eu também tomava minhas providências. Quando um deles disse que, além da maçaneta deveriam também escutar atentamente o barulho de meus passos se aproximando, tirei os sapatos e fiquei apenas de meias. Resumindo, entramos tanto no jogo que nos esquecemos de Stanislávski e dos diretores, que fazia tempo haviam acabado sua conversa e nos observavam como torcedores de futebol. Por fim, esconder Mariana provou-se mesmo impossível, pois as condições eram difíceis demais para os que tinham de fazê-lo.

Assim, no momento mais tenso do jogo, fomos interrompidos por Stanislávski:

— Isso já não é clichê teatral, é ação autêntica, viva, atenção autêntica, interesse genuíno. É isso que eu preciso de vocês, nessa cena. Mesmo ainda sem ter feito a cena, vocês devem ser capazes de entender o fundamental, a base do comportamento físico dessas pessoas depois do jogo de hoje. Cada um verifique agora direitinho o que fez, como agiu, e tratem, nos próximos ensaios, de perseguir essa qualidade de atenção, essa qualidade de atividade, verdade, ritmo, resultados de um verdadeiro interesse pela cena. Tirem o espectador da cabeça, ele não existe para vocês, entendem? Não existe, e quanto mais absolutamente concentrados estiverem, maior será o interesse do espectador por vocês, assim como nós agora assistíamos a vocês. Isso é uma lei da cena.

Depois dessas observações, dirigindo-se aos diretores, Konstantin Serguêevich disse:

– Vocês perceberam cada *mise-en-scène* maravilhosa, singular e surpreendente que aparecia a cada vez que eles tentavam? Impossível fazer marcações assim. Como seria bom se cada vez pudesse ser diferente. Eu sonho com um espetáculo no qual os atores não soubessem qual das quatro paredes da caixa cênica seria aberta para os espectadores.

Despedindo-se de nós, Stanislávski pediu que cada um verificasse e avaliasse tudo o que ocorrera no ensaio e tentasse, dali em diante, aperfeiçoar o que haviam encontrado.

– Considerem – disse ele – que decorar e fixar emoções é impossível, é possível decorar apenas a linha das ações físicas, fortalecê-la e desenvolvê-la, para que se torne leve e habitual. Quando forem ensaiar essa cena, comecem pelas ações físicas mais simples e façam-nas com o máximo de sinceridade, busquem a verdade nos pormenores. Com isso, vocês adquirirão fé em si mesmos, em suas ações. Levem em conta tudo o que diz respeito às suas ações, especialmente o ritmo, que, como tudo, é apenas consequência de certas circunstâncias propostas. Sabemos como realizar as ações físicas mais simples, mas dependendo da circunstância que for proposta, essas ações físicas se tornam psicofísicas.

Em geral, acho que Stanislávski saiu contente com o resultado do ensaio.

* * *

Os ensaios de O *Tartufo*, que haviam começado, num primeiro momento, com exercícios meio abstratos e elementos isolados da técnica do ator, imperceptivelmente passaram a se aproximar da peça de Molière. Mesmo assim, continuávamos com os *études* e exercícios diários, parte da nossa toalete de atores.

Nossos ensaios ainda tinham a mesma especificidade de antes, mas agora, ao conversar conosco, Konstantin Serguêevich por vezes já tratava de temas antes evitados. Verdade seja dita: quando isso ocorria, ele logo percebia o "deslize" e tentava rapidamente transferir a conversa para o plano das tarefas pedagógicas que perseguia com aquele trabalho, tratando com frequência de limitar nossa vontade de saber o que viria mais adiante no processo.

Assim, um dia, tivemos uma conversa a respeito das duas principais figuras da peça, Orgon e Tartufo. Logo, apareceu a questão: de que maneira específica Tartufo conseguiu influenciar Orgon tão fortemente? Como foi capaz de subjugá-lo, prostrá-lo, como dizia Stanislávski, deixá-lo cego? De fato, seria preciso fazer algo extremamente especial para conseguir cegar uma pessoa tão normal como Orgon. Vejam que, se considerarmos Orgon um imbecil, facilmente "enganável" pelas charlatanices mais vulgares, não há por que fazer a peça. Não, aqui é necessária uma arte refinada. Tartufo é um bandido perigoso. Perigoso precisamente porque pode enganar com facilidade as pessoas mais razoáveis e, é provável, para realizar essa "hipnose", possui todo um arsenal de métodos dos mais refinados, que emprega dependendo de quem for, no momento, sua presa.

Do texto da peça, podemos ver que o primeiro encontro dos dois ocorreu na igreja, onde Orgon ficou impressionado com a força das orações de Tartufo.

"Na igreja, diariamente em tal fui testemunha:
Bem defronte de mim, de dois joelhos se punha,
E da assembleia inteira os olhos atraía (...)"[10]

Como será que ele conseguia fazer isso, sem cair no habitual chavão do beato igrejeiro, mas atraindo imediatamente toda a atenção para si pelo frescor da maneira como o fazia?

Ou então consideremos outro momento bastante tenso, quando Tartufo, pego em vias de tentar seduzir Elmira e sem nenhuma possibilidade de se justificar, dá a volta por cima e sai ileso. Como ele faz isso? Verdade, há um enorme monólogo em que, muito sagaz, ele vira toda a questão de cabeça para baixo. Percebam, no entanto, que

---

[10] A tradução em português utilizada nas citações da peça é de Jenny Klabin-Segall, em: Molière, *O Tartufo, O Misantropo*. Trad. Jenny Klabin-Segall. São Paulo, Martins Fontes, 2005 (no caso desta citação específica, p.18). (N. T.)

é muito difícil adquirir o direito de explicação em horas assim. As provas contra ele são tão claras, o marido se encontra no último grau de sua ira, toda a atmosfera é extremamente pesada. Orgon pergunta sim ou não, Tartufo responde que sim. E mesmo assim, repito, acaba saindo ileso.

Pois então, como ele o faz? Claro, mais uma vez é possível dizer que Orgon acredita tanto em Tartufo que, para ele, este acontecimento não passa de mais uma intriga de seus familiares, adoradores do pecado. Dessa forma, ele facilmente acreditará em tudo, e inclusive que Tartufo quis seduzir Elmira em nome de seus elevados objetivos, podendo até alegrar-se com isso. Nós certamente recusamos essa possibilidade categoricamente. Não, Orgon não é uma pessoa tão imbecil. Ele ama sua esposa, as provas contra Tartufo são irrefutáveis, ele acreditou em tudo e agora espuma de raiva. Nessa situação, Tartufo tem de resolver uma tarefa dificílima: contornar e sair de alguma forma da situação crítica em que se meteu. Não com explicações; certo, elas vêm depois. Como explicar algo no furor do momento? Em vez disso, o que aqui se requer são alguns de seus métodos de encantamento... Mas quais? Eu e Kédrov conversamos muito sobre esse tema, discutimos alguns charlatões conhecidos, tentamos entender a essência de seus métodos de ação sobre as pessoas e, uma vez, tocamos no assunto num ensaio com Stanislávski.

– Certíssimo... Agora tente deixar Toporkov perplexo... Mas garanta que ele fique realmente perplexo.

– Mas com o que vou conseguir deixá-lo perplexo? Nós nos conhecemos bem demais para isso... É muito difícil.

– Por quê? Não há nada de difícil aqui. Você precisa apenas ousar. Comece agora, em minha presença e na presença de todos, a fazer "irreverências" que você não faria nem mesmo sozinho, consigo mesmo, entre quatro paredes. Não, sem pensar tanto. Bem, quem consegue?

Ninguém ia.

– Isso mostra que vocês não são suficientemente "caras de pau". Um ator deve necessariamente dominar essa qualidade. Eu chamo isso ser "cara de pau".

Meio brincando, meio sérios e um pouco nervosos, eu e Kédrov começamos a exercitar nossas "caras de pau", tentando deixar perplexo um ao outro com nossas irreverências. Konstantin Serguêevich não nos interrompia, e os exercícios, em que nos revezávamos, estenderam-se por um tempo relativamente longo. E quanto mais fazíamos, mais confidentes ficávamos, mais ousados e, enfim, chegando aos limites do permissível, paramos.

– Vejam, foi muito bom... Entendem a quantidade infinta de possibilidades? – e, depois de contar alguns casos reais, interessantes e vívidos sobre o tema, propôs a Kédrov: – Tente agora pesquisar de que maneira é possível paralisar uma pessoa que vem espumando de raiva em sua direção, para evitar que ela o trucide ali mesmo. São necessários meios muito ousados, e não tenha medo de recorrer a eles. Apenas, por favor, não pense no recurso em si, mas na pessoa raivosa prestes a atacar. Decida como vai pará-la hoje, aqui, agora. Amanhã pode ser completamente diferente. Surpreenda, deixe Toporkov perplexo, cada vez de uma maneira diferente. Ou então ele o acertará com um pedaço de pau...

O resultado dos exercícios foi uma genial invenção de Kédrov-Tartufo na cena com Orgon, no terceiro ato da peça. Pego no flagra, Tartufo está parado perto de um sofá no meio do quarto, com o evangelho em mãos. Como um animalzinho ferido, olha para os lados e tenta buscar uma saída da situação. Em sua direção, Orgon se aproxima vagarosamente, rastejando como uma pantera prestes a dar o bote, com um pedaço de pau em mãos. Ele diz, cheio de rancor e sarcasmo:

– Céus! Isso se acredita? E que é que ouvindo estou?

Uma pausa tensa pesada, ao que Tartufo responde:

– Sim!

Orgon já prepara o golpe quando, de repente, ouve-se um barulho abrupto, alto. Um chute certeiro de Tartufo vira o sofá de ponta-cabeça, e o pau que estava nas mãos de Orgon voa longe, deixando-o petrificado, sem entender o que acabou de acontecer. Não teria sido um trovão divino castigando-o pela blasfêmia? Orgon olha interrogativamente para Tartufo, mas este, sem prestar-lhe atenção, está sentado no chão, beijando o pedaço de pau caído e conversando intimamente com Deus, em algum lugar do céu. Em sua conversa de santo, pergunta que fazer com Orgon: perdoar ou castigar? A própria pose de Tartufo e a conversa murmurada com algum ser "do além" não podiam deixar de tornar Orgon perplexo. Ele fica confuso, sem saber o que fazer. Tartufo, percebendo tudo, começa a tecer o fio de suas desculpas:

"(...) meu irmão, é assim, um miserável sou; (...)"

E Orgon agora já o escuta. Em suas entonações de "santo", ouve agora não apenas notas de arrependimento, mas também notas de certa inocência ofendida. Em seguida, começa a entender que é um arrependimento por seus pecados em geral, e não pelo ocorrido. Ou seja: é inocente, e tudo não passou de uma provocação de seus inimigos, etc., etc.

Neutralizado o primeiro golpe, Tartufo consegue facilmente fazer a cabeça de Orgon e direcionar toda a sua raiva para o lado oposto.

* * *

Os raros e felizes momentos de sucesso muito frequentemente tornavam-se fracassos. Por vezes, Konstantin Serguêevich ficava muito chateado com os míseros resultados que lhe apresentávamos depois de longos períodos de trabalho. O que o deprimia não era o grau de preparação de uma ou outra cena, mas nosso grau de apropriação do método. Uma vez, fizemos, até que bem, a famosa cena do terceiro ato (Orgon, Dorina, Mariana),[11] mas Stanislávski não sorriu uma só vez e, ao terminarmos, disse:

– Pois bem, a cena está pronta, podem ir fazê-la no TAM. Mas desse jeito vocês a poderiam ter feito sem mim. Não foi para isso que

---

[11] Parece ter havido um equívoco de Toporkov. Na verdade, a cena a que se refere está no segundo ato da comédia. (N. T.)

reuni vocês. Vocês só estão repetindo algo que há muito já sabem, quando é preciso ir além, e o que eu lhes proponho é um método para isso. Pensei que estava deixando as coisas mais fáceis para vocês, mas vocês teimam em querer fazer tudo o que já sabiam. Bem, fazer o quê? Voltem para o TAM, lá rapidinho eles montam uma peça para vocês.

De uma maneira ou de outra, chegou enfim a hora em que passamos à próxima etapa do trabalho, etapa em que já precisávamos do texto. Os esquemas que havíamos esboçado e encontrado agora deveriam adquirir expressividade e precisão máximas no pensamento, na palavra. Não me lembro de que Stanislávski ou a direção nos tenham proposto essa transição. Foi algo que aconteceu por si só, paulatinamente, vindo de uma necessidade interna nossa, que crescia a cada dia. Na verdade, eram também frequentes os dias em que voltávamos ao estágio anterior do trabalho. Continuávamos também, antes de começar cada ensaio, a realizar a nossa "toalete do ator". Agora, no entanto, já tínhamos diante de nós tarefas diferentes, mais complexas e que definiam, até certo ponto, a forma de execução da cena. Resumindo, já trabalhávamos sobre a palavra. Os "impulsos" à ação trabalhados precisavam agora ser liberados e precisados na palavra ativa. Era necessário conectar os personagens da peça numa cadeia verbal ativa. O campo para esse trabalho havia sido preparado pelo trabalho anterior, mas as exigências de Konstantin Serguêevich nesse âmbito eram tão grandes, que mesmo nessa etapa tivemos grandes amarguras. Stanislávski não permitia uma frase vazia sequer, uma palavra que não fosse iluminada pela "visão interior".

– Não é preciso ouvir-se a si mesmo, e sim ver claramente aquilo de que se fala, tão vividamente e em detalhes tão mínimos como na vida. Então, na cena, a fala será também clara e o espectador também a verá vividamente.

Isso do ponto de vista interior. Do exterior:

– Os personagens da peça de Molière são franceses, suas emoções são fortes, seus pensamentos são altos como a badalada de um sino, sem paradas para a explicação. Fluem rápida e agilmente.

O pensamento acontece em toda uma frase. E isso ainda é dificultado pela forma da peça, que é escrita em versos.

Nenhum de nós dominava de verdade a arte da declamação, não conhecia o que era ritmo, métrica poética. Aqui, Stanislávski apresentava também exigências elevadíssimas:

– O ritmo do verso deve viver no ator tanto enquanto fala como quando cala. É preciso imbuir-se do ritmo para o espetáculo todo, e então será possível fazer pausas entre as palavras e frases. Só então elas continuarão no ritmo devido.

A cena genial entre Orgon e Dorina no primeiro ato era muito difícil para mim: ao voltar de sua estada no campo, Orgon pergunta a Dorina o que aconteceu na casa durante sua ausência. Ao escutar os detalhes da terrível doença que acometeu sua esposa, consegue apenas fazer a pergunta:

– E Tartufo?

Mesmo com as provas mais tranquilizadoras de que tudo andava mais do que bem com seu protegido, Orgon, ora alarmado, ora com lágrimas de compaixão, diz:

– Coitado do homem!

E assim por cinco ou seis vezes durante a cena. Eu sentia com toda a minha alma o humor e a beleza dessa cena, mas não conseguia de jeito nenhum transmiti-la. Não importava quanto eu mudasse as variações da frase: "E Tartufo?" e "Coitado do homem!", minha pronúncia não era viva, não compunha com o maravilhoso bordado que era o monólogo de Dorina. As palavras pairavam no ar e caíam, pesadas e falsas. Eu mesmo não acreditava nelas e entrava em desespero. Assim, como era muito frequente, a cena que mais agrada durante a leitura da peça, a cena na qual se tem as maiores expectativas, acaba sendo a mais difícil, ou mesmo não funciona por completo. Esse era o caso. Todos sentiam muito por mim, davam conselhos, tentavam ensinar-me como fazê-la, e eu mesmo podia falar tudo aquilo, mas, fazer...

– Bem, qual é o problema? – perguntou Stanislávski, quando eu desesperadamente mostrei-lhe a cena.

– Não sei qual é o problema, mas sinto que nada do que eu faço presta. Entendo que a cena é ágil, refinada, mas quando começo a fazê-la tudo fica ingênuo, distorcido, entediante.

– Hum!.. Hum!.. Acho que você não está vendo corretamente. Você está olhando e tentando fazer apenas o externo da cena, o refinamento. Você precisa direcionar suas "visões" ao quarto de sua esposa, ao quarto de Tartufo, ou seja, para os lugares sobre os quais Dorina fala. Você não está ouvindo Dorina. Tente entender os pensamentos do parceiro. Escute o que diz Dorina: "Madame ardeu em febre...". Escute, sem movimentar as mãos ou a cabeça, nada disso. Preciso de seu olhar, de seu olhar sincero, que avidamente extrai dela as informações necessárias. "Das coisas cá de casa ande a informar-me antes." Você está colocando uma pausinha entre cada palavra. Tudo está acomodado nos músculos da língua. Você não tem "visões", não conhece seu próprio quarto, mas é preciso conhecê-lo nos mínimos detalhes. Ela diz: "Madame ardeu em febre...". E seus pensamentos devem voar imediatamente para o quarto, onde à noite sua esposa ardeu em febre. Ninguém na casa dormiu, havia barulho por todos os lados. Você precisa ver tudo isso. Mandaram chamar o médico, trazem gelo, mais barulho, corre-corre... Mas eis que, no caminho para o quarto de sua esposa, está o aposento de Tartufo. Ali, ele conversa com Deus, e você pensa que toda aquela barulheira deveria ter atrapalhado suas orações... E então esquece-se da esposa e de todo o resto, e é preciso saber imediatamente o que houve com Tartufo. "E Tartufo?". Eis o que é preciso treinar. Não pense em como pronunciar as palavras, mas ouça, ouça Dorina atentamente e pense no que poderia, nesses circunstâncias de que ela fala, ter acontecido com Tartufo. Para a sua pergunta: "E Tartufo?" Dorina responde: "Comeu devotamente um bom faisão no molho, dois coelhos, e um pernil assado com repolho".

Meu deus! O pobre deve ter sido tão atormentado durante a noite, que amanheceu com um apetite enorme: "Coitado do homem!".

Escute-a e faça suas proposições sobre aquilo que não está escrito, mas de que o texto é resultado. Todo o segredo da cena está nessa capacidade de escutar. Já Dorina, por sua vez, deve adivinhar como cada uma de suas frases impressiona Orgon e, dependendo disso, responder uma coisa ou outra. Ela deve adivinhar os pensamentos de Orgon pelo olhar. Dorina é muito esperta e, ainda por cima, conhece-o muito bem. Por isso, para além do texto, vocês têm um diálogo paralelo. Se unirmos as frases do texto com os pensamentos que vocês não pronunciam, então teríamos mais ou menos o seguinte (o texto do autor em itálico):

DORINA: *... era um Deus que nos guarde.*
ORGON: Ah, graças a Deus, tudo está bem. Imagino como todos ficaram felizes com isso! De alegria, devem até ter esquecido o pobre Tartufo, que, certamente, foi quem salvou-a com suas orações. Coitado, devem até ter se esquecido de alimentá-lo, e ele, tímido, deve estar até agora lá, rezando em seu quarto.
DORINA: Ah, vê-se que já está com a cabeça em seu "santinho-do-pau-oco"...
ORGON: *E Tartufo?*
DORINA: Sabia! Espere aí, já vou lhe mostrar! *Visto o sangue que andou a minha ama perdendo...* Ahá, ficou nervoso. Já vai ver só... *E contra todo o mal a alma fortalecendo...*
ORGON: Meu Deus, o que ele fez? Deu o próprio sangue! Ou o quê? Diga logo, pelo amor...
DORINA: Ah, quer saber qual foi o sacrifício que ele fez? Por favor, se o senhor é um tonto tão grande e até agora não entendeu nada, *de vinho bebeu ele um grande garrafão.*
ORGON: Santo pai! E ele nem bebe! Como ele nos ama a todos! Ficar tão feliz a ponto de prejudicar a própria saúde! *Coita-a-do do homem!*

Claro que nenhum desses pensamentos deve ser pesado demais. Pensamentos fluem instantaneamente das cabeças dos temperamentais franceses, e a situação para eles, nesse caso, é muito clara. Eles lidam com as sutilezas do que dizem apenas quando já disseram.

Não se esqueçam, no entanto, do que antecede, do que dá origem à fala pronunciada. Levem em conta que uma pessoa diz apenas 10% do que se acumula em sua cabeça, e 90% continua sem ser dito. Em cena, geralmente nos esquecemos disso, operamos somente com o que é dito em voz alta, quebrando assim a verdade da vida.

Ao fazer uma cena, vocês devem, antes de mais nada, recriar os pensamentos que antecedem as falas. Não precisam ser pronunciados, mas precisam tornar-se aquilo que os move. Pode ser inclusive bom tentar ensaiar por algum tempo pronunciando tudo em voz alta, para apropriar-se melhor das falas silenciosas suas e do parceiro, da alternância de pensamento, porque o pensamento que não é dito também deve ser combinado com o parceiro.

Na cena que vocês acabaram de mostrar é preciso, antes de mais nada, aprender a escutar, especialmente para Orgon, e adivinhar corretamente os pensamentos secretos do parceiro. Assim, as clássicas falas "E Tartufo?" e "Coitado do homem!" irão para o lugar certo, você não precisará pensar para dizê-las. Dorina não pode se esquecer de que isso tudo é armado por ela como prova para Cleanto, para mostrar como é verdade o que acaba de dizer em seu monólogo sobre Tartufo. "Meu mano, ela de vós na cara, até, se ri" – diz Cleanto a Orgon quando Dorina sai. Percebe a sua tarefa? Provocar Orgon o tempo todo, para que ele aja como você precisa.

Entendam bem esses elementos de seus comportamentos, ensaiem principalmente aquilo que não está escrito, o que está implícito. Bendina (intérprete de Dorina) pode, todo dia, antes do ensaio, inventar uma maneira de provocar e irritar Toporkov. Mas ele deve cair na brincadeira, de verdade. Assim, Dorina entenderá a natureza do que deve fazer com Orgon nessa cena.

Vocês estavam tentando dominar a cena sem ter criado os meios para fazê-lo, sem ter distribuído e treinado os pensamentos, visões, e queriam apanhar o resultado de uma só vez. A cena apenas parece ser muito simples, e, vejam só: nunca funciona. Claro, tudo bem, poderia funcionar, mas já que não está funcionando, eis o caminho para a superação das dificuldades. Mas essa cena é realmente muito difícil. Lembre-se de que se trata do modelo clássico da comédia de Molière.

***

Depois de conseguir de Dorina a informação necessária sobre a situação na casa, Orgon dispensa a criada e fica sozinho com seu cunhado, Cleanto. Entre os dois, corre uma conversa longa. Cleanto começa a mostrar para Orgon, primeiro com muito cuidado e depois cada vez com mais audácia, toda a anormalidade em sua casa criada pela aparição de Tartufo. Orgon, pelo contrário, jura a Cleanto que apenas com a chegada do santo homem é que se passou a viver uma vida familiar maravilhosa, abençoada e centrada em Deus.

Os dois dão suas opiniões em extensos monólogos. A cena tem um caráter de "conversação", e usualmente era feita desta mesma maneira: um pronunciava seu monólogo, o outro esperava, e depois o contrário. Uns davam o monólogo mais calorosamente, com mais temperamento. Outros, mais friamente, como *raisonneurs*,[12] mas, de um jeito ou de outro, tudo ainda limitava-se à falação das palavras. A cena frequentemente era feita como uma exposição entediante da peça, e todos pensavam que era péssimo que justamente ela terminasse o primeiro ato. Soltar o espectador no final do ato, naturalmente, não é muito bom para o espetáculo.

Como fazer a cena? Como elevá-la ao nível dos acontecimentos tempestuosos e interessantes que a precedem? Como elevá-la ainda mais alto que isso? Essas eram as nossas preocupações.

---

[12] O *raisonneur* é também um *emploi* do teatro clássico francês. Em português, costuma-se utilizar tanto a versão francesa como a aportuguesada, *arrazoador*. O *raisonneur* é sempre o personagem que representa a razão, que traz o discurso moral, geralmente em longos monólogos. Como O *Tartufo* é considerada a comédia clássica francesa modelo, Cleanto é, de fato, o *raisonneur* modelo, também. (N. T.)

Cena IV
ORGON, CLEANTO

CLEANTO
Meu mano, ela de vós na cara, até, se ri
E sem ter a intenção de vos zangar aqui,
Digo que é com razão. Mas vos mordeu que bicho?
Onde se ouviu falar jamais de tal capricho?
Pode um homem ter encanto tão funesto,
Que estejais a esquecer, por ele, todo o resto?
E em vosso lar lhe tendo a miséria aliviado,
Chegais a ponto de...

ORGON
Alto lá, meu cunhado,
Estais falando aqui de quem não conheceis.

CLEANTO
Pois bem, não o conheço, então, já que o quereis.
Mas para ver enfim que espécie de homem é...

ORGON
Ah, ser-vos-á encanto conhecê-lo, até,
Meu mano, e não terá vosso deleite fim.
É um homem... que homem, ah!... é homem que... homem, sim.
Quem lhe segue as lições, da paz respira o cume;
Do mundo o resto fica a olhar que nem estrume;
Torno-me outro a lhe ouvir a eloquência abençoada,
Que me ensina a não ter afeto por mais nada;
Em amizade alguma a alma já se me pousa,
E veria morrer mãe, filho, irmão e esposa,
Sem mais ligar a tal que unha de uma mão.

CLEANTO

Que sentimento humano é este, ora, meu irmão!

ORGON

O nosso encontro então, vísseis como se deu,
Ter-lhe-íeis dedicado o mesmo afeto que eu.
Na igreja, diariamente, em tal fui testemunha:
Bem defronte de mim, de dois joelhos se punha,
E da assembleia inteira os olhos atraía,
Pelo ardor com que ao céu sua reza impelia;
Eram suspiros e ais, e ardente elevação,
Beijava a todo instante humildemente o chão:
Se me via a sair, corria, a vista atenta,
Para me oferecer na porta a água benta.
Instruiu-me o servidor, que em tudo o imitava,
Do que era, e da indigência em que o coitado estava.
Eu lhe fazia uns dons, mas, com seu ar modesto,
Guardando parte, vinha restituir-me o resto.
Dizia-me *É demais, é demais a metade.*
Não sou merecedor de vos influir piedade.
E, quando eu me negava a retornar-lhe os cobres,
Logo, diante de mim, repartia-os entre os pobres.
Fez o céu que em meu lar enfim se retirasse,
E desde então a casa assumiu nova face.
A tudo e a todos, cá, critica ele sem mora,
E, por minha honra, então, incrível zelo arvora.
Me adverte de quem anda a olhar minha mulher,
E lhe ter mais ciúmes do que eu é seu mister.
Mas não poderéis crer como a própria alma zela:
Por pecado se imputa a menor bagatela;
Escandaliza-o um nada até, e sem disfarce,
Veio outro dia ter comigo e acusar-se,
Por ter durante a reza apanhado uma pulga,
E que ao matá-la foi demais violento, julga.

CLEANTO
Pudera, meu cunhado, eu creio que estais louco.
De mim, com tal discurso, estais a fazer pouco?
Que pretendeis aí? que toda essa bobagem...

ORGON
Tal fala, irmão, cheira a libertinagem:
De livre pensador na alma algo andais tocado,
E como eu vo-lo disse há já um bom bocado,
Em maus lençóis haveis de ainda vos ver um dia.

CLEANTO
De vossa gente é essa a contumaz mania.
Querem que na cegueira o mundo todo exista,
E é livre-pensador quem sabe usar a vista.
E quem adoração nega a vãs palhaçadas,
Não é crente e profana instituições sagradas.
Mas não hão de me influir vossos discursos susto,
Pois com meu coração tudo o que digo ajusto.
Desses vossos beatões nós não somos escravos.
Devotos falsos há, tal como há falsos bravos.
E, como não se vê, que, onde a honra o conduza,
O verdadeiro bravo um barulhão produza,
Devotos reais e bons, aos quais devemos preito,
Não andam a exibir nomes desse jeito.
Como, então, não fareis nenhuma distinção
Entre o que é hipócrita e o que é real devoção?
Por vós, num molde só uma a outra se equipara,
E a máscara admirais como se fosse a cara?
Pondes no mesmo plano arte e sinceridade,
E a aparência falaz fundindo com a verdade,
O fantasma estimais tanto quanto a pessoa,
E a moeda falsa a par considerais da boa?
Os homens, em geral, são de um feitio estranho:
Não se adaptam jamais a seu justo tamanho;

Limites da razão têm por demais mesquinhos:
Em tudo o que os empolga ultrapassam caminhos,
E estragam quanta vez a coisa até mais nobre,
Por fazer que no excesso e exagero soçobre
Seja-vos, meu irmão, dito isto de passagem.

ORGON
Sois um grande doutor, ao qual rendo homenagem.
Em vós se concentrou todo o saber do mundo:
O único sábio sois, o mais douto e profundo,
E oráculo e Catão de nossa geração,
Bobalhões, junto a vós, todos os homens são.

CLEANTO
Eu não sou, meu irmão, grande doutor assim.
E não se concentrou todo o saber em mim.
Mas, sem mais discutir, o meu saber inteiro
É poder distinguir do falso o verdadeiro.
E, como herói algum merece mais respeito,
A que eu louve mais que a um devoto perfeito,
Como nada haverá de mais belo e mais nobre
De que o íntimo fervor que o zelo real encobre,
Também, nada se vê que seja mais odioso
Que a falsa afetação de um fervor especioso,
Que algum vil charlatão, devoto de encomenda,
Que a hipócrita comédia anda exibindo à venda,
E num abuso impune ilude a seu agrado
O que os humanos têm de mais santo e sagrado;
Gentalha é, de quem a alma interesseira e fria,
Faz da fé um ofício e uma mercadoria,
E timbra em adquirir crédito e dignidades,
A custo da comédia e pias falsidades.
Vemos esse pessoal, quando a coisa é oportuna,
Pelos trilhos do céu correr à sua fortuna;
Quanto mais rezam, mais ao lucro e aos bens se apegam

E no fasto da corte humildade a outros pregam.
Sabem como compor seus zelos com seus vícios,
São vingativos, maus e podre de artifícios,
E quando alguém destroem, cobrem o ódio com véu
De oleosa santimônia e interesse do céu.
Mais perigosos em sua sanha fera,
Porque suas armas são das que a gente venera,
E que a sua paixão, que causa tanto agrado,
Quer nos assassinar com um ferro sagrado.
Veem-se exemplos demais daqueles embusteiros:
Mas fácil é apontar devotos verdadeiros,
E nesta geração quantos já não contemplo
Que nos podem servir de edificante exemplo.
Olhai para Ariston, olhai para Periandro,
Oronte, Alcidamaz, Polidoro, Clitandro,
Têm título glorioso, e que ninguém lhes nega:
Nenhum, qual fanfarrão, sua virtude prega,
Neles nunca se vê um fasto insuportável
E sua devoção humana é tratável:
Tendo por mero orgulho aquelas correções,
Não andam a exprobar todas nossas ações;
Deixam que os outros o mundo a seu sabor emendem,
E só por atos seus é que os nossos repreendem.
Neles não acha apoio a aparência do mal,
E a fazer juízo dos bons homens em geral,
Em tendo ódio à cabala, evitam toda intriga,
E só a viver direito o seu zelo os obriga.
Com ódio ao pecador sua alma não obcecam,
Porque ao pecado o têm, e não contra os que pecam,
E não tomam para si o arrogante mister
De defender o céu mais que ele mesmo quer.
Para mim, o que vale é gente dessa sorte,
Esse é o modelo ao qual se deve dar suporte,
Mas vosso homem não veio usando exemplos tais.

ORGON
Sei que é de boa-fé que o zelo lhe gabais.
Mas é um falso fulgor que vos deslumbra assim.

ORGON
Senhor meu caro irmão, tudo dissestes?

CLEANTO
Sim.

ORGON
(*saindo*)
Sou vosso servo.

CLEANTO
Ouvi-me, rogo, instantes mais.
Deixe-se isso. A Valério, há tempos, não lembrais
Que, de tê-lo por genro, empenhastes a fé?

ORGON
Sim.

CLEANTO
Tão doce união, marcareis data, até.

ORGON
É fato.

CLEANTO
Então, por que fazer com que se esqueça?

ORGON
Não sei.

CLEANTO
Tereis uma outra ideia na cabeça?

ORGON
Talvez.

CLEANTO
Vossa palavra, então, há de ser falha?

ORGON
Não digo tal.

CLEANTO
Não há obstáculo que valha
Para vos impedir de cumprir as promessas.

ORGON
Depende.

CLEANTO
Por um sim, por que finura dessas?
Valério me pediu eu vos vir visitar.

ORGON
Deem-se graças aos céus.

CLEANTO
Que lhe hei de relatar?
ORGON
O que quiserdes.

CLEANTO
Mas terá de se ver,
De vos saber o intuito. E qual é, pois?

ORGON
Fazer
O que quiser o céu.

CLEANTO
Fale-se claro, então;
Tem vossa fé Valério; haveis de honrá-la, ou não?

ORGON
Adeus.

CLEANTO
(só)
Por seu amor receio uma desgraça,
E devo ir pô-lo a par dessa imprevista ameaça.

***

Não! Certamente não se trata da digressão de dois *raisonneurs*, não é uma discussão e nem uma disputa acadêmica. Trata-se de um embate de vida ou morte entre dois antagonistas. Quem sabe não tenha sido apenas o acaso a impedir, no último segundo, a mão de Orgon de cometer o gesto fatal (o blasfemo Cleanto jamais escaparia da ira divina)? Durante os monólogos, nenhum dos que estão quietos está apenas "esperando o outro acabar de dar o texto"! Não! É como se o que esperasse estivesse sobre uma chapa quente. Cada ideia do outro é um grau a mais na temperatura da chapa. Depois do embate, vemos dois parentes se afastarem como inimigos mortais. Esse é o ponto de virada da peça. Desse momento em diante, as relações de Orgon com os outros membros de sua família entram numa nova fase, a luta entre os dois lados fica ainda mais feroz. Orgon toma a firme decisão de dar a mão de sua única filha Mariana a Tartufo, tentando assim desarmar completamente seus inimigos.

Nós havíamos chegado a essas conclusões depois de uma análise detalhada da cena. Mas chegar a conclusões era pouco. Como realizá-las? Como organizar a cena? Tudo o que havíamos definido ainda era muito "em geral". Sim, um embate de vida ou morte, mas em que consistia? Quais os elementos específicos desse embate? Qual a tarefa concreta de cada um dos lutadores? Quais os métodos de luta? O que havia ali, segundo a linha física? Etc, etc. Depois: como dar corpo àquilo tudo na prática, de onde começar o trabalho, o que treinar? Trabalhávamos como podíamos, como sabíamos, sob direção de M. N. Kédrov. Ele nos dava direções muito práticas, refinadas, e, depois que havíamos conseguido mostrar algum resultado, nos dirigimos à travessa Leôntievski, em busca de novas instruções.

Como esperado, a primeira coisa para a qual Stanislávski chamou nossa atenção foi a necessidade de aperfeiçoar a linha do comportamento físico dos dois lutadores, ainda que já a tivéssemos encontrado, de certa maneira. Nosso "sentar-se sobre chapa quente" foi então decomposto e realizado das mais diversas maneiras. Todo o esquema da briga entre os dois parentes furiosos foi detalhadamente trabalhado sem que déssemos monólogos e falas, com exceção das que involuntariamente apareciam durante a improvisação. O mais importante era o comportamento físico dos personagens. Um se levantava e tentava manter o outro sentado em seu lugar (não fisicamente, claro, mas fazendo "pressão interna"). O que permanecia sentado comportava-se como um animal ferido que a cada segundo se prepara para o contra-ataque. Esperava o momento ideal para pular no pescoço do inimigo e dilacerá-lo com suas garras. O inimigo, no entanto, tendo o outro sob controle, fazia de conta que tudo já havia sido dito e que as próximas altercações já não o interessavam. Sentava-se então calmamente numa cadeira e começava a folhear uma revista, coisa que irritava seu inimigo ainda mais. Este punha em ação toda a sua inventividade para tirar o outro do sério, mas não importa quanto tentasse: o sangue-frio de seu inimigo era maior. Vemos como este, por sua vez, numa posição extremamente relaxada, batia as pontas dos pés num ritmo frenético. Aqui, sentia-se seu ritmo autêntico. E realmente, em um segundo a revista voava de suas mãos, ele se levantava ofendido e os dois inimigos ficavam cara a cara, como dois galos de briga.

Ao ensaiar a cena dessa maneira, encontramos coisas muito interessantes, que depois entraram para a partitura do espetáculo. No entanto, a maioria dos achados, que naquele momento serviam para que dominássemos a cena, foram depois postos de lado. A briga tornou-se cada vez mais contida, e suas formas, mais decentes. Isso, no entanto, não a enfraquecia, mas enfatizava sua tensão interna.

– Mas Cleanto acaba entregando os pontos – percebeu o intérprete. – De forma que, em geral, sua ação é uma entrega paulatina de suas posições.

– Entregar os pontos é resultado. A ação é: "não quero entregar" – respondeu Konstantin Serguêevich.

Tendo entendido e sentido o esquema do comportamento físico na cena, era preciso agora passar ao domínio do material verbal. Isso requeria trabalho criativo árduo. Os monólogos retóricos de Cleanto são difíceis, porque é preciso superar o tempo todo a retórica. Para Orgon, a dificuldade está em que, na execução de seus monólogos apaixonados, deve conquistar a vivacidade e a graça do humor escrito por Molière.

Claro que, aqui também, Stanislávski começava pelo começo.

– Verifiquem constantemente a dicção, trabalhem-na diariamente. Isso quer dizer trabalhá-la a cada hora, e não apenas por quinze minutos a cada cinco dias. Falar certo por quinze minutos na aula de dicção e errado por cento e dezenove horas e quarenta e cinco minutos, é um erro. Ação verbal é a capacidade do ator de contagiar o parceiro com suas visões. É importante ver vívida e claramente para fazer com que o parceiro veja, da mesma maneira viva e clara, aquilo sobre o que você está falando. O campo da ação verbal é enorme. Um pensamento pode ser transmitido com uma proposição, entonação, exclamação, ou mesmo com palavras. A transmissão de seus pensamentos é ação. Seus pensamentos, palavras, visões... tudo para o parceiro. É isso o que acontece? Veja, Vassíli Ôssipovich, você acabou de fazer a cena. Seu ombro esquerdo queimava, de tanto que você, o tempo todo, tentava sentir o espectador. Isso não deve acontecer. Tudo deve ser direcionado apenas ao parceiro. O que é que você quer conseguir, nessa cena?

– Convencer Cleanto...

– Você vê a expressão nos olhos dele, a expressão com a qual ele o contempla. Consiga que essa expressão mude, consiga que o olhar dele torne-se outro em relação a sua opinião. De que você precisa, para isso? Precisa transmitir-lhe suas visões, precisa fazer com que ele veja tudo o que você diz com seus próprios olhos. Não fale para os ouvidos, fale para os olhos. Aqui, pode haver ameaças, você pode implorar, fazer tudo o que for necessário. E tudo apenas para ele, para o parceiro. Acompanhe o resultado de seus próprios esforços pela expressão dos olhos do parceiro, não coloque entre si mesmo e ele algum objeto artificial. Claro, não se pode fugir disso, em certa medida, mas é preciso saber esquecer-se do público e voltar-se ao objeto. Quando você diz a frase "O nosso encontro, então, vísseis como se deu, ter-lhe-íeis dedicado o mesmo afeto que eu", antes e depois do "então" você faz uma pausa. Por que uma pausa antes e depois do "então"? É muito falso. Isso você faz para si, e não para Cleanto. Que pensamento Orgon quer transmitir? "O nosso encontro, então, vísseis como se deu, *ter-lhe-íeis dedicado o mesmo afeto que eu.*" Se o tivesse visto nas mesmas condições, teria sido tão afetado e o consideraria tanto quanto eu, eis o que Orgon quer dizer. Por que ele faria essa pausa sem sentido depois de "então"? Não, você inventou essas pausas para enfeitar a frase e, ao fazê-las, escuta apenas a si mesmo, preocupado em saber se soa bem. Jamais preparem palavras ou ações. Se o fizerem, imediatamente a razão tomará o lugar da intuição. É possível apenas preparar a atenção e fazer a toalete artístico sobre o qual lhes tenho falado. Um pensamento deve ser falado por inteiro, e apenas o seu parceiro está em condições de julgar se soou convincente ou não. Pelo olhar dele, pela expressão, verifique se obteve ou não algum resultado. Se não, invente imediatamente outra maneira, ponha em ação outras visões, use outras cores. O juiz que avalia se o que faço em cena está certo ou errado é apenas o parceiro. Eu, por conta própria, não sou capaz de julgar. E o mais importante: trabalhando sobre o papel, desenvolva essas visões em si mesmo. A sua fala diz: "O nosso encontro, então, vísseis como se deu (...)". Mas será que você sabe mesmo como foi que vocês se encontraram? Consegue me contar sobre esse dia com todos os detalhes? Consegue me dizer a localização da igreja, onde viu Tartufo rezando pela primeira vez? Consegue descrever todos os detalhes internos da igreja, etc.? Em uma palavra, consegue contar tudo o que causou em você essa primeira impressão? Sem ver tudo isso, você jamais adquirirá a qualidade ativa, as cores e o temperamento necessários para convencer Cleanto. Convencer o outro da justeza de suas ações é possível e orgânico apenas quando as visões são completas e detalhadas. Do contrário, o convencimento é forçado e imposto, e acaba por convencer o espectador do contrário.

Para cultivar em si o sentimento do amor exaltado e ingênuo de Orgon por Tartufo, você não deve começar tentando provocar forçadamente sentimentos e emoções. Forçar-se a sentir ou se emocionar com algo é impossível. Crie para si mesmo todos os detalhes de como começou esse amor, nos mínimos detalhes. Aqui, sua fantasia deve trabalhar. Toda a história deve ser rica em acontecimentos interessantes, em detalhes tocantes. A figura de Tartufo deve aparecer em sua visão cercada das melhores qualidades que um ser humano pode ter. Crie, em sua imaginação, a figura de um homem extraordinário, e é preciso que você seja capaz de vê-lo muito claramente. Pode ser alguma pessoa que existe ou existiu, que seja importante para você, alguém que você respeitava muito, como um Liév Tolstói, por exemplo, ou alguém do gênero. Ao criar essa história, desenhe a figura desse santo homem em sua imaginação. Em seguida, tente desenhá-la para o parceiro. Aqui, não tenha medo de gastar suas tintas: misture-as corajosamente, deixe que se criem as mais inesperadas cores. Isso é o que definirá o ritmo da cena. Se não funcionar, significa que você está vendo errado, e é preciso trocar a sua visão de Tartufo. Significa que o seu Tartufo ou é pequeno demais, ou não é tão querido por Orgon, pois vemos que não há nada a ser contado sobre ele. Lembre-se: para Molière, assim como para Gógol, não há lugar sem brilho. Isso significa que se você estiver contando a respeito de como rezava Tartufo, todo o temperamento, todo o seu fogo deve estar nessa imagem. Mas isso pode acontecer apenas depois que tiver criado um enredo para essa história, um enredo que necessite desse fogo. Molière faz da história sobre a pulga um caso típico:

"Veio ter comigo outro dia e acusar-se
Por ter durante a reza apanhado uma pulga
E que ao matá-la foi demais violento, julga."

Consegue enxergar esse quadro? Consegue ver nele o modelo da grandiosa bondade e graça de Tartufo? Consegue ver como ele se levantou da cama no meio da noite, de cuecas e tremendo de frio, acendeu a luz e contou a seu criado Laurent sobre o trágico acontecimento? Vê como os dois passaram a noite tentando encontrar a pulga, e como Tartufo, ao encontrá-la, tenta reanimá-la com seu próprio hálito? Como, depois que ela morre, deposita-a numa folha branca de papel e passa o resto da noite a orar, em prantos, pela finada pulga? Esse é o tipo de quadro que deve aparecer em sua visão interior, no momento em que você tenta, com essa história, despertar em Cleanto o sentimento de adoração pela santidade de Tartufo.

Ainda assim, repito quantas vezes for necessário: tudo para Cleanto, apenas para Cleanto. Faça-o tremer com o horror, o pranto ou com o que for melhor para você: se o que você fizer não funcionar, use outra tinta, readapte-se, não pense na entonação. Você deve apenas falar uma frase, mas desenhar todo o quadro. Não quebre uma estátua da Vênus e espere que alguém vá se impressionar com os pedaços. Mostre-a inteira. O público afasta o ator da criação. É preciso interessar o parceiro com sua força de vontade, ritmo e visões vívidas. Por isso é tão terrível quando um ator tem preguiça de usar a força de vontade. Direcione todos os seus esforços para mudar a relação de Cleanto para com Tartufo. O jogo com o parceiro é como um jogo de xadrez. Você não conhece as jogadas, mas observe o que é preciso: a voz, a entonação, o olhar, a movimentação dos músculos do parceiro. Você deve orientar-se pelo parceiro, deve, por intermédio dele, procurar como continuar a agir. Aí então a ação será autêntica.

Agora, imaginem: Orgon se faz de coitado e Cleanto ouve atenciosamente. Quanto mais aquele fala, mais atencioso este fica. Orgon já está certo de ter convertido seu cunhado ateu ao caminho verdadeiro e, ao terminar a história da pulga, olha extasiado para Cleanto, que não faz nada além de constatar: "Pudera, meu cunhado, eu creio que estás louco". Percebem o que é isso, para Orgon? Aqui está toda a comédia de Molière. É preciso fazer essa cena a cada vez, de novo, sem tentar repetir nada das coisas boas encontradas anteriormente. Do contrário, a cena pode se transformar em mero virtuosismo de ator, quando o que eu preciso aqui é de uma ação viva e orgânica, a cada vez. Lembrem-se apenas de suas tarefas: cada um está extremamente convencido de sua verdade e quer converter, custe o que custar, o outro a sua fé. Custe o que custar. Resolvam essa tarefa hoje, aqui, agora. Transmitam suas visões um ao outro. Um vê um santo em Tartufo, um santo capaz de derramar lágrimas por uma pulga morta. O outro vê um bandido que conspira para destruir a família. Esfreguem isso um na cara do outro.

Trabalhando sobre essa cena, Konstantin Serguêevich ora voltava para o esquema das ações físicas, ora detinha sua tenção exclusivamente sobre a palavra, fazendo-nos repetir inúmeras vezes uma ou outra frase, em busca da limpeza fonética. Verificando a madurez de nossas visões, ele o tempo todo voltava para a linha das ações físicas.

– Veja só, você diz "convencer"... Mas que tipo de ação é essa, psicológica ou física?

Ou, voltando-se para Cleanto:

– Você diz que ouvir Orgon é repugnante! Isso não é uma ação, é um estado. Qual é a ação física, aqui? Em primeiro lugar, é possível "não ouvir", isso sim é uma ação física simples. É possível também "parecer indiferente", isso também é uma ação. Como você fará isso? Aqui pode haver milhares de diferentes maneiras de fazê-lo, e nenhuma delas deve ser inventada racionalmente, para cada caso concreto. Aqui, o mais importante é saber "descreditar" e "encorajar". Como é que você vai fazer para não ouvir, parecer indiferente e, ao mesmo tempo, descreditar tudo o que venha de seu parceiro? Comece pelo que faz uma pessoa que ouve a outra com interesse e atenção. Depois, faça o contrário. Seu comportamento será o diapasão para o comportamento do parceiro, e cada troca de pose é uma deixa.

> Fizemos o que disse Stanislávski. Eu dava o mesmo monólogo, enquanto Cleanto mudava seu comportamento: ele ora me escutava calma e atentamente, encorajando-me a continuar abrindo meu coração, ora, ao contrário, demonstrava descrédito com relação aos meus depoimentos apaixonados, bocejava ou entretinha-se com alguma revista que estivesse ali por perto. Às vezes, assobiava uma musiquinha alegre. No entanto, ao mesmo tempo, Cleanto estava

sempre pronto para interromper Orgon e começar seus tempestuosos monólogos. Em seguida, ele começou a alternar entre as três possibilidades durante uma única leitura do monólogo, ora numa, ora em outra ordem. Esses exercícios foram de uma utilidade enorme. Tendo que acompanhar Cleanto o tempo todo, eu me esqueci completamente do olhar de Stanislávski. Tudo ficou mais leve, veio a fé em mim mesmo, em minhas ações, apareceu a qualidade ativa, especialmente no momento em que era necessário recuperar a atenção de Cleanto, ou impedir que ele me interrompesse. Apareceram nuances e entonações inesperadas.

Stanislávski, no entanto, não podia satisfazer-se com tão pouco, e passou a cobrar cada vez mais nuances e adaptações de jogo.

– Tenham em conta que são inúmeras as maneiras com que o ser humano se adapta a uma ou outra coisa e expressa seus sentimentos. Além do mais, isso nunca ocorre diretamente: o êxtase nunca é transmitido pelo êxtase, mas com frequência por algo completamente contrário. É possível extasiar-se ressentindo-se: "Ah, como esse ator interpreta bem!". É possível dizer essa frase extasiado ou ressentido, mas dos dois modos com a expressão elevada do êxtase. É possível também dizê-la com comoção, desprezo, e assim por diante, mas sempre expressando o êxtase.

Stanislávski nos demonstrava todos esses recursos muito convincentemente, e de imediato fazia-me repetir muitas vezes o mesmo monólogo de diferentes formas. Ele me fazia repetir a parte do monólogo em que Orgon está extasiado com Tartufo ora com ressentimento, ora com desprezo, ora comovido, ora desesperado, hesitante, rindo, ofendido, etc. Tudo, porém, deveria servir como expressão para o êxtase:

"Ah, ser-vos-á encanto o conhecê-lo, até,
Meu mano, e não terá vosso deleite fim.
É um homem... que homem, ah!... é homem que... homem, sim."

Às vezes, depois dos dois primeiros versos, extasiado, Stanislávski me dava um rápido comando:

– Com ressentimento!

E eu mudava a nuance.

Konstantin Serguêevich dava outro comando:

– Com desespero!

E eu mudava para desespero, etc.

Em geral, essa cena parecia interessar muito a Stanislávski. Ele trabalhou sobre ela por um longo tempo, arduamente. Talvez porque a considerasse especialmente importante para o espetáculo. Talvez porque o atraísse como excelente material para a realização de exercícios técnicos.

Penso que Stanislávski usava todos os elementos de seu sistema conosco, naquela cena. Uma vez, com uma atenção especial, ele se detêve sobre os momentos da comunicação humana. Depois de um ensaio, ele disse:

– O que vocês fizeram de errado, hoje? Não há comunicação, não há objeto. Por alguns instantes, a comunicação aparece, mas depois ou vocês a perdem, ou o objeto se torna pesado demais para uma peça francesa.

Stanislávski sempre dizia que os atores frequentemente ignoravam esse processo importantíssimo da vida, não o estudavam e não tinham a mínima ideia de que era feito. Especialmente, não faziam ideia do mais importante e essencial: a primeira orientação, que antecede a ação, qualidade presente não apenas nos seres humanos, mas em qualquer animal.

Por mais de uma vez, ele nos disse:

– Prestem atenção em como um cachorro entra num lugar. O que ele faz, antes de mais nada? Entra. Fareja o ar, define onde está seu dono. Vai até ele, faz com que lhe dê atenção e, apenas depois disso, começa a "conversar". O ser humano comporta-se da mesmíssima forma, apenas com mais sutilezas, nuances e refinamento.

Porém, o que faz um ator? Entra em cena direitinho na marcação, vai para onde precisa, começa a conversar imediatamente, sem sequer se preocupar se os presentes estão prontos para lhe escutar, ou não. Coloquem um ator em lugar da atriz que contracena com ele. Ele nem mesmo perceberá e irá declarar seu amor para um homem. Sem a correta orientação, o processo vital orgânico é interrompido. O ator mente, para de acreditar em suas próprias ações e segue pela interpretação mecânica. Apenas com a observação de todas as sutilezas do comportamento é possível chegar à sensação de verdade em cena, à criação de sua natureza artística.

De que elementos é composta a comunicação?

1. orientação;
2. busca pelo objeto;
3. trazer a atenção para si;
4. apalpar (com o olhar interno).

A essência da comunicação consiste em que um recebe, enquanto o outro dá. Aqui estão alguns degraus para a comunicação:
1. orientação;
2. mirar o objeto;
3. trazer a atenção para si;
4. apalpar;
5. visões, ou seja, fazer com que o outro veja com os seus olhos;
6. nunca pensar em falar a palavra, pensar nas visões, ou seja, em como melhor transmitir essa visão e acontecimento.

Vejam, vocês dois acabaram de fazer a cena da cruel discussão de dois cunhados, mas começaram direto da briga e deixaram passar uma parte muito importante que a antecede: a orientação, o reconhecimento mútuo, a adequação mútua, o estabelecimento de "ondas de rádio", nas quais lhes seja mais confortável começar essa agitada disputa. Essas sutilezas, minúsculas ações físicas, acontecem parte antes do começo da conversa, parte durante as primeiras cinco ou dez falas, e são o elo principal da futura linha de ação da cena em questão. Deixando-as passar, vocês destroem a verdade.

Um homem vai até outro pedir dinheiro emprestado. Antes de entrar na questão em si, antes mesmo de pronunciadas as primeiras palavras, um dos dois já pode antever quais as chances reais de sucesso. O outro, por sua vez, pode adivinhar mais ou menos o motivo da conversa. Isso é resultado da adequação rápida, da orientação e da observação atenta dos atos e comportamentos um do outro. Depois de algumas frases sobre amenidades, tendo se posicionado a uma distância que sirva melhor à conversa sobre o assunto em questão, tendo considerado todas as circunstâncias e o humor do interlocutor, o que chega passa a expor a essência de seu pedido.

Tudo isso são sutilezas psicológicas que necessariamente acompanham uma pessoa em sua comunicação normal com as outras. Em nossa arte, não podemos de maneira nenhuma ignorá-las, pois para nós essas sutilezas são decisivas. Elas convencem o ator e o espectador da autenticidade, da verdade do que acontece em cena. Essas sutilezas são uma parte muito importante de nossa técnica, a técnica artística da arte da experiência do vivo.

A cena da discussão entre Orgon e Cleanto deve começar pelo reconhecimento mútuo e pelo estudo um do outro, pela adequação. Depois, deve se desenvolver até o ponto máximo e terminar com uma explosão. Apenas uma execução assim fará com que o espectador siga a luta com atenção redobrada e mantenha a tensão necessária até o fim lógico da cena. Se vocês quebrarem a lógica elementar, o espectador deixará de acreditar em vocês, se tornará indiferente, e a única maneira de reconquistar sua atenção será voltar ao caminho da observação de toda a sutilíssima lógica da comunicação humana.

Não se pode se preocupar apenas com "estar em cena". É preciso trabalhar sobre nossa arte, falar e agir. Quando se entra em cena, a primeira fala deve servir como um diapasão. É preciso estabelecer, durante as quatro ou cinco primeiras falas: "Ah, aqui estou agindo, aqui, representando. Aqui apenas estou em cena, e aqui, estou vivendo. Em seguida, é preciso estabelecer a comunicação correta. Certo! Então é preciso achar a respiração certa, a voz. Isso, agora sinto que está bom".

O ator deve saber entender o que é bom e o que é ruim em seu jogo. Deve buscar entender calmamente, sem desespero. Ao desesperar-se, apenas adentra e se perde ainda mais no denso nevoeiro da confusão. De que precisamos, em cena? Atenção e sensibilidade, concentração nas circunstâncias propostas. Esta é a condição necessária para a conquista do sentir-a-si-mesmo criativo em cena. Ao atingirmos a fé e a verdade, ele estará quase completo. Com a ajuda dessas duas qualidades, obtém-se o "eu sou". Passaremos então a agir verdadeiramente. Em cena, é preciso saber entender por conta própria: "Ah, aqui está falso, aqui tenho a verdade; aqui estou agindo, aqui apenas estou em cena; aqui meu objeto é o público, aqui eu agi verdadeiramente".

Existem teatros em que a mentira é amada, cultuada. Outros, por sua vez, a temem. Devo dizer-lhes: não temam a mentira, pois ela é o diapasão da verdade. Não é preciso cultivá-la, mas também não é preciso temê-la.

Eu não fiz um só papel que não tenha começado pelos clichês. Quando me sinto completamente calmo em cena e penso que estou atuando como um deus, sei que estou representando clichês e que o meu objeto criativo nesse momento é apenas o seguinte pensamento: "Oh, hoje estou interpretando como um verdadeiro deus".

Frequentemente, o ator tenta agir bem a qualquer custo. Isso, porém, não é apenas impossível, é também impensável. É preciso entrar em cena não para interpretar, mas para agir, para convencer. Da mesma forma, é impossível interpretar a "calma". É preciso conseguir o direito à calma. Em verdade, não se pode interpretar as emoções, paixões ou mesmo ações. É preciso agir autenticamente. E ainda mais: quanto menos esforço, mais chegará até o espectador. O que significa "esforce-se mais"? Significa flertar com o público, significa que o objeto é o espectador, e esse é um dos maiores vícios dos atores. A melhor maneira de "flertar" com o público é esquecendo-o.

Passando das questões da técnica do ator para as perspectivas do futuro espetáculo, Stanislávski dava definições extremamente valiosas de certas cenas e figuras, da essência da peça, suas ideias, e apontava sempre a possibilidade de um tratamento mais profundo da peça.

– É preciso fugir da concepção usual de Molière, que geralmente vemos nos teatros. Nela, não vemos em cena seres humanos, mas personagens, máscaras molièrianas há muito conhecidas e já gastas. Isso é sempre terrível, entediante, e nunca convence. Pensar que uma comédia alegre deve ser feita dessa maneira é puro preconceito. Vocês devem acreditar na autenticidade do que acontece em cena e colocar-se a si mesmos no lugar dos personagens da peça. Para um ator, não existe drama, comédia ou tragédia. Existe o *Eu*, ser humano em determinadas circunstâncias propostas. Percebam o que acontece: alguém parecido com Raspútin[13] assentou-se na casa de Orgon e agora corrompe a vida de sua família. A ação fundamental da peça, ação que leva todos os personagens, à exceção de Orgon e de sua mãe: livrar-se do Tartufo-Raspútin. Para Orgon e sua mãe, o contrário: simplesmente adotar Tartufo para sempre no seio da família e submeter à vontade do beato toda a futura existência desta. Em torno disso gira a cruel batalha da peça, em que cada um luta de acordo com uma sequência lógica particular, própria.

Lembrem-se: em cena, um grito não é força, mas fraqueza. A força da voz é resultado do trabalho com o impulso certo e intuitivamente encontrado, que gera as adaptações de jogo e nuances de voz corretas! *Forte* não é *piano*, e *piano* não é *forte*, e só. Não se pode contrapor um ao outro.

O intérprete do papel de Orgon não deve jamais preocupar-se com o lado cômico do papel. O humor e a comicidade agem por conta própria no decurso dos acontecimentos. Para Orgon, tudo o que acontece é uma verdadeira tragédia. Se pararmos para pensar e nos colocarmos bem no lugar dele, o percurso de seus pensamentos será mais ou menos o seguinte: "Encontrei, em meu caminho, um homem por intermédio do qual posso me comunicar diretamente com Deus. Acredito nisso com toda a sinceridade. Quero a felicidade de toda a minha família, que amo muito. Quero proporcionar para ela uma vida feliz e maravilhosa, e, assim, decido trazer para morar conosco

---

[13] Grigóri Efímovich Raspútin (1869-1916) foi um conhecido charlatão místico russo, que aos poucos ganhou a confiança da família do czar e tornou-se uma pessoa de extrema confiança dos mais altos círculos da nobreza no fim do Império Russo. Em 1916 é assassinado por seus inimigos políticos dentro da casa real. (N. T.)

um verdadeiro homem santo. Uma grande proeza minha, uma virada brusca em direção ao futuro dourado. Isso é tão óbvio, que apenas um cego não seria capaz de vê-lo". Mas, de repente, os moradores da casa não apenas não o recebem com a graça devida, como um presente dos céus, mas desatam uma perseguição vil contra o mensageiro do Senhor, todos tentam de modo blasfêmico caluniá-lo, expulsá-lo de casa.

Agindo com sinceridade, Orgon tenta fazer com que seus próximos vejam a verdade, tenta salvá-los do castigo divino, impedir que suas almas se percam para sempre. Nisso, rompe com a esposa, com o cunhado, e expulsa o filho de casa com maldições. Mas em seguida, ao escutar escondido debaixo da mesa, percebe por fim seu erro fatal. Trouxera para casa não um Liév Tolstói, ou, digamos, um Jesus Cristo. Aquele era um vigarista dos mais ordinários. Não seria isso uma tragédia?

O ápice da comédia molièriana encontra-se na cena em que Orgon sai de debaixo da mesa após escutar a declaração de amor de Tartufo a Elmira e diz: "Confesso-o, homem mais nefando nunca vi!".

Frequentemente, os intérpretes de Orgon tentam, nesse momento, causar gargalhadas homéricas no público. Se você, Toporkov, conseguir causar no público a compaixão, em vez da gargalhada, esse será seu verdadeiro triunfo! Pense bem sobre o significado profundo da peça. Tente não usar seus olhos de ator, mas seus olhos humanos. Olhe, com eles, para a essência dos acontecimentos da peça. Coloque-se no lugar de Orgon. Ame e traga para perto de si todos os personagens que lhe são próximos: sua esposa, filha, filho... Permita-se enxergar como eles realmente caminham para a perdição, perceba o que significa para você romper definitivamente relações com eles. Pense em qual seria, para você, a força da fé na santidade de Tartufo, se todos a aceitassem. Se ao menos pensassem, perceberiam... Você sente que alimento isso tudo dá para seu temperamento? Percebe o grau de pateticismo que você pode atingir, ao defender Orgon? É muito parecido com as paixões shakespearianas. Você quer atrair a atenção de Tartufo. Mas atrair a atenção de uma pessoa comum é uma coisa. Atrair a atenção do próprio Cristo é outra, completamente diferente. Daí o pateticismo. Aqui, o patético é completamente justificável, e especialmente quando o "próprio Cristo" ameaça deixar sua casa. Entende o que significa uma coisa dessas, para um crente? Antes de mais nada, é preciso entender isto, entender a tragédia de Orgon. O lado cômico aparecerá por conta própria, da disparidade entre seu comportamento e o que realmente acontece na casa. Daí vem a sensação de humor de toda a situação em que você se encontra. Não se preocupe com ela, preocupe-se com outras coisas. Tente, antes de mais nada, penetrar a alma de Orgon. Tente avaliar todos os fatos do ponto de vista dele. Vivencie, experimente a tragédia desse personagem, e assim você chegará à comédia mais elevada. Não há aqui a teimosia de um imbecil, e sim um ser humano que defende o melhor, o mais sagrado e iluminado em sua vida. Não só em sua vida, mas pode-se dizer na vida em si. Quanto mais perto você chegar desses pensamentos e visões, mais você enriquecerá o papel e mais bruscamente, mais implacavelmente tentará deter a perseguição vil que seus familiares fazem ao santo homem. Esse é o objetivo de nosso espetáculo, essa é a supertarefa. Essa é a ideia da peça de Molière.

Mas não queira dominar tudo de uma só vez. Isso não está ao seu alcance, e você terminará exaurido. Ao ensaiar, crie, pouco a pouco, a pista de decolagem. Fortaleça a linha das ações físicas, desenvolva e enriqueça suas visões.

É possível fazer tudo como uma grande e engraçada piada? Sim, mas qual será o objetivo de um espetáculo desses? Entreter o respeitável público? Será que vale a pena fazer teatro, apenas em nome disso? Cada um de nossos espetáculos deve conter uma ideia. Paralelamente à execução da peça e de sua linha de enredo, devemos, a cada vez, propor-nos uma supertarefa.

Lembro-me de uma de nossas turnês em Petersburgo.[14] Antes de estrear, estávamos no teatro, ensaiando o espetáculo com que abriríamos a temporada. Às vezes, o ensaio estendia-se até as duas,

---

[14] Toporkov às vezes cita Stanislávski sem aspas. Esse trecho, sobre a superssupertarefa, deve ser lido como uma lembrança de Stanislávski, e não de Toporkov. (N. T.)

três da manhã. Um dia, cansado após o dia árduo de trabalho, saí pela porta da frente para apanhar uma charrete que me levasse de volta ao hotel. Ali, fiquei impressionado com o que vi. Fazia muito frio na rua, e os termômetros marcavam muito abaixo de zero. No entanto, na escuridão da noite, luziam pequeninas fogueiras, e toda a praça estava repleta de gente. As pessoas aqueciam-se na fogueira, esfregavam mãos, pés e orelhas para não congelar. Outros, de pé, discutiam fervorosamente. Havia muita fumaça, e a multidão falava com mil vozes. Sem entender, perguntei a alguém que estava ao meu lado: "O que é isso?". "É a fila de espera para os ingressos do nosso espetáculo". "Meu deus", pensei. "Que responsabilidade temos, de satisfazer as necessidades espirituais dessas pessoas, que passarão a noite quase congelando! Que grandes devem ser as ideias e pensamentos que lhes tragamos!".

Então, pensem: teríamos algum direito de fazer isso com eles? De trazer-lhes apenas uma piada alegre e engraçada?! Naquela noite demorei muito para dormir, nervoso e tomado por um sentimento de responsabilidade. Pensei, então, que além da supertarefa do espetáculo, deve haver também uma superssupertarefa. Ainda não consigo defini-la, mas naquela noite senti que as pessoas que eu havia visto na praça deveriam receber muito mais que apenas o que lhes tínhamos preparado.

O espectador deve ver-se a si mesmo em Orgon. Pode, em algum lugar, rir de toda a alma, ao lembrar-se das situações engraçadas nas quais caiu, por uma confiança demasiada ou descuido. Pode, por vezes, pôr-se pensativo ou irritar-se consigo mesmo. Pode enraivecer-se com a maldade das pessoas, que parasitam outras e constroem seu bem-estar sobre as fraquezas de caráter de seus próximos. Pode, inclusive, chorar em certos momentos, e nisso a comédia não deixará de ser comédia. Apenas adquirirá um gume afiado, e o espectador sairá do teatro enriquecido.

Sobre a caracterização externa[1]

Nenhum dos elementos da técnica do ator era deixado de lado por Stanislávski quando ele trabalhava conosco. Se, num primeiro momento, toda a atenção se voltava exclusivamente para a ação física, em seguida, com a mesma meticulosidade e insistência, ele começava a lapidar os outros componentes da ação cênica: a palavra, o ritmo, o pensamento, as visões, a declamação em versos, etc. Em diferentes tempos, tudo acabava por ser abarcado em seu campo de visão e, consequentemente, entrava em nossa série de exercícios.

Em verdade, penso que isso já ficou suficientemente claro com as descrições dos ensaios de O Tartufo. Eu gostaria apenas de concluir dizendo algumas palavras sobre um dos elementos mais importantes de nossa técnica, que diz respeito à esfera da transformação – a caracterização externa. Ao descrever os ensaios, ocupei-me pouco dessa questão, porque não me lembro de algum caso específico em que Stanislávski tenha se detido nela. Para isso, certamente, tinha seus

---

[1] *Caracterização* traduz *kharákternost*, palavra que não existe em nenhum outro vocabulário russo que não o teatral (em português, seria algo como *caractericidade*). Trata-se de um neologismo do jargão teatral criado no final do século XIX para designar os traços específicos de um papel de caráter (o andar, os maneirismos, etc.). Em sua luta contra o clichê do ofício teatral, Stanislávski se apropria do termo e o ressignifica, desde uma perspectiva do trabalho do ator sobre as ações do personagem. Na primeira parte do livro *Análise-Ação*, Maria Knebel dedica um capítulo inteiro a este conceito. (N. T.)

motivos, e esses motivos estavam no fundamento daquilo que considerava sua tarefa principal em relação a nossa educação. Seria um erro, no entanto, assumir que ele conferia significado apenas secundário a essa faceta do trabalho.

Stanislávski, ele mesmo um fantástico ator de papéis de caráter, um grande mestre da transformação, naturalmente conduzia seus alunos a essa arte. Porém, como sempre, o fazia por seus próprios métodos.

Ao entender a arte cênica como a arte da experiência do vivo e da transformação, Konstantin Serguêevich interditava categoricamente qualquer tentativa de representar as emoções ou o personagem. "É preciso agir desde dentro da figura cênica, do personagem", dizia. "De qualquer jeito, é impossível atuar sem as emoções, mas vocês não devem se preocupar ou pensar nelas. As emoções virão por si sós, como resultado de seu direcionamento à ação atuante nas circunstâncias propostas."

Da mesma forma, a busca dos elementos da caracterização externa deve vir, antes de mais nada, de um aprofundamento no mundo interior da figura cênica. Traços característicos especiais podem ser mais facilmente encontrados pelo ator quando toda a linha lógica do comportamento do personagem for encontrada. Uma "semente"[2] interna do personagem bem encontrada imediatamente sugere sua "semente" externa. A caracterização é apenas uma adição, que completa o trabalho do ator. Preocupar-se com ela antes do tempo leva o ator à cópia e pode tornar-se um bloqueio no caminho de apropriação do tecido vivo e orgânico do comportamento.

Significaria isso que Stanislávski propunha que sempre nos repetíssemos, que repetíssemos nossos procedimentos mais caros, que fizéssemos o papel sempre igual a nós mesmos, adequando-o às nossas possibilidades? Nunca. Ao resolver a tarefa de dar corpo à linha ativa

---

[2] A "semente" (*zernó*) do papel é uma expressão típica de Stanislávski, que foi apropriada por toda a escola teatral russa a partir de seus ensinamentos. Diz respeito ao centro a partir do qual brota o comportamento do personagem, e é, em uma etapa mais tardia do trabalho sobre o papel e a peça, o foco das buscas do ator. (N. T.)

do personagem, o ator parte, em sua pesquisa, antes de mais nada, de si mesmo. Ele parte de suas qualidades naturais. Paulatinamente, no entanto, vai desenvolvendo-as artisticamente no processo de trabalho, e deve visar dilatá-las até o tamanho exigido pela própria peça, ou pela fantasia dos criadores do espetáculo – atores e diretores.

Konstantin Serguêevich tentava proteger-nos, de todas as maneiras, dos recursos vulgares de atuação e criação da forma externa que até hoje são utilizados nos teatros: a vontade de, logo no início, esconder seu próprio rosto com máscaras, utilizando-se para isso de todo um arsenal, já gasto, de "caracteristicazinhas" físicas: rouquidão, soluço, deformação da própria voz, óculos (para um médico), botas (para um militar), e assim por diante... Em uma palavra, protegia-nos de tudo o que permite ao ator agarrar-se àquilo que lhe é mais acessível e habitual – a representação externa da figura, tudo o que o conduz não à solução da figura como um todo, mas apenas à representação de seu invólucro exterior, ou seja, a representação da caracterização, a representação do personagem. Tudo isso, repito, era considerado por Konstantin Serguêevich como um fenômeno perverso, que impedia o desenvolvimento orgânico da figura cênica viva e era capaz de levá-la, inclusive, à morte.

Claro que um ator, ao apropriar-se do desenvolvimento da linha lógica do comportamento e dos atos de seu personagem, encontra – involuntária e talvez até imperceptivelmente – alguns traços da caracterização externa, da forma física deste. Isso é inevitável. Não importa quanto tentemos nos despir de invólucros para o futuro personagem, quanto façamos força, num primeiro momento, para nos concentrar no primordial e mais importante. Mesmo assim, a forma exterior reluzirá aqui e ali em nossas imaginações e, de tempos em tempos, aparecerá para lembrar que também existe. Não há por que temer isso. Tudo o que se acumula naturalmente e sem violência durante o trabalho deve ser aceito e apropriado pelo ator com gratidão.

Não se excluem, ainda, a possibilidade e a necessidade de se pesquisar isoladamente os traços externos do personagem, num período ainda relativamente precoce do trabalho sobre o papel. Mas Stanislávski aqui também tinha os meios específicos para isso, que distanciavam o ator da possibilidade de começar a copiar formas. Basta lembrarmos do ensaio de *O Tartufo*, em que Kédrov-Tartufo buscava maneiras de deixar Orgon perplexo. Não seriam aquelas buscas de traços externos característicos particulares a Tartufo? Certamente que sim. O que provocava essas pesquisas era, no entanto, uma busca da realização da ação de deixar Orgon perplexo. E assim ocorria, por diversas vezes.

No período de finalização do trabalho sobre o papel, o problema dos contornos formais deste adquire primeira importância. A solução desse problema, porém, deve ser apenas a finalização lógica de tudo o que já foi acumulado, e deve ser sugerido por esse material anterior.

Uma vez Stanislávski conversou comigo depois de assistir ao ensaio geral de *O Clube de Pickwick*,³ de Charles Dickens, sob direção de V. I. Stanítsin. Na peça, eu fazia o criado do Sr. Pickwick, Sam Weller. A conversa foi por telefone, e tento reconstruí-la de memória. Konstantin Serguêevich me disse, então:

– A parte física está boa: você é jovem e muito flexível. Você se movimenta muito bem, mas ainda não sabe para que faz tudo isso. A flexibilidade pela flexibilidade? Então vá para o circo. Seus atos ainda estão indefinidos, não estão unidos por um objetivo comum, são frequentemente contraditórios e alguns deles estão sobrando. Você ainda não amadureceu a "semente" da imagem interna, que poderia unificar todos os seus impulsos e atos que trariam confiança em suas próprias ações.

– Mas qual poderia ser a semente desse papel, Konstantin Serguêevich?

– Pense. É difícil dizer assim, de uma vez... Talvez seja "ser a babá de Pickwick"? Tente subordinar todo o seu comportamento a esse objetivo único: ser a babá, cuidar de Pickwick... Olhe para tudo o que você já criou e escolha apenas o necessário para cumprir esse objetivo. O que sobrar, jogue fora sem dó, não importa quanto você goste.

---

³ A adaptação do conto *As Aventuras do Senhor Pickwick*, de Charles Dickens, foi estreada pelo TAM em dezembro de 1934, sob direção de Víktor Stanítsin e supervisão de Stanislávski. (N. T.)

Assim, a figura ganhará atividade, e estará direcionada para cumprir um objetivo. Isso segundo a linha interna. Já que você é tão flexível e ágil, a "semente" externa pode ser, não sei... um acrobata, um macaco ou algo assim, o que funcionar melhor para você...

Um dos maiores atores do teatro russo, V. N. Davídov, repetia incessantemente nas conversas que tinha com seus alunos:

– É preciso, antes de mais nada, encontrar o tronco do papel. Depois, os galhos principais, seguidos das ramificações mais finas, mais finas ainda, as folhas e, enfim, os botões que brotam das folhas.

Stanislávski também via uma sequência determinada para o caminho da criação da figura cênica, que começava pela apropriação e fortalecimento da linha ativa do papel. Isso em primeiro lugar, e depois já todo o resto, incluindo a forma externa. Mas é claro que cada um dos elementos a serem trabalhados no papel estava imediatamente ligado a todos os outros: ao construir o esquema das ações físicas, que é a primeira etapa do trabalho, o ator já se encontra, até certo grau, em busca da caracterização. Um é impossível sem o outro. O importante é que não se pense nela. Mas quando chegava o momento da transição ao trabalho sobre a forma externa, sobre a caracterização, Konstantin Serguêevich passava a tratar o tema diretamente.

Assim, mesmo quando "enxertava" no ator alguma mudança na forma física, Konstantin Serguêevich ia com cuidado e aos poucos, tentando não sobrecarregar o ator com tarefas irrealizáveis, e ajudá-lo a entender cada detalhe lógico.

– O que é uma pessoa gorda? Como seu comportamento se diferencia do de uma pessoa magra? O tronco dos gordos sempre é ligeiramente deslocado para trás, e as pernas ficam um pouco mais abertas para os lados. Por que isso acontece? O centro de peso de um gordo fica na barriga, e isso faz com que ele, para manter o equilíbrio, incline o tronco para trás, enquanto suas enormes coxas não permitem que mantenha as pernas na posição que as de uma pessoa não gorda permitem. Daí todas as mudanças em seu modo de andar.

Ao dar similares instruções, Stanislávski imediatamente propunha que o ator andasse pela sala com as pernas abertas para o lado.

Depois, pedia que fizesse o mesmo, mas adicionando um peso imaginário na barriga. Em seguida, passava a tentar, aos poucos, introduzir a caracterização adquirida em uma ou outra parte do papel, até que o ator se apropriasse e se afirmasse nessa nova qualidade de comportamento. Isso tudo para que a caracterização se tornasse, para o ator, costumeira, viva, orgânica, e para que o espectador pudesse acreditar que ele era gordo, sem necessidade alguma de enchimento. Assim, quando o ator vestisse o enchimento, não lidaria com ele de maneira artificial, como se aquele corpo não lhe pertencesse.

– O que é um velho? Antes de mais nada são articulações endurecidas. Um velho não consegue se sentar ou se levantar sem utilizar o apoio das mãos como ajuda. Apropriem-se disso, em primeiro lugar. A lógica do comportamento de um bêbado não é o "balançar-se de um lado para o outro", e sim que ele tenta não balançar. Procurem como fazê-lo.

Analisando de maneira semelhante cada detalhe da forma externa, Konstantin Serguêevich revelava também os caminhos para sua apropriação e mostrava exercícios necessários para tanto. Basta lembrar do exercício com a gota de mercúrio, que ele me indicara para incorporar a reverência de Tchítchikov em um dos ensaios de *Almas Mortas*.

Consistiria essa ordem do trabalho sobre a forma uma lei rígida, ou poderia também existir o caminho inverso? Poderia o ator, simplesmente ao ler o papel e ver todo o invólucro externo (ou mesmo alguns detalhes dele), começar pela corporificação desses traços e chegar aos mesmos resultados, à apropriação autêntica de todo o complexo de qualidades de seu personagem? Claro que essa possibilidade não está excluída. Sobre ela, falam diversos atores e inclusive o próprio Stanislávski, em seu livro *Minha Vida na Arte*. Mas toda a experiência de muitos anos de Stanislávski como diretor e ator (experiência que não pode ser deixada de lado) mostrou-lhe que o caminho de dentro para fora é mais confiável, mais orgânico e mais próximo à nossa arte, concebida para representar o lado espiritual da figura humana, e não copiar suas qualidades exteriores. Duvidar da objetividade dessa faceta do método de Stanislávski significa duvidar de seu método como um todo. Não se pode também esquecer que o próprio Stanislávski propõe o método apenas como um meio, para quando "o papel não sai". Se um ator consegue trabalhar por um método reverso ou sem nenhum método, trata-se de uma exceção. Nesse caso, deve-se permitir que esses mestres trabalhem como acharem melhor.

Passando em revista toda a minha quadragenária vida profissional e analisando, de boa vontade, meus próprios sucessos e fracassos, afirmo: para mim, o caminho mostrado por Stanislávski foi sempre o mais próximo à minha natureza de ator, à minha individualidade. Mesmo antes de encontrar-me com ele pela primeira vez, quando eu caminhava apenas inconscientemente nessa direção, "aos tropeções". Todas as vezes que me desviei desse caminho, fracassei e decepcionei-me amargamente.

Primeira apresentação para a direção artística do TAM e preparação do espetáculo *O Tartufo*

Em 1938, depois da morte de Stanislávski, o grupo de atores órfãos que trabalhava em *O Tartufo* ficou numa situação indefinida: continuar o trabalho experimental sem a condução de Konstantin Serguêevich era, por uma série de razões, impossível. Por outro lado, dava pena interrompê-lo. Parecia-nos que a única solução seria terminar o trabalho transformando-o num espetáculo. A direção artística do teatro, no entanto, não fazia a menor ideia do grau de preparação em que se encontrava o material. Nós mesmos não sabíamos dizê-lo. O trabalho de Konstantin Serguêevich distanciava-se tanto da maneira usual, que era difícil definir se estávamos próximos de seu estágio final e decisivo – a transição para o palco.

Sabíamos que tínhamos trabalhado muito, treinado muito, e que havíamos tido, ora ou outra, alguns sucessos. Cada um estudara muito bem a peça e, individualmente, seu papel. Além disso, conseguíamos já fazer algumas cenas. Quando as fazíamos, porém, não entendíamos se estavam boas ou ruins. Já havíamos explorado tanto que perdêramos o gosto. Conseguíamos distinguir apenas o que estava certo ou não, a partir das "notas" de referência que havíamos criado para aquela partitura. Mas ainda não tínhamos passado um ato inteiro e nem todas as cenas haviam sido ensaiadas. O último ato permanecia intocado. Nosso humor não era, de longe, o melhor. Nos bastidores do teatro, claramente não se acreditava na possibilidade da transformação de O *Tartufo* em espetáculo, ou em qualquer possibilidade de sucesso perante o público.

A direção artística do teatro, sem conseguir uma opinião definida sobre o material, decidiu então assistir ao material que já tínhamos, e depois disso decidir sobre o destino do espetáculo, junto aos encenadores da peça.

Recebemos do teatro tempo e uma sala para ensaiar. Era preciso unir pelo menos dois atos inteiros para mostrar um ensaio corrido para o diretor artístico do TAM (V. G. Sakhnóvski) e para o conselho administrativo. A partir desse momento, o grupo reviveu. Na tabela de divisão dos ensaios começou a aparecer o nome da peça molièriana, e nós entramos de cabeça no trabalho. Então, o trabalho adquiriu um caráter mais de marcação. Era preciso juntar os pedaços, estabelecer a ordem, "capinar" nosso jardim, para que pelo menos um pedaço de nossa "casa" fosse apresentável. Trabalhávamos ativamente, com entusiasmo: faríamos tudo o que estivesse a nosso alcance para não denegrir o nome de nosso mestre. Se desconsiderarmos algumas rusgas, completamente normais num coletivo de criação artística, poderemos até mesmo dizer que trabalhamos amigavelmente.

No dia da apresentação, não tínhamos nenhuma ideia ou sensação sobre se teríamos sucesso ou se fracassaríamos. M. N. Kédrov, agora único diretor do grupo, apenas implorava para que não forçássemos nada, que "não representássemos".

– Nenhuma emoção, nenhum temperamento, apenas verifiquem as suas ações – disse.

O resultado da apresentação superou nossas expectativas.

Já os primeiros passos e as primeiras réplicas – quando ninguém tinha ainda "começado a agir", mas apenas adaptava-se, adequava-se e "reconhecia" os parceiros de cena – despertaram a atenção aguçada dos presentes. Isso, claro, não pôde deixar de refletir-se no sentir-a-si--mesmo dos próprios intérpretes. Todos aumentamos nossa concentração. Tudo o que para nós já era comum, corriqueiro, e de que já tínhamos nos apropriado em maior ou menor grau, era novidade para os que assistiam. Aquela agradável surpresa despertou seu interesse, prendeu sua atenção e, na medida em que este aumentava, crescia também a nossa concentração nos acontecimentos da peça. Quanto mais prosseguíamos, mais éramos arrebatados pelos acontecimentos, que nos atiravam direto no fluxo da briga familiar da casa de Orgon. A sequência e a lógica de nossas ações nos trouxeram a fé, e nos revelavam o temperamento, a atividade. Os atores tornaram-se irreconhecíveis, e as propriedades individuais de cada um se tornaram qualidades nunca antes vistas. Era como se tivéssemos ganhado novas cores. Tudo o que fizéramos durante o longo período anterior, todo o meticuloso e insistente trabalho de Stanislávski e Kédrov (de que não entendíamos bem o significado, e do qual não víramos os frutos por tanto tempo), de repente começou a dar resultados inesperados. Ao observar como os outros faziam, eu ficava impressionado com a capacidade deles de transitar de maneira ágil, leve, sem pensar, de uma tarefa a outra. Executavam-nas precisamente, de modo convincente, como se nunca houvessem tido quaisquer dificuldades, dúvidas e suor durante os ensaios. Sobre minha interpretação, não consigo dizer nada. Lembro-me de que, na cena com Cleanto, quando eu tentava convencê-lo da santidade de Tartufo, pela primeira vez entendi todo o sentido e o significado profundo daquilo que Stanislávski definia por "visões". Apenas ali, naquele ensaio corrido, vi pela primeira vez claramente meu primeiro encontro com Tartufo (como ele rezava na igreja), e como chorou com a morte da pulga. Vi, pela primeira vez, qual era sua verdadeira aparência. Brotou em mim um desejo apaixonado de transmitir tudo isso para Cleanto-Geiroth[1] o mais detalhada e claramente possível. Ao mesmo tempo, ficava inconformado: como ele podia não aceitar tamanha santidade? Eu podia ver pela expressão de seus olhos que ele não me entendia. Via que desconfiava pelo sorrisinho cético que brotava do canto de seus lábios, pela maneira como dava de ombros, e assim por diante. Nem uma de suas contra-ações silenciosas saía de meu campo de atenção. Eu lia todos os seus pensamentos, e cada um deles me inflamava ainda mais. Repito: não consigo dizer se eu fazia a cena bem, mas todas essas qualidades na cena com Cleanto estavam lá

---

[1] Aleksándr Aleksándrovich von Geiroth (1882-1947), ator do TAM que fazia o papel de Cleanto. Um trecho da cena Orgon-Cleanto mostra Geiroth e Toporkov, num dos raros fragmentos de vídeo que mostra Stanislávski ensaiando. (N. T.)

e, quando Geiroth me disse, ao terminar o ensaio, que havia visto pela primeira vez meus olhos incrivelmente vivos e "falantes", entendi que ele também, naquele ensaio, dominava tais qualidades. Admitimos, enfim, que cada um de nós superara naquele ensaio as dificuldades que até a véspera nos pareciam intransponíveis.

O dia da apresentação foi nosso triunfo. Concluímos com sucesso a primeira etapa do trabalho. As opiniões sobre nós mudaram radicalmente, e as conversas de coxia ganharam um novo tom. No dia seguinte, V. G. Sakhnóvski, diretor artístico do teatro, teve uma longa conversa com os diretores de O Tartufo. Nela, além do próprio Sakhnóvski, estavam presentes Kédrov, Bogoiávlenskaia e eu. Sakhnóvski estava impressionado com a "nova qualidade" do trabalho dos atores. Disse:

– Nunca pensei que essa peça de Molière, e nenhuma outra peça, na verdade, pudesse ser feita com uma qualidade em que a vida nela fosse tão convincente. Ao assistir a ela, acredito que cada ator entra em cena não da coxia, mas de seu quarto, e entra para resolver algo de muito importante, completamente tomado por essa necessidade. Acredito que todos vocês estão ligados por relações familiares mesmo. Acredito, por exemplo, que Elmira é realmente esposa de Orgon, e que Mariana é sua filha, e não atores e atrizes fazendo tais papéis. Em uma palavra, eu acredito piamente que se trata da vida autêntica e entendo toda a paixão com que os membros dessa família lutam para salvar seu lar. Compadeço-me deles. Não pude permanecer sentado indiferente ao acompanhar o desenvolvimento dessa luta, e estava pronto para intrometer-me a cada segundo. E isso conhecendo a peça quase de cor. Fiquei tão impressionado, tão tocado! Vocês me livraram completamente da ideia forçada que trazem as formas tradicionais de representar Molière, que até hoje existe em quase todos os palcos do mundo! Aqui, o que prevaleceu foi a qualidade notável com que vocês não separavam a vida dos personagens das suas próprias. Vocês traziam suas emoções autênticas, vivas suas vivências, e conseguiram despir-se completamente do clichê ridículo de Molière. A única coisa que temo é que esses clichês brotem inesperadamente no espetáculo, assim que vocês vestirem os figurinos e as perucas da época de Molière.

Nem preciso dizer a satisfação que nos trouxe a avaliação de Sakhnóvski. Ou seja; nós, de alguma forma, havíamos atingido a qualidade que desejava Stanislávski. Restava agora não perder o que já conseguíramos, desenvolvê-lo, continuar o trabalho para materializar completamente a peça de Molière.

M. N. Kédrov tomou para si a responsabilidade da execução dessa missão; em seguida, pôs-se a resolver os novos problemas, que apareceram quando se mudou o objetivo do trabalho. Talvez fosse possível chamar todo o período anterior de período de trabalho sobre o aperfeiçoamento da técnica do ator, sobre a reeducação do ator, sobre a apropriação do novo método de trabalho do ator sobre si mesmo. Assim, agora, com base no que já tínhamos, era necessário criar uma obra cênica completa, síntese de todos os elementos do teatro – um espetáculo. E um espetáculo não se faz com máscaras gastas, mas com grandes paixões, com uma comédia de situações aguçadas, em que a tensão das paixões de cada personagem é elevada ao máximo. Queríamos que O Tartufo fosse de novo uma peça viva, apaixonada e ferina, como o foi há quase trezentos anos. Queríamos que em nossos dias, como antigamente, a hipocrisia fosse desmascarada, e a falsa beatice, punida com a força do ódio. As premissas para isso já haviam sido criadas por Stanislávski, e, realizando um grande e sério trabalho, M. N. Kédrov estreou, em 4 de dezembro de 1939, O Tartufo. Nos cartazes e programas do espetáculo inscrevia-se a epígrafe:

Este trabalho, que começou sob sua direção artística, é dedicado à memória de K. S. Stanislávski, artista do povo.

Em um de seus discursos sobre O Tartufo, M. N. Kédrov disse:
– Ao criar o espetáculo, trabalhamos com o método das ações físicas. Qual a essência desse método? Konstantin Serguêevich disse que, quando nos referimos a "ações físicas", estamos na verdade enganando o ator. Trata-se de ações psicofísicas, mas as chamamos de físicas para fugir das longas e tediosas teorizações filosóficas, já que a ação física é uma coisa totalmente concreta e fácil de fixar. A precisão

da ação, a concretude com que é realizada nesse espetáculo são as bases de nossa arte. Quando conheço a ação precisa, sua lógica, então ela entra em minha partitura. Daí, a maneira como vou realizá-la hoje, com este público, será apenas uma questão de criatividade, de arte. Mas a partitura eu sempre terei.

K. S. Stanislávski, colocando na base do trabalho sobre O *Tartufo* a educação multilateral do ator no espírito das tendências mais progressistas, e M. N. Kédrov, que terminou o trabalho por ele iniciado, criaram um espetáculo no qual soava o tema humano. Frequentemente, Molière é "apresentado". Apresentação pela apresentação. São espetáculos que parecem iluminados por fogos de artifício gelados, em que truques se alternam em nome da "teatralidade". A vulgaridade tradicional dos espetáculos de Molière foi extirpada do TAM, e ali entraram em cena o ser humano e a verdade da vida humana, que conduzia os intérpretes à forma mais elevada de teatralidade. Nisso, penso, está o significado da montagem de O *Tartufo* no TAM, seu princípio.

O espetáculo obviamente foi um sucesso de público. A crítica também olhou para o espetáculo com bons olhos, e ficamos muito felizes de ler as resenhas, que falavam precisamente sobre as qualidades a que aspirávamos. Eu mesmo, naturalmente, não consigo fazer nenhuma avaliação dos resultados aos quais chegamos nesse espetáculo, já que estava mergulhado até a alma em seus acontecimentos. Não conseguia ver nada "de fora".

Uma coisa era incontestável para todos os integrantes de O *Tartufo*: a presença de uma atmosfera artística, que reinava tanto em cena como nos bastidores durante a execução da peça. Não falo apenas dos atores, que entendiam bem e sentiam sua enorme responsabilidade. Todo o pessoal técnico, com o qual Kédrov teve uma série de conversas específicas, entendeu o significado desse espetáculo e passou a lidar artisticamente com ele em seu trabalho.

Todos nós sentíamos a presença invisível do próprio Stanislávski entre nós, e o desejo de cada um de nós, de não ofender sua memória, tornou-se nossa super-supertarefa.

Conclusão

– Quanto mais trabalho com as questões que envolvem a nossa arte – disse uma vez Stanislávski –, menores são as formulações nas quais se define, para mim, a arte elevada. Se vocês perguntarem agora como eu a defino, eu lhes diria: "Trata-se da arte em que há SUPERTAREFA e AÇÃO TRANSVERSAL. A arte ruim, por sua vez, é aquela que não possui supertarefa ou ação transversal".

Isso atesta que a maior exigência de Stanislávski à arte era a conceitualidade de seu conteúdo. Ele, no entanto, não pensava a materialização das ideias contidas numa obra cênica por meios mecânicos de uma técnica fria do ator. Konstantin Serguêevich sonhava com uma técnica artística, uma técnica que pudesse armar o ator de emoções e sentimentos humanos autênticos, que falasse sobre experiências e paixões humanas autênticas.

Fazer um papel é transmitir, em cena, a vida do espírito humano, dizia Stanislávski. Mas seria possível criar a vida do espírito humano sem criar um fluxo de vida realmente autêntico em cena? Claro que apenas a organicidade do que acontece em cena não basta para criar uma obra de arte cênica. No entanto, ao formar o tecido orgânico e ao selecionar o necessário e despir-se do desnecessário, supérfluo, o ator ou o diretor dão credibilidade e direção conceitual ao fluxo da vida cênica. Dessa forma, criam as qualidades fundamentais que caracterizam uma verdadeira obra de arte, que será tão superior qualitativamente quanto for orgânico seu tecido e quanto mais próxima da autenticidade nela estiver a representação da vida.

Descontente com o estado atual da técnica do ator, Konstantin Serguêevich disse, por mais de uma vez:

> Nossa arte ainda é uma arte amadora, pois ainda não possuímos uma teoria autêntica dela. Não conhecemos suas leis, não conhecemos nem mesmo os elementos que a formam. Peguem a música, por exemplo. Sua teoria é completamente precisa, e o músico tem, à sua disposição, tudo o que necessita para desenvolver sua técnica. Possui uma infinidade de exercícios e *études*, que treinam todas as qualidades exigidas por sua arte: a agilidade dos dedos, o desenvolvimento do ritmo, do ouvido, o domínio do arco, e assim por diante. Ele sabe precisamente que o elemento de sua arte é o *som*. Conhece bem todas as escalas sonoras com as quais tem de lidar. Em uma palavra, sabe o que deve fazer para se aperfeiçoar, e eu não conheço um só violinista, nem mesmo um segundo violinista de quinta categoria, que, para além dos ensaios com a orquestra, não dedique de quatro a cinco horas por dia para treinar. E assim é em todas as outras artes. Agora, mostrem-me um ator que faça algo para aperfeiçoar sua arte, além de comparecer aos ensaios e aos espetáculos. Não, vocês não serão capazes de me apontar um. Tal ator não pode existir, simplesmente pelo fato de que ele não saberá como fazer isso, em nossa arte. Não conhecemos as escalas, não possuímos os *études* e exercícios, não sabemos o que treinar, o que desenvolver. O mais surpreendente é que, para muitos, isso não parece ser uma preocupação. Trata-se isso como uma beleza própria de nossa arte, da qual o desenvolvimento e a sorte não dependem de uma teoria escravizante que cheira à matemática. "Não", dizem, "no teatro tudo está nas mãos de *Apolo*."

K. S. Stanislávski, que atingiu o ápice das artes de diretor e ator em sua vida artística, distinguiu-se ainda por ter estudado a fundo suas bases elementares. Criou um método que dá possibilidade ilimitada ao desenvolvimento da técnica do ator, para o máximo desabrochar de sua individualidade e crescimento posterior. Um sistema que, além disso, permite o crescimento e o movimento progressista da arte teatral em geral.

Ao observar grandes artistas em cena, Stanislávski tentava, antes de mais nada, entender que qualidade particular fazia com que suas interpretações fossem arte. Tentava entender por quais meios alcançavam essa qualidade, de que método se utilizavam no trabalho sobre o papel. Perguntava-se, ainda, qual era, em geral, o processo criativo de um ator, sua natureza criativa, e se não seria possível, uma vez definidos os elementos da arte do ator, criar uma técnica. Uma técnica que pudesse fazer com que um ator ordinário superasse seus próprios limites por meio de um treinamento diário e rígido. Uma técnica que aperfeiçoasse e aguçasse seu ofício até o nível em que este pudesse ser chamado de técnica artística. Uma técnica que fosse o caminho mais veraz e curto em direção à criação da natureza orgânica do ator.

O trabalho de Stanislávski consistia em bloquear forças que impedissem a revelação da natureza artística do ator.

O ofício, para solucionar um ou outro momento em cena, possui de dois a três, no máximo dez recursos. A natureza, por sua vez, tem infinitos. Por isso, não a violentem, mas ajam de acordo com suas leis. Este é o único caminho correto, por meio de um rígido trabalho sobre si mesmos, em direção à elevada técnica artística, que os trará à harmonia com a natureza. O caminho para a criação orgânica passa pela verdade e pela fé. Para fazer com que nossa natureza orgânica trabalhe com seu subconsciente, é necessário criar um fluxo de vida normal em cena.

É difícil imaginar o desenvolvimento teórico e técnico de qualquer arte enquanto não forem conhecidos os elementos que a compõem. Em qualquer arte esses elementos são claros e muito óbvios. Quem duvida que na música o elemento é o som, que na pintura é a cor, no desenho, a linha, na pantomima, o gesto, na literatura e na poesia, a palavra? Mas e em nossa arte? Perguntem a diferentes pessoas de teatro, e cada uma lhes responderá de maneira diferente e, via de regra, errado. Eis o que é conhecido há quase mil anos, e é uma verdade irrefutável:

o elemento principal de nossa arte é a *ação*, "a ação autêntica, orgânica, produtiva e objetiva", como afirma Stanislávski.

A figura cênica do personagem é, antes de mais nada, a imagem de um ser humano em ação. O ator é chamado a corporificar, no espetáculo, a linha de ação do personagem indicada pelo dramaturgo. Ao decompor os episódios da peça, o ator define para si a lógica dos elos separados da linha de sua luta, que é, em verdade, uma só e incessante. Esse é o início do trabalho sobre o papel. A definição de "tarefas", "ação transversal" e "semente" são difíceis de se conseguir de uma só vez, e são geralmente resultado de longas buscas, da resolução anterior de "tarefas" mais simples e completamente claras do papel. Depois, seguindo de episódio em episódio, o ator aos poucos esclarece para si toda a sua linha de comportamento, de luta, no decurso da peça inteira. Essa linha deve ser ininterrupta na mente do intérprete. Começa, para o ator, muito antes do início da peça, termina depois que ela acaba, e não é interrompida quando o personagem não está em cena. Sua materialização deve ser precisa, clara, e não deve causar dúvidas desnecessárias. Deve ser extremamente verdadeira, orgânica. Uma pessoa que queira, em vida, criar para si uma ou outra reputação e conseguir a confiança dos outros deve ser muito cuidadosa com seus atos (ações), e não deve quebrar sua lógica e sequência. Ainda mais, deve ser verdadeira, ao realizá-las.

A capacidade de convencimento do ator em cena ancora-se nessas mesmas regras. A criação de uma linha lógica e sequencial ativa do personagem, assim como sua materialização viva e orgânica são a base, o fundamento da figura cênica a ser trabalhada. Por isso, naturalmente, o trabalho do ator sobre o papel deve começar da pesquisa dessa linha ativa, de sua "organicidade". Esse é o caminho mais correto, e, por que não dizer, o único caminho correto. A corporificação cênica de qualquer ação requer a mobilização de todos os elementos que compõem o comportamento humano. Na vida, essa mobilização ocorre inconscientemente, como reação espontânea a determinado acontecimento, que nos afeta desde fora. Em cena, todos os acontecimentos são ficcionais, e não têm a capacidade de causar reações espontâneas no ator. De que maneira pode-se, então, chegar à corporificação da linha orgânica de comportamento do personagem?

Konstantin Serguêevich volta nossa atenção para aquilo que é mais palpável e mais concreto em qualquer ação humana: seu aspecto físico. Em sua prática de diretor-pedagogo, especialmente nos últimos anos desta, Stanislávski passa a conferir um significado decisivo a esse aspecto da vida do papel, como princípio organizador do trabalho sobre o personagem. A separação do aspecto físico do comportamento humano de todos os outros elementos deste é algo, claro, convencionado, e trata-se apenas de um procedimento pedagógico inventado por Stanislávski. Tirando a atenção do ator da esfera das emoções e da psicologia, direcionando-a para a realização das ações "puramente físicas", ele ajuda o ator a construir o caminho orgânico e natural para adentrar na esfera das emoções que depois preencherão essas ações.

"Construam um esquema simples das ações físicas do papel – dizia Konstantin Serguêevich. – Tornem essa linha ininterrupta, e vocês já terão dominado o papel em uns 35%."

O esquema das ações físicas é a base sobre a qual se cultiva tudo o que compõe a essência da figura humana. Com isso, torna-se um método capaz de verificar a organicidade do comportamento cênico. Esse método passa a ser o reflexo mais expressivo de todas as emoções, experiências e, em geral, de tudo o que é parte da figura cênica, do personagem.

O ofício, a arte a que conclamava Stanislávski, dificilmente vem ao ator de mãos beijadas. Ela pode ser conseguida pelo trabalho, por um grande e árduo trabalho diário, que se estende por toda uma vida. Achar que se está enfileirado com os gênios, aos quais tudo vem "com a graça divina", é pura bobagem. Gênios são um fenômeno raro, e é muito melhor entendermos de uma vez por todas que nossa arte é muito difícil, e que suas dificuldades devem ser superadas pela insistência. Infelizmente, poucos sabem isso de verdade, já que tudo parece muito simples e fácil visto de fora. Em verdade, quanto melhor uma atuação, mais fácil e simples parece a arte do ator.

Um ator que domine as elevadas técnicas e ofícios que lhe dão a possibilidade da criação de uma figura humana viva e convincente em sua organicidade ocupará por direito o lugar de respeito que é conferido em nosso país a cada artista autêntico. Sua arte profunda e impressionante contagiará a plateia. O espectador lhe será grato pelos minutos de entusiasmo, entusiasmo que levará consigo para casa e com o qual viverá por um longo tempo, cheio de impressões do espetáculo. Em relação a esse artista, que domina a arte da verdade, ninguém pode sentir nada além de um respeito profundo, e cada um admitirá o domínio desse artista sobre suas almas.

Para criar a verdade em cena é preciso, primeiro, desenvolver em si a capacidade de senti-la. O mesmo ocorre com o ouvido musical, para um músico. Essa qualidade pode ser inata, mas também é passível de ser desenvolvida. A verdade cênica e o comportamento orgânico exigem do ator trabalho firme e constante sobre si mesmo no decorrer de toda a sua vida artística. Exigem um estudo atencioso da vida e um faro aguçado para a contemporaneidade. Todas as refinadíssimas nuances de que são tecidas as relações humanas, expressas frequentemente em ações físicas dificilmente perceptíveis aos olhos, devem ser estudadas minuciosamente pelo ator e introduzidas em sua série de exercícios diários. O que fazemos fácil e inconscientemente na vida deve ser retomado conscientemente e desenvolvido até se tornar fácil, inconsciente e habitual, em cena. Para isso, existe toda uma série de exercícios propostos por Konstantin Serguêevich e por seus discípulos.

Muitos de nossos teatrólogos, críticos e gente de teatro costumam falar contra a técnica proposta por Stanislávski. Acusam-na utilizando-se de adjetivos do tipo "matemática", "ciência exata", e assim por diante. Isso se dá apenas pelo fato de que as questões da nova técnica foram estudadas na prática por poucos, e por isso não são bem compreendidas. Estudá-las implica uma dificuldade enorme. O diretor, no entanto, chamado a criar uma obra cênica – um espetáculo –, e o ator, por intermédio do qual o diretor transmite a ideia do dramaturgo até o espectador, não têm o direito de ignorar todas as possibilidades de desenvolvimento de seu ofício, sua técnica. Não importa quão difícil tudo isso pareça num primeiro momento, não têm esse direito. Diretores e atores que não dominam essa técnica e que, ao mesmo tempo, não se satisfazem com os recursos tradicionais do ofício teatral, procuram meios expressivos numa maneira de interpretação exageradamente convencionada, ou, ainda, substituem a arte do ator dramático por outras que têm à mão. Dessa forma, convencem-se de que estão abrindo novos caminhos em nossa arte. Que erro crasso!

Um espetáculo dramático, em essência, o reflexo da vida humana, pode ser convincente apenas quando realizado com os meios de uma ação viva e orgânica. A possibilidade de criar uma imagem humana autêntica, viva e artística é uma feliz especificidade da arte do ator dramático, e não há motivo algum para recusar essa maravilhosa especificidade e empobrecer o teatro. Porém, a criação de uma figura humana viva requer, repito, uma arte especialmente elevada, uma técnica especial, completamente diferente daquela que frequentemente pensamos ser, e que na verdade não passa da técnica que não consegue superar o grau de simples ofício, e é capaz de criar apenas coisas parecidas consigo mesmo. Essas duas técnicas diferenciam-se uma da outra como uma planta viva numa estufa difere de uma flor de pano.

Frequentemente alguns atores, que não possuem reputação de artistas refinados e que mesmo assim possuem alguma fama, pensam-se no direito de dizer que dominam a técnica de sua arte. Sobre eles, frequentemente se diz: "Sim, ele tem mau gosto, é grosseiro, tem muita técnica!". Uma técnica que gera arte grosseira e de mau gosto ou não é técnica, ou, em todo caso, não é a técnica de que falo aqui. A capacidade de impressionar o ingênuo espectador com efeitos baratos já gastos, a capacidade de dizer rapidamente frases cômicas ou sentenças sentimentais com uma dicção perfeita, rasgar aplausos, fazer entradas e saídas triunfais, saber prolongar a ovação do público, atrair a atenção do público para si, puxar o tapete do parceiro, cortar suas falas ou usá-las para prolongar o tempo dos holofotes sobre si, não são nada além do acompanhamento, que vem com os hábitos dessa técnica que não supera o ofício. Esses recursos podem ser grosseiros como os citados acima ou mais refinados, de forma que apenas um espectador atento consegue perceber de que se tratam. Mesmo assim, por sua essência, não podem ser ligados àquilo que Stanislávski chamava de técnica artística. Dessa forma, não nos interessam.

Assim, a imagem do ser humano vivo e autêntico é a tarefa da arte elevada. Um ator que pôde, ao menos por uma vez, realizar a fusão de si mesmo com a figura cênica criada sente que algo muito grande e importante realizou-se em sua vida. Sente a felicidade artística. Como não se trata de algo que acontece muito frequentemente, daí vem a habitual insatisfação do artista que já o sentiu, com tudo o que é falso em sua arte, mesmo que tenha sucesso com o público. Algo acontece apenas quando o ator vive autenticamente a vida de outro ser. Quando vive a vida de um ser criado pela imaginação, quando a lógica desse ser torna-se a sua própria lógica e os atos ditados, ela começa a realizar-se em todos os mais sutis órgãos do corpo do ser humano-ator vivo. Quando todas as sutis experiências do vivo atravessam seus próprios nervos e os acontecimentos são reconhecidos por seu cérebro, aí, então, o ator passa a sentir a alegria de um mestre, criador uma obra de arte autêntica.

***

Apoiado na grande tradição de toda a cultura teatral russa que o precedeu, K. S. Stanislávski chegou a resultados e conclusões sem precedentes na história da arte mundial, ao estudar a técnica das artes do diretor e do ator. Seu passo de gigante no caminho do desenvolvimento e fortalecimento da arte realista conceitual que sempre distinguiu o teatro de nossa pátria e o equipamento do ator com uma técnica avançada para cumprir esse objetivo são, em verdade, um serviço inestimável à arte, e temos todo o direito de nos orgulhar desse gênio do país dos sovietes.

A grande Revolução Socialista de Outubro abriu possibilidades incríveis para que Stanislávski realizasse seus experimentos artísticos, sobre os quais até então era impossível sonhar. Trouxe a possibilidade para que o grande mestre da cena finalizasse brilhantemente as pesquisas às quais dedicou toda a sua vida.

O legado de Stanislávski deve ser minuciosamente estudado e apropriado como a arma mais eficaz na luta do *front* cultural, na luta por nosso grande ideal.

Você poderá se interessar também por:

A Arte do Drama aborda um dos problemas mais desafiadores da crítica: definir, de modo satisfatório, a natureza do drama como forma de arte, já que ele pertence tanto à literatura quanto ao teatro. O autor pretende elaborar uma teoria que explique a variedade do drama, os principais tipos de peça, a relação entre interpretação, ação e diálogo, o uso alternado de verso e de prosa e a criação do estilo e do efeito poético.

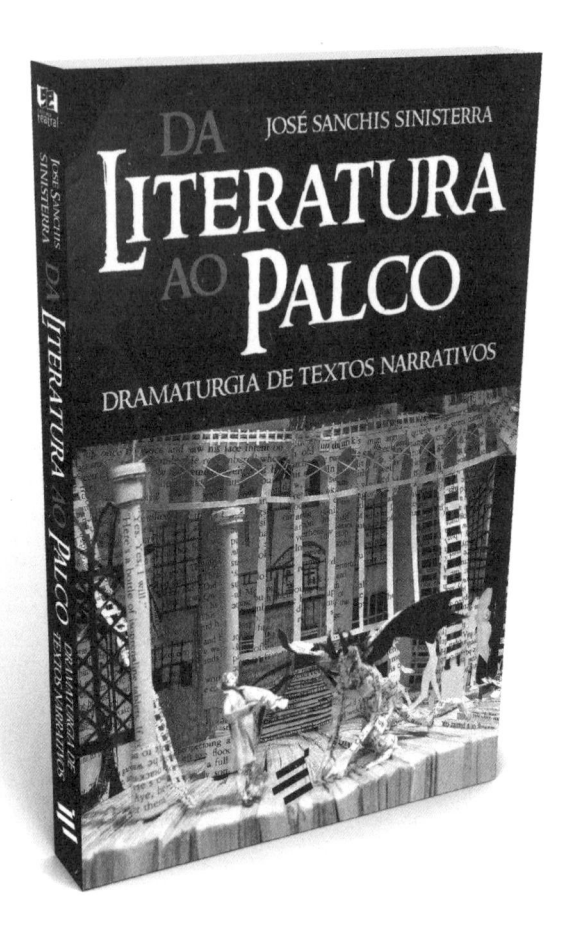

Da Literatura ao Palco aborda a tarefa de enfrentar a dramaturgia de textos criados em sua origem para a narrativa, mas com interesse de serem transpostos para o palco. José Sanchis Sinisterra, dramaturgo e autor de peças que já fazem parte da história do teatro espanhol, propõe não um simples tratado de intenções, mas um guia pedagógico de enfrentamento dessa tarefa, com grande quantidade de exemplos e propostas práticas.

facebook.com/erealizacoeseditora   twitter.com/erealizacoes   instagram.com/erealizacoes   youtube.com/editorae

issuu.com/editora_e   erealizacoes.com.br   atendimento@erealizacoes.com.br